国家社会科学基金重大项目“智慧社会下我国新型社会信用体系构建研究”阶段性成果

社会信用管理

中国社会信用体系建设理论与实践

汪育明·著

中国市场出版社
China Market Press
·北京·

图书在版编目（CIP）数据

社会信用管理：中国社会信用体系建设理论与实践／汪育明著. —北京：中国市场出版社有限公司，2020. 11

ISBN 978－7－5092－2015－3

Ⅰ. ①社… Ⅱ. ①汪… Ⅲ. ①信用制度－建设－研究－中国 Ⅳ. ①F832. 4

中国版本图书馆 CIP 数据核字（2020）第 207629 号

社会信用管理：中国社会信用体系建设理论与实践

SHEHUI XINYONG GUANLI：ZHONGGUO SHEHUI XINYONG TIXI JIANSHE LILUN YU SHIJIAN

作　　者：汪育明

责任编辑：宋　涛

出版发行：中国市场出版社

社　　址：北京市西城区月坛北小街 2 号院 3 号楼（100837）

电　　话：（010）68034118/68021338

网　　址：http：//www. scpress. cn

印　　刷：河北鑫兆源印刷有限公司

规　　格：170mm×240mm　1/16

印　　张：25. 5　　**字　　数：**380 千字

版　　次：2020 年 11 月第 1 版　　**印　　次：**2020 年 11 月第 1 次印刷

书　　号：ISBN 978－7－5092－2015－3

定　　价：68. 00 元

序言 PREFACE

新时代中国社会信用体系建设，是为提高全社会的诚信意识和信用水平，构建具有中国特色的国家信用管理体系，促进经济健康发展和社会文明进步，推进国家治理体系和治理能力现代化而进行的一场史无前例的社会实践活动。新的实践必然产生新的理论，新的理论又会反作用于新的实践。

本书作者由于履职单位及工作性质等原因，有幸亲身经历了中国社会信用体系建设波澜壮阔的历史进程。在此期间，作者将自己亲自参与的国家层面的一系列有关社会信用体系建设的重大事件和日常积累的丰富资料，以及在工作中的所思所想、所感所悟，加以记录保存、归纳整理、提纯萃取、厘清脉络，并学习研究、参考借鉴相关文献，通过综合运用哲学、政治学、经济学、法律学、社会学、历史学、文化学、心理学、行为学以及管理学等学科的原理和知识，研究分析、全面总结社会信用体系建设丰富多彩的实践活动，力求通过“去粗取精、去伪存真、由此及彼、由表及里”，升华为科学概念、学术观点、逻辑架构和理论体系。通过撰写此书，以期全方位、多维度、分层次系统阐述社会信用体系建设的理论与实践，全面概括中国社会信用体系建设的现实状况，展望社会信用体系建设的未来发展趋势。

本书是一部全面、系统阐述中国社会信用体系建设理论与实践的专门著作，注重学术性、实践性、时代性和前瞻性，具有创新性、专业性、针对性、实用性以及一定的权威性等特点。撰写《社会信用管理——中国社会信用体系建设理论与实践》一书，旨在全面系统总结中国社会信用体系建设的实践经验，探索发现社会信用管理的内在本质和客观规律，初步创建具有中国特色的社会信用管理学理论框架，并使社会信用管理学理论更好地为社会信用体系建设的实践服务。

本书可作为行政机关、司法机关以及其他依法律法规授权具有社会信用管理职能的组织的工作人员，从事社会信用体系建设，包括政务诚信、商务诚信、社会诚信和司法公信建设，以及社会信用监督管理活动的理论参考书籍；也可作为行业协会、企业单位（包括各类金融机构、信用服务机构）和事业单位的相关管理人员以及其他社会各界人士自我研修社会信用管理知识的业务工具用书；还可作为普通高等学校经济类、管理类专业，尤其是信用管理专业本科生基础教材，或者作为经济类、管理类专业，尤其是信用管理专业研究生参考用书；并可作为社会培训机构对各类学员开展社会信用体系建设相关培训的专业课程教材。

高思伟

2020 年 10 月 10 日

目录

CONTENTS

第一章 信用概念内涵

第一节 狭义信用概念 …… 3
第二节 广义信用概念 …… 10

第二章 社会信用体系

第一节 社会信用体系基本概念 …… 17
第二节 世界各国信用管理模式 …… 25
第三节 中国社会信用管理模式 …… 28

第三章 诚信文化构建

第一节 传统诚信文化 …… 53
第二节 诚信文化建设 …… 61

第四章 社会信用主体

第一节 信用主体基本分类 …… 73
第二节 社会主体信用承诺 …… 80
第三节 行业组织信用自律 …… 91
第四节 企业内部信用管理 …… 96
第五节 个人信用自我约束 …… 103

第五章 社会信用信息

第一节 信用信息基本概念 …………………… 113
第二节 信用信息基本内容 …………………… 119

第六章 信用信息公开

第一节 信用信息公开概念 …………………… 137
第二节 公共信用信息公开 …………………… 142
第三节 企业信用信息公示 …………………… 147

第七章 信用信息共享

第一节 信用信息共享概念 …………………… 153
第二节 信用信息系统建设 …………………… 159
第三节 信用信息共享平台 …………………… 163
第四节 信用中国官方网站 …………………… 169
第五节 信用信息共享现状 …………………… 171

第八章 信用目录体系

第一节 信用信息目录编制 …………………… 185
第二节 信用信息目录管理 …………………… 188
第三节 信用信息目录现状 …………………… 191

第九章 信用标准体系

第一节 信用标准体系概念 …………………… 197
第二节 社会信用标准管理 …………………… 202
第三节 社会信用标准现状 …………………… 207

第十章 信用法律体系

第一节 信用法律体系概念 …………………… 217
第二节 我国信用立法现状 …………………… 222
第三节 信用立法几点思考 …………………… 229

第十一章 失信行为概述

第一节　失信行为基本概念 …………………… 239
第二节　失信行为产生根源 …………………… 244
第三节　科学界定失信行为 …………………… 249

第十二章 社会信用监管

第一节　依法加强社会信用监管 ……………… 257
第二节　依法建立失信惩戒制度 ……………… 272
第三节　澄清失信惩戒模糊认识 ……………… 283
第四节　失信联合惩戒实施情况 ……………… 285

第十三章 社会信用修复

第一节　信用修复制度的基本概述 …………… 293
第二节　信用修复规则的关键因素 …………… 301
第三节　完善信用修复的几点思考 …………… 304

第十四章 社会信用服务

第一节　社会信用服务概念 …………………… 311
第二节　市场领域征信活动 …………………… 314
第三节　市场领域信用评级 …………………… 319
第四节　行业信用评价活动 …………………… 322
第五节　公共信用综合评价 …………………… 329
第六节　信用服务行业现状 …………………… 332

第十五章 信用信息应用

第一节　信用信息实际应用理论概要 ………… 345
第二节　在市场监管领域中广泛应用 ………… 349
第三节　在行政管理事项中普遍应用 ………… 353
第四节　在惠民便企领域的创新应用 ………… 357

第十六章
信用信息安全

第一节　保护信息安全具有重要现实意义 …… 369
第二节　运用一切法律手段保障信息安全 …… 372
第三节　运用先进技术手段保障信息安全 …… 379
第四节　运用科学管理手段保障信息安全 …… 381

参考文献 …… 390

后　记 …… 396

第一章

信用概念内涵

信用交易是一种古老的交易方式，延续发展至今，拥有几千年的历史。物质决定意识，伴随信用交易方式的出现和发展，诞生了“信用”这一概念。

第一节 狭义信用概念

《大辞海——语词卷》对“信用”有如下解释：（1）谓以诚信任用人；信任使用。《左传·宣公十二年》：“其君能下人，必能信用其民矣。”（2）遵守诺言，实践成约，从而取得别人对他的信任。如：信用昭著。（3）以偿还为条件的价值运动的特殊形式。多产生于货币借贷和商品交易的赊销或预付之中。其形式有商业信用、银行信用、国家信用和消费信用。

由此可见，信用这一概念本身具有多重含义。笔者认为，为更准确地理解和使用信用这一概念，不妨将信用划分为狭义信用和广义信用。笔者认为，经济学领域的信用概念及其定义属于狭义信用。

一、狭义信用的内涵

《大辞海》经济卷中对信用的含义表述为：信用是以偿还为条件的价值运动的特殊形式。在商品交换和货币流通存在的条件下，债权人以有条件让渡的形式贷出货币、资本或赊销商品，债务人则按约定的日期偿还借款并支付利息。其主要形式有：商业信用、消费信用、银行信用和国家信用等。

信用是一种借贷行为。这种经济行为的特点是以收回本钱和获得利息为条件的付出，或是以归还本息为义务的取得。借贷关系存在的前提条件是私有财产的出现。没有私有权的观念，付出不必讨回，取得也无须归还，相应地利息的问题更不可能提出。之所以出现这种行为，显然是为了满足一种以不改变所有权为条件的财富调剂的需要。

经济学领域的信用的基本形式为商品赊销和货币借贷，因而被划分为商业信用和银行信用。《中国市场经济学大辞典》对商业信用、银行信用的解释如下：

商业信用，是信用的一种形式，指企业之间以商品形式提供的信用。具体形式有赊销、预付货款等。商业信用的特点是：其债权人、债务人都是生产经营者；商业信用的借贷行为与商品的买卖行为是结合在一起的；其规模与产业资本的周转动态一致。但商业信用要受个别企业资本数量、提供对象和时间的限制。

银行信用是以银行及非银行金融机构作为媒介，以货币形态向企业或个人提供信用的一种形式。银行信用是以货币形态提供的信用，货币作为一般的购买手段和支付手段，可以购买任何商品，这样可以满足任何借款者的需要。银行信用能吸收全社会各方面暂时闲置的货币资金，其资金力量是相当雄厚的。它不仅能将全社会各阶层闲散的货币收入转化为资本，还可以聚小额可贷货币满足对大额货币的需要，并能把短期可贷货币集中起来满足对较长期的货币需要。银行信用的这些特点，使它更具有广泛的适应性，为全社会各阶层所接受，并间接地对全社会的货币余缺进行合理的调剂，因此在现代经济生活中成为信用的主要形式。

银行信用是伴随着现代银行产生，在商业信用的基础上发展起来的。商业信用与银行信用是现代经济社会的主要信用形式。

二、信用的重要作用

信用（狭义）犹如一柄双刃剑，在现代市场经济中的作用既有积极的一面，也有消极的一面。

（一）信用的积极作用

1. 激发资金活性，调剂资金使用

通过存款、贷款等信用方式，激活社会沉淀资金、睡眠资金甚至休眠

资金，使资金重新流动起来，实现在市场主体之间的调剂使用，全面发挥资金的基本功能，为经济和社会发展做出应有的贡献。

通过存款、贷款等信用方式能够使资金在市场主体之间调剂使用，有利于实现资金的优化配置，提高资金的利用效率。信用是实现资金调剂的最为灵活、最为有效的方式之一。借助于信用行为可以把闲置、分散的社会资金汇集起来，转化为借贷资本，参与经济和社会活动，在经济规律的作用下，使资金的功能和价值得以充分利用。

现代信用可以促进社会资金的合理利用，优化社会资源配置。资金流可以带动信息流、人才流、技术流、物资流运动。通过信用手段实现资金调剂使用，可以引导带领其他社会资源随之运动，使相关资源及时转移到需要的地方，使社会资源得到最大限度的有效利用。如那些发展前景良好、增长潜力巨大的产业或者项目，往往更容易获得信用的支持。通过信贷，可以使资金流向经济效益、社会效益、环境效益更好的项目，从而提高整个国民经济的运行质量和运行效率。

在正常情况下，信用既可以使债务人得到所需的资金，又可以使债权人获得一定的收益。

2. 加快资金周转，节省流通费用

由于通过存款、贷款等信用方式能将各种闲置、分散、沉淀的社会资金集中起来，并重新投放到经济和社会活动领域，使大量处于相对静止状态的社会资金重新进入运动状态，对加快社会资金的周转速度可以发挥巨大作用。

现代信用制度下，资金集中于银行以及其他金融机构，可以有效降低整个社会的现金运输、现金保管、现金出纳以及簿记登录等相关费用；信用能加速商品流通和价值实现，有助于减少商品储存和保管费用的支出、降低成本，有利于加快资金周转，扩大生产规模、增加企业利润。此外，各种债权债务通过银行等金融机构使用非现金结算方式来处理，还可以节约流通费用，提高资金使用效率。

3. 加速资本积聚，促进资本集中

信用有助于实现资本积聚和资本集中。资本积聚和资本集中有利于企业实现社会化、规模化、集约化、现代化，获得可持续的竞争优势。

《中国市场经济学大辞典》关于资本积聚、资本集中的表述为：

资本积聚是指单个资本依靠资本积累来增大自己的资本总额，从而扩大规模的行为。

资本积累是指把剩余价值再转化为资本，或者说是剩余价值的资本化；是指企业将其营运利润转化为企业资本金，用于扩大企业生产经营规模。

单个资本借助于信用手段扩大生产经营规模，从中获取更多的利润，通过资本积累的形式将其营运利润转化为企业资本金，从而增加资本总额。

资本集中是指众多分散的中小资本通过联合或兼并而成为少数大资本的过程。市场竞争和信用手段是加速资本集中的强力杠杆。利用信用杠杆可以助力分散的中小资本联合起来组合而成新的规模庞大的资本；也可以助力资本的兼并重组活动，加速实现资本集中。

4. 控制规模流向，调节经济运行

运用信用手段可以有效地调节国民经济。信用调节经济的功能主要表现在国家通过制定颁布各项金融法规和金融政策，建立货币和信用制度，利用各种信用工具、信用杠杆来调节信用规模以及改变其运行趋势，实现对国民经济的宏观调控。国家借助信用的调节功能，既能抑制通货膨胀，防止经济过热；也能治理通货紧缩，防止经济衰退。

现代信用制度可以使社会闲置、零散资金集合起来，一方面可以使其中一部分转化为社会投资，直接投入生产领域，使企业规模扩大，创造就业机会，增加社会产出，促进经济增长；另一方面，可以使其中一部分转化为消费信贷，增加社会购买力，创造和扩大消费，提高人们的消费水平，促进商品的生产与销售；还可以引导社会消费，调整消费结构，促进产品的更新换代和新产品的推广等，拉动经济增长。

国家利用信用调节功能，还可以引导资金的流向，通过资金流向的变化来支持新兴产业、朝阳产业发展，鼓励创造创新，实现经济结构、产业结构、产品结构的调整，使国民经济结构更趋科学合理，经济发展质量更高，更具有可持续性。

5. 支撑全球贸易，助力国际合作

经济全球化，是不可逆转的世界发展趋势。国际信用推动了国际贸易的发展，促进了世界市场规模的扩大；促进信息、商品、服务、资本、技术、人员、管理等生产要素跨国家跨地区流动，助推经济全球化趋势。国际信用还推动文化、教育、卫生、医疗、扶贫、环境等各个领域的国际交流与国际合作。

《法学大辞典》指出，所谓国际信用，“是指各国相互之间提供的信用。包括国际银行信用、国际商业信用、国际间政府信用、国际金融机构信用和国际租赁信用等”。

（二）信用的消极作用

信用除了能发挥上述积极作用以外，还可能产生消极作用。

1. 失信行为带来信用风险

信用既具有积极的作用，但也蕴藏着潜在的风险。信用风险也称“违约风险”，如果交易对手未能按期履行约定义务，就意味着失信行为的发生，必将给授信人带来信用风险。

《大辞海》经济卷对信用风险的解释为：信用风险亦称“违约风险”，是指交易对手未能履行约定契约中的义务而造成经济损失的风险，即受信人不能履行还本付息的责任而使授信人的预期收益与实际收益发生偏离的可能性。信用风险是金融风险的主要类型。

在市场经济条件下，信用关系已经成为最为基本、最为普遍的经济和社会关系，社会主体之间的债权债务关系相互交织、错综复杂，已经形成相互关联、彼此制约的债权债务链条。如果信用交易一方不守信用，致使这个链条上的一个环节发生断裂，就会引发连锁反应，交换关系和市场秩序就会遭到破坏，不仅信用交易无法正常进行，就连实物交易与货币交易也会受到影响，经济活动就难以有序开展，甚至会对整个社会的信用体系造成危害。

2. 信用杠杆刺激投机行为

以证券市场的证券信用交易为例，说明这一现象。“证券信用交易”又称融资融券交易。2008 年 4 月 23 日，国务院颁布的《证券公司监督管理条例》对融资融券做了如下定义：融资融券业务，是指在证券交易所或者国务院批准的其他证券交易场所进行的证券交易中，证券公司向客户出借资金供其买入证券或者出借证券供其卖出，并由客户交存相应担保物的经营活动。

融资融券交易制度是证券市场一项基本的证券信用交易制度。融资融券交易即“证券信用交易”的杠杆作用在于，当投资者对证券的价格走势判断正确时，由于信用交易的杠杆作用，便可获得更多的投资收益；但是，如果投资者对证券的价格走势判断失误，由于信用交易的杠杆作用，则必然会蒙受更多的经济损失。

总体来说，证券信用交易的杠杆作用会刺激投机心理和投机行为。如果在证券市场上，投资者大面积、高杠杆从事融资融券交易，必然会造成巨大的信用风险甚至系统性信用风险，影响证券市场稳定，危害市场经济秩序。

（三）信用遭到破坏引发信用危机

《大辞海》经济卷对信用危机的解释为：信用危机指货币发行量和银行信贷量同实际经济生活需要相脱节而造成经济动荡，并进而影响到信用的信誉，使信用体系各环节发生危机。在现代经济中，信用危机与货币危机通常交织在一起，称作货币信用危机。其主要表现为，在货币流通领域，由于商业信用、银行信用遭到破坏，商品买卖都需现金交易，流通领域中的货币需要量急剧增加，造成现金奇缺，货币危机。在信贷领域，由于生产相对过剩，商品销售困难，资金周转不灵，银行信贷业务由于贷款收不回来而处于停顿状态，造成信用危机，同时存户纷纷提存，导致银行倒闭。在有价证券市场上，由于企业销售下降、利润下降，企业股利降低；由于流通领域对货币需求增加而使利率提高。这些导致了有价证券的大量抛售和其价格的暴跌，甚至使证券市场陷于停顿状态。货币信用危机时，大量工厂破产，失业人数增多；银行的破产使中小存款者受损失；有价证券行市的暴跌，受打击最重的也是中小证券投资者。由此可见，货币信用危机会使工人阶级更加贫困，而大的工业和银行会趁机廉价地收购破产的企业、银行，以及收购价格惨跌的各种证券，从而使自己的经济实力加强。所以，货币信用危机会促使社会资本中大资本的比重进一步扩大。

面对信用的双重作用，国家应当趋利避害，必须在发挥信用积极作用的同时，遏制信用的消极作用，建立信用风险防控体系，防范、控制、管理、化解系统性信用风险，有效避免信用危机。

第二节　广义信用概念

广义信用，是指具有完全行为能力的自然人、法人和非法人组织履行法定义务、约定义务、道德义务的客观状况以及由此获得的社会信任。

一、提出广义信用概念的主要原因

笔者之所以提出广义信用概念，是因为：社会信用体系建设领域经常使用的信用概念与传统经济学所经常使用的信用概念，虽然文字相同，但无论从其内涵还是从外延维度来探究，二者之间既有内在联系，又有明显差别。对此，不论是理论界，还是实践界，一直争论不休，莫衷一是。如何对信用概念作出科学的定义，业已成为困扰社会信用体系建设理论研究和实践活动的一个重大基础性课题。

继续沿用旧时人们提出的经济学领域狭义的信用概念及其定义，已经无法客观反映、深刻认识和全面阐述社会信用体系建设这一新时代出现的社会现象，并造成社会信用体系建设理论研究、实践活动、法制建设领域的观点各异、争论不断、舆情反弹、实践受阻。因此，须要及时提出广义信用概念并作出科学定义，为社会信用体系建设理论研究奠定基础，并为社会信用体系建设实践活动提供指导，为法制建设提供依据。

提出广义信用概念的根据在于，从党中央、国务院关于我国社会信用体系建设的顶层设计、决策部署以及社会信用体系建设的实践活动来观察分析，自然而然会发现我国社会信用体系建设无论从覆盖范围还是所含内容，都已经远远超越并且全面涵盖了狭义信用概念所支撑的征信体系或金融信用体系。

在此情况下，再用狭义信用概念及其所支撑的征信体系概念，都已经无法真正认识和理解党中央、国务院关于加快我国社会信用体系建设的重大战略决策部署和全部社会主体共同参与的社会信用体系建设这项伟大社会实践活动。

二、广义信用概念理论与实践意义

为突破狭义信用概念的局限性，笔者提出广义信用概念，并从法定义务、约定义务、道德义务三个维度定义广义信用概念。此举的理论意义和实践意义在于：广义信用概念的内涵和外延能够全面完整反映信用主体在经济和社会活动中，或者在学习、工作和生活中的总体信用状况；可以适用于全部国土疆域、全部社会领域、全部信用主体、全部信用行为和全部信用信息；有利于信用法律体系、信用目录体系和信用标准体系建设，实现社会信用管理的法制化、标准化和规范化；有利于对信用主体的信用信息进行全面、完整、真实、准确、及时采集、存储、加工和使用，支持信用信息公开公示、交换共享；有利于相关部门和机构对信用主体依法开展全面信用评价，为给信用主体精准描绘全息立体信用画像提供遵循；可以为守信激励、失信惩戒提供理论依据，并可为信用修复提供指引；可以为信用主体，包括行业协会商会加强信用自我约束和诚信自律指明方向；可以为构建以信用为基础的新型市场监管体制和机制提供理论依据，为开展信用监管提供清晰标靶；可以溯本清源、以正视听，正确引导社会舆论，为加快社会信用体系建设，构建诚信政府、诚信社会营造良好舆情氛围。广义信用概念可以从外延方面对狭义信用概念形成包含关系，狭义信用概念从属于广义信用概念。如此一来，可以在广义信用概念的基础之上构建具有中国特色的社会信用管理的理论体系，更好地为社会信用体系建设奠定科学的理论基础；有利于加强社会主义法制建设、道德建设，培养和践行契约精神。

三、法定义务、约定义务、道德义务

1. 法定义务

法定义务是指法律所规定的义务。具体来说，法定义务是指法律对公民、法人、非法人组织必须作出或禁止作出一定行为的约束。

如我国宪法第五十五条规定：“保卫祖国、抵抗侵略是中华人民共和国每一个公民的神圣职责。依照法律服兵役和参加民兵组织是中华人民共和国公民的光荣义务。”《中华人民共和国兵役法》第三条规定：“中华人民共和国公民，不分民族、种族、职业、家庭出身、宗教信仰和教育程度，都有义务依照本法的规定服兵役。”

法定义务具有强制性，必须履行，否则会受到法律的制裁。如根据《中华人民共和国兵役法》规定：有服兵役义务的公民拒绝、逃避兵役登记和体格检查的，应征公民拒绝、逃避征集的，预备役人员拒绝、逃避参加军事训练、执行军事勤务和征召的，由县级人民政府责令限期改正；逾期不改的，由县级人民政府强制其履行兵役义务，并可以处以罚款。

2. 约定义务

约定义务是指当事人之间自行约定的义务。一般是指根据当事人之间依法订立的合同的约定而产生的义务。如买卖合同中的卖方按约定负有交货的义务，而买方按约定负有支付货款的义务。

《中华人民共和国民法典》规定：“合同是民事主体之间设立、变更、终止民事法律关系的协议。”“依法成立的合同，受法律保护。依法成立的合同，仅对当事人具有法律约束力，但是法律另有规定的除外。”“当事人应当按照约定全面履行自己的义务。当事人应当遵循诚信原则，根据合同的性质、目的和交易习惯履行通知、协助、保密等义务。当事人在履行合同过程中，应当避免浪费资源、污染环境和破坏生态。”“当事人一方不履行合同义务或者履行合同义务不符合约定的，应当承担继续履行、采取补救措施或者赔偿损失等违约责任。”“当事人一方明确表示或者以自己的行为表明不履行合同义务的，对方可以在履行期限届满前请求其承担违约责任。”

合同依法成立生效以后，对当事人就具有了法律约束力。所谓法律约束力，是指当事人应当按照合同的约定全面履行自己的义务，非依法律规定或者取得对方同意，不得擅自变更或者解除合同。当事人应当按照合同约定全面履行自己的义务。如果不履行合同义务或者履行合同义务不符合约定，或者擅自变更、解除合同，就要承担违约责任。

3. 道德义务

道德义务，是指社会道德规范确定的在一定社会关系中个人对他人、对社会所负有的一定使命和所应尽的一定责任。履行道德义务，概括来讲就是指信用主体要遵守公序良俗，其核心要义是遵守社会公共道德和社会公共秩序，不得损害社会公共利益。

公序良俗是一种调整民事行为的规范，其地位和作用仅次于法律。我国宪法第五十三条规定，中华人民共和国公民必须遵守宪法和法律，遵守公共秩序，尊重社会公德。

将道德义务纳入广义信用概念的内涵，符合《中共中央关于全面推进依法治国若干重大问题的决定》精神。2014 年 10 月，中国共产党第十八届中央委员会第四次全体会议通过的《中共中央关于全面推进依法治国若干重大问题的决定》指出：“加强公民道德建设，弘扬中华优秀传统文化，增强法治的道德底蕴，强化规则意识，倡导契约精神，弘扬公序良俗。发挥法治在解决道德领域突出问题中的作用，引导人们自觉履行法定义务、社会责任、家庭责任。”

将道德义务纳入广义信用概念的内涵，符合《中华人民共和国民法典》立法精神和相关规定。全国人民代表大会常务委员会副委员长王晨在第十三届全国人民代表大会第三次会议上所作的《关于〈中华人民共和国民法典（草案）〉的说明》中指出："切实做好民法典编纂工作，必须遵循和体现以下基本原则（之四）：坚持依法治国与以德治国相结合，注重将社会主义核心价值观融入民事法律规范，大力弘扬传统美德和社会公德，强化规则意识，倡导契约精神，维护公序良俗。"

依据我国宪法和《中华人民共和国民法典》规定，应将道德义务即遵守公序良俗纳入广义信用概念的内涵，并将不履行道德义务即违背公序良俗纳入失信行为概念的内涵。

《中华人民共和国民法典》确立的公序良俗原则，必将成为指导人们日常行为和社会信用体系建设的基本准则。

第二章

社会信用体系

社会信用体系是社会主义市场经济体制和国家治理体系的重要组成部分。新时代中国社会信用体系建设，是为推进国家治理体系和治理能力现代化而进行的一场史无前例的伟大社会实践活动。

第一节　社会信用体系基本概念

社会信用体系概念的提出标志着国家治理领域思想理念和治理模式的重大创新。社会信用体系概念的提出，有其特殊的时代背景和迫切的现实需要。

一、社会信用体系概念及其内涵

社会信用体系是指在全国范围内，由各类不同的与信用相关的局部系统，按照一定的内在联系和规则秩序集合而成的整体的社会信用管理系统。

在理论界，社会信用体系也被一些学者称之为国家信用管理体系或者国家信用体系。而在我国官方文件当中，则统一采用社会信用体系这一概念。

社会信用体系具有系统性、整体性和协同性。从社会信用体系内在运行规律维度考察，可将社会信用体系视为一个巨大的社会信用生态系统。社会信用生态系统由信用文化体系、信用道德体系、信用法律体系、信用监管体系、信用信息体系、信用目录体系、信用标准体系、技术支撑体系、信用市场体系、信用服务体系、社会信用主体等构成。

社会信用生态系统各个子系统之间相互联系、相互作用，共同影响社会信用生态系统的运行。社会信用生态系统可以进行建设，也会遭受破坏，还能重新修复。但破坏社会信用生态系统容易，而建设或修复社会信用生态系统则很难。社会信用生态系统短期即可受到严重破坏，而建设或者修复社会信用生态系统则要经历一个漫长的历史过程，有时甚至需要几代人的不懈努力。况且，建设或者修复社会信用生态系统是一项复杂、艰巨、庞大的系统工程，要付出巨额的社会成本。

二、社会信用生态系统基本功能

社会信用生态系统具有如下基本功能：

（1）文化传播功能——诚信价值观教育和诚信文化宣传功能。

（2）信息循环功能——信用信息的内生功能、记录功能（能够保存信用主体的信用记录）、采集功能、存储功能、处理功能、交换功能、共享功能、公开功能和使用功能等。

（3）信用揭示功能——对信用主体的信用进行评价，揭示其信用状况，划分信用等级或给出信用分值。

（4）环境净化功能——通过运用行政监督、法律监督、舆论监督、社会监督手段和自我约束的自律行为，发挥“守信激励、失信惩戒”机制和市场“优胜劣汰”机制作用，实现信用环境的净化。

（5）信用修复功能——信用主体对自身信用受损状况依法进行信用修复的功能。

（6）风险预警功能——对信用状况进行动态监测、分析、评估、预警，防范和化解信用风险乃至信用危机。

（7）信用服务功能——市场化信用服务和公益性（公共性）信用服务功能。推进信用数据的开发与利用，促进数字经济发展。

（8）智慧管理功能——运用5G技术、信息技术、网络技术、大数据、云计算、区块链、人工智能等高新技术，赋予社会信用管理数据化、网络化、自动化、智慧化功能。

国务院发布的《社会信用体系建设规划纲要（2014—2020年）》指出：社会信用体系建设以法律、法规、标准和契约为依据，以健全覆盖社会成员的信用记录和信用基础设施网络为基础，以信用信息的合规应用和信用服务体系为支撑，以树立诚信文化理念、弘扬诚信传统美德为内在要求，以守信激励和失信约束为奖惩机制，目的是提高全社会的诚信意识和信用水平。

三、构建社会信用体系的必要性

完善的社会信用体系，是市场经济和诚信社会的根基。诚信缺失与其说是道德问题，不如说是社会信用体系问题。因为道德概念和道德规范都很抽象，对社会主体的行为只具有“软约束力”；而信用体系是以道德规范和法律制度为基础的，对社会主体的行为实现“软约束力”和“硬约束力”的有机统一，形成调整社会信用关系的强大合力。欺骗背信、毁约弃诺者，在完善的社会信用体系当中将受到相应惩戒，难以立足。

党中央、国务院作出加快我国社会信用体系建设的重大战略决策部署，无论是从当时的历史背景考察，还是从现实的迫切需要分析，都是十分必要的。

（一）加快社会信用体系建设是治理失信行为的需要

长期以来，在我国经济和社会活动中，或者在人们的日常学习、工作和生活中，诚信缺失现象普遍存在，失信行为屡禁不止，屡查屡犯、滋生蔓延、危害严重，业已成为我国社会的一大沉疴痼疾。现将失信行为的主要表现形式归纳如下：

商务领域和社会领域的失信行为主要表现形式为：拖欠贷款和逃废债务、拖欠货款或服务欠费、无证照经营、逃税骗税、欺诈发行、违规信披、内幕交易、操纵证券、制假售假、以次充好、偷工减料、缺斤短两、质次价高、合同欺诈、虚假广告、假医假药、非法集资，拖欠薪资、走私贩私、数据造假、假球黑哨、出借和借用资质投标、围标串标、虚报冒领、假证件、假发票、假彩票、假文凭、考试作弊、学术不端、侵犯知识产权、发布虚假信息、行贿受贿、传销经营、骗取保险、电信诈骗、网络诈骗、逃避兵役、不履行生效法律文书确定的义务等。

政务领域诚信缺失主要表现形式为：违法行政、滥用职权、以权谋私、贪污腐败、不讲真话、弄虚作假、欺上瞒下、统计造假、谎报政绩、违背承诺、隐瞒信息、朝令夕改、暗箱操作、形象工程、违约毁约、拖欠债务、推诿扯皮等。

司法领域公信缺失主要表现形式为：一是司法“乱作为”。如一些司法机关或司法人员违反法律程序和实体规定，为谋取个人利益、部门利益或地方利益，滥用司法权、乱罚款、乱扣押、乱查封、乱冻结。二是司法不作为。如失职渎职、“立案难”、“申诉难”、“执行难”。有的法官办人情案、关系案、金钱案，甚至执法犯法、徇私枉法、枉法裁判、以罚代刑、以罚代管、徇私舞弊、暗箱操作、司法不公、冤假错案和司法腐败。

特别是在国家非常时期，失信行为更加典型，社会危害更加巨大。例如：新冠肺炎疫情期间，在举国上下众志成城、共克时艰与新冠肺炎疫情做坚决斗争的关键时刻，一些犯罪分子不仅不参与抗击疫情，反倒乘人之危、趁火打劫，借机实施犯罪、大发“国难财”谋取非法利益，制造大量违法犯罪失信案件，涉疫情犯罪案件主要包括妨害疫情防控犯罪，妨害国境卫生检疫罪，生产、销售不符合标准的医用器材罪，生产、销售伪劣产品罪，销售假冒注册商标的商品罪，非法经营罪（哄抬物价、牟取暴利，严重扰乱市场秩序，违法所得数额较大或者有其他严重情节的，以非法经营罪定罪），编造、故意传播虚假信息罪，诈骗罪，寻衅滋事罪，妨害公务罪等。

从犯罪危害来看，上述犯罪主观恶性大，犯罪行为不仅严重扰乱市场秩序、医疗秩序和社会秩序，而且严重侵犯人民群众尤其是一线参与医护和防疫人员的健康安全。特别是生产、销售不符合标准的医用口罩、护目镜、防护服等医用器材，足以直接严重侵害人体健康和生命安全，社会危害极其严重，影响非常恶劣，为广大人民群众所不耻，为法律所不容，必须依法从严从重从快惩治，以严厉打击震慑犯罪分子，保护人民群众合法权益。

上述问题已经严重破坏我国经济和社会秩序，对经济健康持续发展与社会和谐稳定构成巨大危害。

加快社会信用体系建设，是治理失信行为、规范经济社会秩序的治本之策。以政务诚信、商务诚信、社会诚信和司法公信为重点，全面推进社会信用体系建设，势在必行、时不我待。

（二）加快社会信用体系建设是全面深化改革的需要

2013 年 11 月召开的党的十八届三中全会通过的《中共中央关于全面深化改革若干重大问题的决定》指出，改革开放最主要的成果是开创和发展了中国特色社会主义，为社会主义现代化建设提供了强大动力和有力保障。事实证明，改革开放是决定当代中国命运的关键抉择，是党和人民事业大踏步赶上时代的重要法宝。

总体来看，《中共中央关于全面深化改革若干重大问题的决定》提出，“全面深化改革的总目标是完善和发展中国特色社会主义制度，推进国家治理体系和治理能力现代化”，而社会信用体系则是推进国家治理体系和治理能力现代化的不可或缺的重要“基础设施”。

具体来讲，《中共中央关于全面深化改革若干重大问题的决定》提出的加快完善现代市场体系、加快转变政府职能、深化财税体制改革、构建开放型经济新体制、强化权力运行制约和监督体系、创新社会治理体制、深化文化体制改革、加快生态文明制度建设等多项重大改革，都离不开社会信用体系的支撑。就连信用立法也已经被纳入“推进法治中国建设”改革的立法规划。

当前，我国发展进入新阶段，改革进入攻坚期和深水区。我国正处在进一步深化经济体制改革、完善社会主义市场经济体制的攻坚阶段。现代市场经济是信用经济。建立健全社会信用体系，是整顿和规范市场经济秩序、改善市场营商环境、促进资源优化配置、推动经济转型升级、实现经济科学发展、提高市场交易效率、降低市场交易成本、防范信用风险的重要举措，是完善社会主义市场经济体制的迫切要求。同时，建立完善社会信用体系，有利于创新社会现代治理，维护人民根本利益，增强社会发展活力，提高社会治理水平，缓解各种社会矛盾，降低各类社会风险，推进平安中国建设，确保人民安居乐业、社会和谐安定有序。

（三）加快社会信用体系建设是全面对外开放的需要

提出建设丝绸之路经济带、建设21世纪海上丝绸之路，即“一带一路”建设的倡议是一项伟大的创举。习近平总书记深刻观察和思考世界形势，顺应时代潮流，适应发展规律，统筹国际国内两个大局，在世界上首倡“一带一路”建设。“一带一路”建设是中国在新形势下扩大全方位开放的重大战略举措。“一带一路”倡议为世界提供了一个改善国际经济治理体系、促进全球共同繁荣发展、推动构建人类命运共同体的充满东方智慧的中国方案。

“一带一路”倡议提出之后，得到国际社会特别是“一带一路”沿线国家的积极响应。迄今为止，已有100多个国家和国际组织积极支持和参与“一带一路”建设。“一带一路”建设已经从先进思想理念变为国际社会实践，并取得丰硕成果，影响日益广泛。

当前，在经济全球化背景下，信息、商品、服务、资本、技术、人员、管理等生产要素跨国家跨地区流动，世界经济日益成为相互联系、相互依存的一个有机整体。经济全球化是世界经济发展的重要趋势，也是当代世界经济的重要特征之一。

“一带一路”建设顺应并且推动了经济全球化趋势。随着“一带一路”建设的持续推进，我国与“一带一路”沿线国家和地区以及其他国家和地区在经济和社会各个领域的交流、交往、合作更加频繁密切。“一带一路”建设非常重要的内涵，是同“一带一路”沿线国家加强合作，实现政策沟通、设施联通、贸易畅通、资金融通、民心相通，共同打造开放合作平台，为各国可持续发展提供新动力。而上述“五通”都离不开“信用共通”，即“诚实守信、履约践诺”。因此，加快完善我国社会信用体系，全面加强各领域诚信建设，树立我国政府和人民的良好信誉，是提升国家“软实力”、国际影响力和国际竞争力的必要条件；是构建国际社会互信关系，深化国际交流合作的必由之路；是拓宽国际融资渠道，降低信用交易成本的必然选择；是参与构建客观、公正、公平、科学、合理、平衡的国际信用评级体系的重要资本；是顺应经济全球化新趋势，驾驭世界新格局的迫切需要；是变革全球治理体系，构建人类命运共同体的重要举措。

2020 年 5 月 23 日，习近平总书记看望参加全国政协十三届三次会议经济界委员并参加联组会，深刻分析国内国际形势时指出，面向未来，我们要把满足国内需求作为发展的出发点和落脚点，逐步形成以国内大循环为主体、国内国际双循环相互促进的新发展格局。为贯彻落实习近平总书记的重要指示，面对新的国内国际形势以及新的发展格局，更应加快推进我国社会信用体系建设。

综上所述，中国特色社会主义已经进入新时代。我国正处于全面深化改革、全面对外开放，加快发展方式转变，推动经济社会转型的重要时期和实现“两个一百年”奋斗目标的关键阶段。面对新形势新任务，为全面建成小康社会，进而建成富强民主文明和谐的社会主义现代化国家、实现中华民族伟大复兴的中国梦，国家和人民需要诚信这个经济社会的稳定器、压舱石。只有全面推进社会信用体系建设，牢固树立诚信观念、广泛增进社会互信、大幅减少利益冲突、及时化解社会矛盾、保障经济健康发展、促进社会和谐稳定，才能确保承载中华民族伟大复兴希望的历史航船行稳致远。

四、社会信用体系建设重要意义

市场经济既是信用经济，又是法制经济。市场经济体制是以社会信用体系为基础的。社会信用体系是市场经济体制中十分重要的顶层设计和制度安排。社会信用体系是否健全与完善，是衡量市场经济体制是否成熟与完备的重要标准。

2002 年 11 月，党的十六大报告作出“整顿和规范市场经济秩序，健全现代市场经济的社会信用体系”的重大战略部署。

2003 年 3 月，十届全国人大一次会议审议通过的《政府工作报告》，强调“加快建立社会信用体系”。

2003 年 10 月，党的十六届三中全会通过的《中共中央关于完善社会主义市场经济体制若干问题的决定》指出：建立健全社会信用体系。形成以道德为支撑、产权为基础、法律为保障的社会信用制度，是建设现代市场体系的必要条件，也是规范市场经济秩序的治本之策。建立信用监督和失信惩戒制度。

2014 年 6 月 14 日，根据党的十八大提出的“加强政务诚信、商务诚信、社会诚信和司法公信建设”，党的十八届三中全会提出的“建立健全社会征信体系，褒扬诚信，惩戒失信”，《中共中央国务院关于加强和创新社会管理的意见》提出的“建立健全社会诚信制度”，以及《中华人民共和国国民经济和社会发展第十二个五年规划纲要》提出的“加快社会信用体系建设”的总体要求，国务院印发了《社会信用体系建设规划纲要（2014—2020 年）》。

社会信用体系是社会主义市场经济体制和社会治理体制的重要组成部分。加强社会信用体系建设，对于弘扬社会主义核心价值观，传承和创新诚信文化，增强全体社会成员的诚信意识；对于提高政府的公信力和权威性，实现国家治理体系和治理能力现代化，推进政府更好地履行社会管理和公共服务职能；对于全面落实依法治国基本方略，加快建设公正、高效、权威的社会主义司法体制，维护社会公平正义，保护人民合法权益，提高司法机关的公信力；对于完善社会主义市场经济体制，推进政府更好地履行经济调节职能，加强和创新以信用为基础的市场监管机制，激励守信行为，惩治失信行为，维护正常的经济社会秩序，营造优良信用环境，提高市场机制的有效性，防范化解信用风险和信用危机，促进经济健康稳定发展；对于提升国家信誉、国际形象、国家软实力以及国际竞争力；对于构建社会主义和谐社会，促进社会发展与文明进步等都具有巨大的现实意义和深远的历史意义。

第二节　世界各国信用管理模式

商品的生产、交换、分配和消费是社会信用关系建立和发展的基础，社会信用体系的建设要与社会生产力发展水平和经济市场化程度相适应。根据世界银行《2019 全球营商环境报告》，截至 2018 年底，参与调研的 201 个国家中有 173 个已经设立了中央信贷登记处或私营征信机构，其中 122 个国家有私营征信机构。

迄今为止，世界各国包括发达国家和发展中国家，形成了各具特色的信用管理模式。但总体来看，可以概括为三种基本类型：一是市场机构主导型模式；二是政府机构主导型模式；三是行业协会主导型模式。

一、市场机构主导型模式

市场机构主导型模式，其主要特征是由私人或私营部门创立私营征信机构，直接参与市场自由竞争，优胜劣汰。征信机构完全采用第三方独立运作模式，以营利为目的，收集、整理、存储、加工个人和企业的信用信息，依据商品交换的规则为信用信息的使用者提供征信报告和相关咨询服务。在市场机构主导型模式中，征信机构主要依据市场经济法则和信用服务行业管理，自主经营信用调查和管理业务，全方位向社会提供有偿的商业征信服务，并从中获取经济利益。政府的主要职责是负责建立完善的信用法律体系，并依法对信用服务行业进行监督管理，但不会直接参与或干预信用服务机构的日常经营活动。市场机构主导型模式以美国、英国为典型代表。

二、政府机构主导型模式

政府机构主导型模式，是以中央银行主导的国营公共信用调查机构，即“公共信用信息登记系统”独家运营，或以中央银行主导的国营公共信用信息登记系统为主体，兼有私营征信机构的公私并行社会征信体系。1992 年 10 月，欧共体中央银行行长会议将公共信用信息登记系统定义为：“为向商业银行、中央银行和其他金融监管部门提供关于公司、个人乃至整个金融系统的负责情况而设计的一套信息系统。”公共信用信息登记系统是由中央政府出资组建的信用管理机构（公共征信机构），并建立全国信用数据库和网络系统，不以营利为目的，直接（主要）隶属于中央银行或银行监管机构。相关国家都通过立法形式对征信数据的采集和使用作出了明确规定。从信用数据的获取看，公共信用信息登记系统强制性要求所监管的所有金融机构必须接入该系统，必须在一个规定的起点之上定期将所拥有的信用数据包括企业贷款信息、消费者借贷信息报告给该系统。从信用数据的使用来看，许多国家都有比较严格的限制，坚持信用数据的提供和使用实行对等原则。一般来讲，信用信息主要供银行内部使用，服务于商业银行防范贷款风险和中央银行执行货币政策以及开展金融监管。在政府机构主导型的征信体系中，中央银行或银行监管机构承担着主要的监管职能。欧洲部分国家，如法国、德国、西班牙、意大利、比利时、葡萄牙和奥地利等国家的社会信用管理采用政府机构主导型模式。

政府机构主导型模式又可分为两种形式：一是单纯政府机构主导型模式，如法国只存在政府机构主导的征信模式；二是复合政府机构主导型模式，如德国涵盖了以中央银行为主体的公共模式、以私营征信机构为主体的市场模式、以行业协会为主体的会员制模式。此种模式的优点是可以充分利用政府部门的公权力，能够在较短的时间内集中各种资源，迅速建立起覆盖全国的信用数据库，并以较低的成本获取信用信息。缺点是可能以牺牲服务质量和服务效率，放弃参与国际信用服务市场竞争为代价。

三、行业协会主导型模式

行业协会主导型模式或称以行业协会为主导的会员制模式，是指借助相关行业资源建立信用信息中心，为协会会员提供个人和企业的信用信息交换平台，通过会员内部信用信息共享机制实现信用信息的归集、使用目的。在这一模式下，协会会员须向行业协会的信息中心义务提供自身掌握的个人或企业的信用信息；同时，行业协会信用信息中心向协会会员并且仅限于向协会会员提供信用信息查询服务。而行业协会信用信息中心的运作不以营利为目的，只为弥补其建设、运行和维护成本适当收取相应费用。日本的个人征信行业采用以行业协会为主导的会员制模式，而日本的企业征信也存在一些采取自主经营、市场化运作模式的私营征信机构。也就是说，日本建立了由会员制征信机构与商业性征信机构共同组成的国家社会信用管理体系。

第三节　中国社会信用管理模式

纵观世界各国，在社会信用管理领域并不存在唯一可行的模式。我国应当根据本国的基本国情特点、经济社会发展的客观需要、国民的信用意识和建立社会信用体系的目的，针对社会普遍存在、高发频发的失信问题，加快建立与我国改革开放形势变化和经济社会发展水平相适应的社会信用体系及其运行机制，探索确立具有中国特色的社会信用管理模式。

一、中国社会信用管理模式特征

目前，中国正在积极探索建立适合新时代特征的科学、合理、系统、高效的现代化社会信用管理模式，其基本特征为：政府主导、市场为基、社会共建。

（一）政府主导

政府主导是指政府统领驾驭全局，引导并推动社会信用体系建设广泛深入开展。

党的十八届三中全会提出："全面深化改革的总目标是完善和发展中国特色社会主义制度，推进国家治理体系和治理能力现代化。""国家治理体系"是在党领导下管理国家的制度体系，"国家治理能力"则是运用国家制度管理社会各方面事务的能力。国家治理体系和治理能力是一个国家的制度和制度执行力的集中体现。社会信用体系是国家治理体系的重要组成部分，也是国家治理体系的基础设施。加快推进社会信用体系建设，对于实现国家治理体系和治理能力现代化具有重要意义。另一方面，必须依托国家治理体系的整体力量和国家治理能力的巨大优势推动社会信用体系建设。

政府主导社会信用体系建设，能够更好地发挥中国特色社会主义的政治优势和制度优势。党的十九届四中全会提出，“中国特色社会主义制度是党和人民在长期实践探索中形成的科学制度体系”，强调“我国国家制度和国家治理体系具有多方面的显著优势”。

中国特色社会主义政治制度极大地提高了中国社会的组织化水平，具有社会动员能力优势。中国特色社会主义制度是当代中国发展进步的根本制度保障。在中国特色社会主义政治制度框架下，一个代表人民利益的政府具备强大的社会领导力、政策引领力、社会号召力、群众组织力，从而担负起党和人民以及时代赋予的历史使命。充分发挥各级人民政府的社会动员能力优势，将社会信用体系建设的任务、权利、义务、责任从国家层面一直延伸、传导、落实至企业、社区和自然村等社会基层组织以及个人，将各方面力量充分整合起来，将14亿中国人民组织起来，为实现构建诚信国家的目标而共同努力奋斗。

“坚持人民当家作主，发展人民民主，密切联系群众，紧紧依靠人民推动国家发展的显著优势。”构建完善的社会信用体系，符合中国全体人民整体利益、根本利益、长远利益。政府在社会信用体系建设过程中，发挥领导与引导作用，提高决策科学化民主化水平，真正做到社会信用管理重大决策来自人民、依靠人民、全心全意为人民。在国家社会信用管理方面，通过汇集众思、广纳群言，既可提高决策的科学性、合理性、可行性，也能保证议而能决、决而能行、行而有效的社会信用治理效能。

发挥“坚持全面依法治国，建设社会主义法治国家，切实保障社会公平正义和人民权利的显著优势”，建立健全社会信用法律体系、监管体系，实现国家信用管理法治化。依法建立守信激励、失信惩戒机制，建立和维护良好的社会信用秩序。

中国特色社会主义制度具有“坚持改革创新、与时俱进，善于自我完善、自我发展，使社会充满生机活力的显著优势”。社会信用体系建设是一场史无前例的社会治理领域的深刻革命，是我国国家治理体系与时俱进、改革创新、自我完善、自我发展的集中体现。同时，社会信用体系建设本身也是一个探索实践、创造创新、逐步完善、持续发展的过程。

社会信用体系建设要以诚信国家为目标，以解决问题为导向，以制度建设为基石，以现代科技为支撑，以人民满意为标准，积极探索、稳中求进，统筹协同、标本兼治，形成以政府主导为引领、市场服务为基础、社会共治为根本的社会信用体系建设大格局。

政府主导社会信用体系建设，并将政府置身这项伟大的事业当中，把构建诚信政府作为社会信用体系建设终极目标之一，发挥政务诚信建设、司法公信建设的表率作用，全面提高我国社会信用水平，促进国家治理体系和治理能力现代化。

政府主导社会信用体系建设具有深厚的民意信任基础，能够得到全国人民的积极响应和社会各界的广泛参与。2020 年 7 月，美国哈佛大学肯尼迪政府学院阿什民主治理与创新中心发布了一篇题为《理解中国共产党韧性：中国民意长期调查》的调查报告。肯尼迪政府学院的 3 名专家根据其 2003—2016 年间长达 13 年在中国进行的 8 次调查，同 3 万余名中国城乡民众面对面谈话撰写了该篇报告。报告的结论是：中国共产党的执政基础稳固，韧性源于民众的广泛支持。调查报告显示，中国民众对中国政府满意率比过去几十年任何时候都高，普遍认为中国政府的执政能力和效率超过以往任何时候。

政府主导社会信用体系建设，首先表现在党中央、国务院高度重视社会信用体系建设，并对社会信用体系建设作出一系列战略决策和重大部署。我国社会信用体系建设是在各级党委、政府的直接领导、科学规划、决策部署和积极推动下，在全国范围内全面展开的。其次，政府主导社会信用体系建设还体现在制度设计和机制运行等方面，主要情况如下：

1. 国务院建立社会信用体系建设部际联席会议制度

（1）建立政府组织领导和统筹协调机制。

2007 年 4 月 18 日，为加强组织领导和统筹协调，稳步推进社会信用体系建设工作，国务院建立社会信用体系建设部际联席会议制度（以下简称联席会议），充分发挥政府的组织、引导、推动和示范作用。

①成员单位。国务院社会信用体系建设部际联席会议制度，起初的牵头机构为国务院办公厅，2008 年改为由中国人民银行牵头，2012 年 7 月 17 日，又调整为国家发展和改革委员会、中国人民银行双牵头，并延续至今。

目前，国务院社会信用体系建设部际联席会议现有成员单位（46 家）包括：国家发展和改革委员会、中央精神文明建设指导委员会办公室、中央政法委员会、中央网络安全和信息化委员会办公室、生态环境部、交通运输部、科学技术部、中共中央宣传部、中国人民银行、中央机构编制委员会办公室、海关总署、国家税务总局、国家公务员局、应急管理部、农业农村部、国家安全部、最高人民法院、最高人民检察院、教育部、公安部、中国民用航空局、文化和旅游部、民政部、司法部、财政部、商务部、国家外汇管理局、国家统计局、工业和信息化部、住房和城乡建设部、中国证券监督管理委员会、中国银行保险监督管理委员会、中国国际贸易促进委员会、新华通讯社、国家药品监督管理局、国家市场监督管理总局、国家知识产权局、中华全国工商业联合会、中国共产主义青年团中央委员会、中国国家铁路集团有限公司、国家卫生健康委员会、人力资源和社会保障部、国家能源局、国家铁路局、国家档案局、中国残疾人联合会等部门或组织。

联席会议召集人由国家发展和改革委员会主任、中国人民银行行长担任，国家发展和改革委员会一位副主任、中国人民银行一位副行长作为召集人助手，联席会议成员为有关部门、单位负责同志。联席会议成员因工作变动需要调整的，由所在单位提出，联席会议确定。

②主要职责。在国务院领导下，联席会议履行以下职责：负责统筹协调社会信用体系建设工作，研究拟订重大政策措施；组织编制社会信用体系建设中长期规划；推动并参与制定与社会信用体系建设相关的法律法规；协调解决推进社会信用体系建设工作中的重大问题；推进政务诚信、商务诚信、社会诚信和司法公信建设；推进建立信用标准和联合征信技术规范；协调推进政府信用信息资源整合和交换，建立健全覆盖全社会的征信系统，推动信用信息的开放和应用工作；指导地方和行业信用体系建设，推进有条件的地区和重点领域试点先行；指导、督促、检查有关政策措施的落实；协调推进信用文化建设和诚信宣传工作；承办国务院交办的其他事项。

联席会议由召集人或召集人助手主持，以会议纪要形式明确会议议定事项，经与会单位同意后印发有关方面，同时抄报国务院。根据工作需要，联席会议可邀请其他部门参加会议，研究相关工作。

各省、自治区、直辖市人民政府与联席会议建立相应有效的信息沟通协调机制。

地方各级人民政府负责行政区域内社会信用体系建设，并确定本级政府社会信用体系建设牵头单位，全面推动社会信用体系建设各项工作。

（2）政府在社会信用体系建设中应履行的主要职责。

政府在社会信用体系建设中应履行的职责主要有：

①政府要充分发挥组织、引导、推动和示范作用，统筹协调社会信用体系建设相关工作，全面推进政务诚信、商务诚信、社会诚信和司法公信建设。

②针对社会信用体系建设的系统性、长期性和复杂性，强化顶层设计。立足当前、放眼长远、统筹全局、系统擘画，研究制定社会信用体系建设中长期规划并在全国范围内组织实施。

③健全法制，规范发展。建立健全信用法律体系、目录体系和标准体系，制定相关政策措施。

④选择重点领域和典型地区开展信用建设示范，组织开展社会信用体系建设相关活动，研究解决社会信用体系建设过程中遇到的重大问题。

⑤推进信用信息资源整合，促进信用信息互联互通、协同共享，推动信用信息公开和应用场景建设。

⑥鼓励和调动社会力量，广泛参与、共同推进，形成社会信用体系建设合力。加强对行业协会商会等社会组织信用建设的指导，推进社会共建共享。

⑦指导、督促、检查有关信用法律法规、政策措施和标准规范的落实。

⑧培育发展信用服务市场，注重发挥市场机制作用，协调并优化资源配置，鼓励信用服务机构公平竞争，推动建立健全覆盖全社会的信用服务体系，积极推广信用产品的社会化应用。

⑨建立以信用为基础的市场监管机制，完善以奖惩制度为重点的社会信用体系运行机制，维护市场经济秩序，营造良好的营商环境。

⑩加强信用信息管理，规范信用服务机构行为，维护信用信息安全和信用信息主体合法权益，保护国家秘密、商业秘密和个人隐私。

⑪开展信用信息公共基础设施建设，包括信用信息共享平台和信用门户网站建设。

⑫推进信用文化建设，开展诚信教育和诚信宣传工作，营造诚实、自律、守信、互信的社会信用氛围。

2. 国家部委设立征信中心和国家公共信用信息中心

2006 年 3 月，经中编办批准，中国人民银行设立中国人民银行征信中心，作为其直属事业单位专门负责企业和个人征信系统（即金融信用信息基础数据库，又称企业和个人信用信息基础数据库）的建设、运行和维护。

2017 年 9 月，经中央机构编制委员会办公室批准，国家发展和改革委员会成立国家公共信用信息中心，作为其直属事业单位负责国家公共信用信息共享平台和“信用中国”官方网站建设、运行和维护。

（二）市场为基

在我国现行体制下，建立和完善社会信用秩序，需要政府自上而下强力推动与市场由内而生自发养成两种机制共同发挥作用。市场经济是信用经济。信用经济离不开信用服务。信用服务依赖于信用服务市场。信用服务行业是市场经济体制内在的规范信用行为的重要力量，是社会信用体系不可或缺的组成部分。信用服务行业是以信用数据为资源要素，专门从事信用信息采集、整理、存储和加工，并提供信用信息产品和相关信用服务的市场主体的组织结构体系。信用服务行业的产生，源于信息不对称性和社会信用的缺失。信用服务行业的存在，降低了信息不对称性，为防范信用风险创造了条件，制约了失信行为的发生，限制了失信主体的生存和发展空间。一个国家的社会信用水平和社会信用秩序，与其信用服务行业的发育状况和市场化程度密切相关。

信用服务市场以及信用服务机构及其信用服务产品，是社会信用体系建设的重要基础。从信用服务机构来看，目前主要包括从事数据收集、信用报告、信用调查、信用评级、信用评分、信用咨询、信用管理、信用修复、商账追收、信用保险、信用担保、保付代理等业务活动的专业服务机构。从信用服务产品来讲，目前主要包括信用信息核查，信用评级、信用评分和信用报告。信用报告又分为企业信用报告和个人信用报告。

处理好政府与市场的关系是社会信用体系建设的主线。正确认识和处理政府与市场之间的关系，一直是贯穿于我国社会信用体系建设进程中的重大理论和实践课题。在社会信用体系建设过程中，要坚持有为政府与有效市场的统一性，既要发挥政府的主导作用，又要发挥市场的基础作用，二者有机结合、相辅相成。

政府作为公共权力的行使者和经济社会活动的管理者，在社会信用体系建设领域最重要的职能是从宏观上引导方向，谋划全局、提出战略、制定政策、做好顶层设计；弘扬诚信文化、普及信用教育、培育诚信价值观念；建立完善信用法律体系和信用监管体系，制定公平、开放、透明的市场规则，运用守信激励、失信惩戒手段，建立和维护信用秩序；打造市场化、法治化、国际化良好营商环境；公开政府掌握的信用信息、提供公共信用信息服务。

在社会信用体系建设过程中，政府还应当积极培育和发展信用服务市场，使信用服务市场在相关资源配置中起决定性作用，实现“产权有效激励、要素自由流动、价格反应灵活、竞争公平有序、企业优胜劣汰”，优化社会资源配置。积极培育发展信用服务市场，尊重市场经济规律，充分发挥市场机制作用，创新信用服务产品应用，是政府发挥主导作用的重要方面和实际体现。在信用服务领域推动要素市场化配置方面，要深化行政体制和商事制度改革，打破行政垄断，防止市场垄断。

信用服务机构是信用服务的市场主体，是社会信用体系建设的重要力量。在社会信用体系建设过程中，大力培育、发展壮大信用服务机构，充分利用信用服务机构的专业优势，促进政府与市场形成社会信用体系建设的强大合力，实现共建共创、共享共用、互利互赢。培育发展信用服务机构，形成市场化信用服务与公共性信用服务互为补充、市场信用信息与公共信用信息互相交融、信用信息基础服务与增值服务相辅相成的多层次信用服务体系。发挥信用服务机构的作用，提高信用服务机构的公信力、竞争力，为推动社会信用体系建设提供市场化、专业化力量支持。通过政策措施引导，以市场应用为牵引，支持鼓励信用服务产品研究开发，加大对创新产品的推广和应用力度，进一步激发信用服务市场活力，促进信用服务机构做大做强，推动我国信用服务行业整体水平不断提升。充分发挥信用服务机构作用，助力构建以信用为基础的新型监管机制。

为适应新一轮经济全球化发展和全球治理结构的变化，积极参与国际市场竞争，扩大国际投资贸易，吸引更多国际资源进入国内市场，政府应当积极培育成熟规范的信用服务市场，支持鼓励信用服务机构提供更多优质高效的信用服务，创造良好的信用环境乃至营商环境。

目前，我国信用服务行业发展现状与经济全球化、与“一带一路”建设、与我国的国际地位和经济体量极不相称。今后，我国信用服务行业应当朝着市场化、法制化、现代化、国际化的方向发展。信用服务行业要逐步形成以国内市场大循环为主体、国内国际市场双循环相互促进的新发展格局。通过建立一个完善高效的国内信用服务市场体系，激发信用服务内需潜力，发展壮大本土信用服务机构。同时，通过发展国内市场，融入国际市场，使国内市场与国际市场更好联通，更好地利用国内国际两个市场、两种资源，实现我国信用服务行业持续健康发展，使我国信用服务机构及其服务水平跻身世界先进行列。

充分发挥具有“爱国情怀、勇于创新、诚信守法、承担社会责任、拓展国际视野”等优秀品质的企业家的作用，鼓励支持本土信用服务机构立足中国、放眼世界，统筹国内、国际两个信用服务市场，准确把握国际信用服务市场发展趋势和需求变化，积极培育新形势下我国信用服务机构参与国际合作与国际竞争的实力，支持鼓励国内有实力的信用服务机构参与国际合作，拓展国际市场，参与国际信用标准的制定，增强我国信用服务机构的国际影响力、国际权威性和国际话语权。

推动信用服务全球合作，鼓励国内信用服务企业加强与海外高水平信用服务机构的合作，加强国内信用服务行业协会与国际信用服务行业组织的沟通交流，支持国内信用服务企业在境外与国际信用服务企业开展合作，深度参与国际市场竞争和国际标准制定。推动国内信用服务企业“走出去”。为国内信用服务企业在境外设置机构提供便利，更好利用国际市场资源和创新资源提升我国信用服务行业发展水平。

（三）社会共建

国家鼓励和调动社会力量广泛参与、共同推进，凝聚社会信用体系建设的合力，构建“政府主导、社会参与、行业自律、主体自治”的社会信用共治格局。

顺应现代社会治理趋势，努力构建“企业自治、行业自律、社会监督、政府监管”的社会信用共治新型机制。加强行业组织的行业自治功能，鼓励制定行业信用自律规范和参与行业信用标准制定，建立行业诚信体系，充分发挥服务企业发展、规范行业主体信用行为、维护行业信用秩序的重要作用。

建立健全行业协会商会诚信自律制度。发挥行业协会商会的组织作用，依法加强对会员单位的信用管理。强化行业协会商会自身诚信建设，面向社会公众郑重作出并严格履行信用承诺。

从一定意义上讲，社会信用关系也是一种社会责任关系。因为社会主体有责任履行法律义务、约定义务和道德义务；反之，该社会主体就应当承担相应的责任后果。社会共建关键在于在政府发挥主导作用，信用服务市场发挥基础作用的同时，应当在全社会建立起区别于司法裁判、行政执法的政府惩戒之外的社会信用自治体系架构，利用社会自身的巨大力量驱动社会信用生态系统的自净功能，实现失信行为社会治理。社会信用自治架构包括信用主体“自律机制”、社会信用“揭示机制”、失信责任“传导机制”、社会信用“约束机制”和失信行为“免疫机制”，使信用主体承担相应的经济责任、社会责任、法律责任和道德责任，完善中国社会信用自治型架构，从而达到预防失信行为和解决诚信缺失问题的目的。上述构想既是构建诚信社会的必由之路，也是未来信用社会必备的基本功能。

信用主体“自律机制”是指信用主体牢固树立诚信价值观念，提高信用意识，凭借善良意志，通过自我约束、自我管理，自觉履行法定义务、约定义务和道德义务。诚信自律展现的是一个人信仰追求的虔诚、自省自警的觉悟、自爱自重的操守、人格力量的魅力，获得褒奖的特质、自我塑造的能力、实现理想的潜力。一个人的伟大之处不在于领导和管理别人，而在于约束和管理自己。自律孕育秩序，诚信自律孕育信用秩序。

社会信用“揭示机制”是指通过信用记录、信用档案、信用报告、信用评分、信用评级等反映信用主体的信用状况，揭示信用风险，供信用信息及信用信息产品使用者参考。

失信信息“传导机制”是指通过媒体披露曝光、信用信息公开公示、信用数据交换共享，向社会公众及时传递失信主体及其失信行为信息，发出预警信号，消除信息不对称现象，维护社会公众利益。

信用行为“约束机制”是指在社会信用方面，社会主体之间应当相互监督、相互制约、抵制失信，共同维护社会信用秩序。

失信行为“免疫机制”是指由社会共治元素组成免疫系统并形成运行机制，对失信行为具有免疫监测、识别、防御、清除的作用，增强社会信用体系对失信行为的免疫功能。从社会总体观察，失信行为无法根本杜绝或彻底根除，但是可以通过信用社会中的失信行为“免疫机制”，防卫抵御失信行为对社会信用体系的侵害，维护社会信用体系的健康安全。

政府将自己置于监督下，尽力履行对人民的承诺，为人民提供更为优质便捷的公共服务，形成社会各方良性互动的局面，维护社会的总体和谐稳定，推进经济和社会高质量发展。

二、社会信用体系建设重点领域

2011 年 10 月 18 日，中国共产党第十七届中央委员会第六次全体会议通过的《中共中央关于深化文化体制改革 推动社会主义文化大发展大繁荣若干重大问题的决定》从国家治理全局的战略高度首次明确提出，“把诚信建设摆在突出位置，大力推进政务诚信、商务诚信、社会诚信和司法公信建设”。

为明确和突出社会信用体系建设的重点方向和主体责任，做到有的放矢、分类施策，国务院印发的《社会信用体系建设规划纲要（2014—2020年）》将社会信用体系建设划分为“政务诚信建设”“商务诚信建设”“社会诚信建设”“司法公信建设”等四大重点领域，并提出了各个领域信用建设的重点目标、主要任务和基本要求：

（一）政务诚信建设

政务诚信建设的主要内容包括坚持依法行政、发挥政府诚信建设示范作用、加快政府守信践诺机制建设、加强公务员诚信管理和教育等。

政务诚信是社会信用体系建设的重要内容和关键环节，各类政务行为主体的诚信水平，对其他社会主体诚信建设发挥着重要表率和导向作用。加强政务诚信建设，是实现国家治理体系和治理能力现代化的必由之路；是深化简政放权、放管结合、优化服务改革和加快转变政府职能、提高政府效能的必然要求；是建立和维护经济社会秩序，改善优化营商环境的核心要素。广泛深入开展政务诚信建设，尤其是充分发挥各级领导干部在诚实守信、履约践诺方面率先垂范、以身作则的模范作用，有利于建立一支诚实守信、遵纪守法、高效廉洁的公务员队伍，树立政府公开、公正、诚信、清廉的良好形象，进一步提升政府公信力；有利于建立健全以信用为基础的新型监管机制，加强市场信用监管；有利于弘扬诚信文化、引领其他领域信用建设、培育诚信社会，营造风清气正的经济社会发展环境，对推动社会信用体系建设、实现国家治理体系和治理能力现代化具有重大而紧迫的现实意义和深刻而久远的历史意义。

诚信是立国之本。国家的主体是人民，国家的主权也属于人民。中国自古就有“民惟邦本，本固邦宁”“水能载舟，亦能覆舟”“得民心者得天下，失民心者失天下”的明训。这些观点至今仍然是至理名言。诚信是政事的根本，政府诚信是天下第一诚信，攸关民心向背、江山社稷。如果统治者失去人民的信任，则国家政权将难以巩固。诚信为政，可以取信于民，从而使国家政通人和、长治久安。诚实守信一旦成为社会的核心价值观和道德观并付诸实践、蔚然成风，整个社会就会秩序井然、和谐稳定、国泰民安、利国利民。

政务诚信是一个国家具有根本性、决定性和导向性的“第一诚信”。政务诚信建设是社会信用体系建设成败的关键所在。“人无信不立，国无信则衰”。人民信任是国家存在的基石。如果失去人民的信任，国家就会衰亡。中国素有“民以吏为师”的传统。“官场风气”是社会风气的导向，同时，也是测定社会风气的“风向标”。政务诚信状况将直接影响全社会的诚信状况。

政务部门是社会的管理者、监督者，拥有管理社会、监督社会的权力。但“权力导致腐败，绝对的权力导致绝对的腐败”。因此，监督者更应当被监督。而监督者被监督，则须要法律制度予以保障。“让监督者接受监督”不能只是说在嘴里、写在纸上。政务部门不仅需要“眼睛向内、自我检视”的内部监督，而且需要“众目睽睽、社会审视”的外部监督。国家构建切实有效的政务诚信监督体系，是政务部门在政务诚信方面自觉接受外部监督的重要举措。

来自利害攸关方的监督，才是最有效的监督。政务部门要自觉接受人民的监督，严格依纪依法，及时打扫庭院、主动清理门户，努力建设让人民信任、满意的模范政务部门。第三方机构是加强对政务部门及其工作人员诚信监督的重要力量。建立政务诚信第三方机构评估机制，可以从第三方的视角消除政务部门长期“监督别人”造成的“手电筒只能照别人”的认知盲区，突破“当事者迷”的自身局限，对政务部门的诚信状况做出客观、公正的评价。建设“诚信政务部门”，既需要强化自我监督的“内服药”，也需要自觉接受外部监督的“外用药”，统筹施策、内外兼治，才能真正实现目标。

中央全面深化改革领导小组第二十九次会议强调，加强政务诚信建设，是社会信用体系建设的重要内容。要加大对各级政府和公务员失信行为惩处力度，将危害群众利益、损害市场公平交易等政务失信行为作为治理重点，发挥政务诚信对其他社会主体诚信建设的重要表率和导向作用。

2016 年 12 月 30 日，为加强政务诚信建设，充分发挥政府在社会信用体系建设中的表率作用，进一步提升政府公信力，推进国家治理体系和治理能力现代化，国务院发布《关于加强政务诚信建设的指导意见》，强调指出：将坚持依法行政、阳光行政和加强监督作为推进政务诚信建设的重要手段，将建立政务领域失信记录和实施失信惩戒措施作为推进政务诚信建设的主要方面，将危害群众利益、损害市场公平交易等政务失信行为作为治理重点，不断提升公务员诚信履职意识和各级人民政府诚信行政水平。坚持依法行政、政务公开、勤政高效、守信践诺、失信惩戒五项基本原则。构建广泛有效的政务诚信监督体系。建立政务诚信专项督导机制。上级人民政府要定期对下级人民政府进行政务诚信监督检查，实施政务诚信考核评价，考评结果作为对下级人民政府绩效考核的重要参考。各级人民政府要依法接受同级人大及其常委会的监督，接受人民政协的民主监督，将办理和落实人大代表建议、政协委员提案的情况作为政务诚信建设的重要考量因素。建立社会监督和第三方机构评估机制。发挥社会舆论监督作用，对政务失信行为进行投诉举报。实施区域政务诚信大数据监测预警。支持信用服务机构、高校及科研院所等第三方机构对各地区各部门开展政务诚信评价评级并及时公布结果，加强社会监督。建立健全政务信用管理体系。建立健全政务失信记录。健全守信激励与失信惩戒机制。健全信用权益保护和信用修复机制。加强政府采购领域、政府和社会资本合作领域、招标投标领域、招商引资领域、地方政府债务领域政务诚信建设。建立和完善政务诚信建设法规规范。加强政府守信践诺机制、公务员诚信、政务诚信评价办法等制度建设。

但是，时至今日国家仍然没有颁布与《关于加强政务诚信建设的指导意见》相配套的《政务诚信评价办法》，致使政务诚信监督机制没有真正全面建立起来。

2016 年 11 月 27 日，中共中央、国务院发布《关于完善产权保护制度依法保护产权的意见》指出，要完善政府守信践诺机制，大力推进法治政府和政务诚信建设，地方各级政府及有关部门要严格兑现向社会及行政相对人依法作出的政策承诺，认真履行在招商引资、政府与社会资本合作等活动中与投资主体依法签订的各类合同，不得以政府换届、领导人员更替等理由违约毁约，因违约毁约侵犯合法权益的，要承担法律和经济责任。将政务履约和守诺服务纳入政府绩效评价体系，建立政务失信记录，建立健全政府失信责任追究制度及责任倒查机制，加大对政务失信行为惩戒力度。

最近几年，一些地方在政务诚信评价方面积极开展探索创新，并取得一定进展。如南京市开拓创新，积极开展政务诚信建设工作。2018 年，南京市政府印发《关于做好政务诚信建设有关工作的通知》（宁政传〔2018〕096 号），统筹部署全市政务诚信工作。开展政府部门和公务员信用信息系统建设，加强公务员信用信息归集。2019 年，出台《南京市公务员信用信息归集办法（试行）》，并实现对公务员信用信息信息化管理。之后，市委组织部牵头，市信息中心配合，编制《南京市政务诚信信息归集目录（试行）》，按照目录实现常态化归集管理，公共信用信息平台建立专门公务员信用信息数据库板块。按照责任分工，公务员与职务相关公共信用信息由组织部门牵头归集，与信息中心归集的公务员社会属性信用信息有效整合，形成了覆盖市区两级公务员的信用档案。加强公务员信用管理。南京市在公务员招录中全面开展信用审查，制定承诺书模板，签订信用承诺书。南京市委组织部、南京市人力资源和社会保障局、南京市公务员局联合印发《关于做好 2018 年公务员年度考核工作的通知》（宁组通〔2018〕92 号）、《关于做好 2019 年公务员年度考核工作的通知》（宁组通〔2019〕59 号），明确加强公务员诚信的考核应用。公务员在年度考核中须进行年度诚信评价（含履职和社会生活领域两方面表现），采取抽查核实方式进行，经查核存在故意隐瞒、漏报或不如实申报的行为，将纳入公务员诚信失信记录。被确定为严重失信行为的，年度考核不得评定为优秀等次。并要求将公务员受奖励、惩处、问责、组织处理等有关诚信情况作为考核等次评定的依据之一，将考核评估结果纳入公务员信用档案。市城管局出台《南京市城市管理局公务员信用管理办法（试行）》（宁城管党字〔2017〕63 号），探索对公务员进行诚信积分管理。此外，南京市还加强政府采购领域、政府和社会资本合作领域、招标投标领域、招商引资领域、地方政府债务领域、统计领域、街道和乡镇等政务诚信建设。

（二）商务诚信建设

商务诚信建设主要包括生产领域信用建设，流通领域信用建设，金融领域信用建设，税务领域信用建设，价格领域信用建设，工程建设领域信用建设，政府采购领域信用建设，招标投标领域信用建设，交通运输领域信用建设，电子商务领域信用建设，统计领域信用建设，中介服务业信用建设，会展、广告领域信用建设，企业诚信管理制度建设。

提高商务诚信水平是社会信用体系建设的重点，是有效维护商务关系、降低商务运行成本、改善营商环境的基本条件，也是各类经济活动高效开展的基础。依法经营、诚实守信是各类企业的安身立命之本。商务诚信建设与企业家关系非常密切。承担起企业经济责任、法律责任、社会责任、道德责任，是企业家诚实守信的应有之义。

2020 年 7 月 21 日，习近平总书记在京主持召开企业家座谈会并发表重要讲话，指出："希望大家诚信守法。'诚者，天之道也；思诚者，人之道也。'人无信不立，企业和企业家更是如此。社会主义市场经济是信用经济、法治经济。企业家要同方方面面打交道，调动人、财、物等各种资源，没有诚信寸步难行。由于种种原因，一些企业在经营活动中还存在不少不讲诚信甚至违规违法的现象。法治意识、契约精神、守约观念是现代经济活动的重要意识规范，也是信用经济、法治经济的重要要求。企业家要做诚信守法的表率，带动全社会道德素质和文明程度提升。"

关于商务诚信，马云在 2016 年新加坡国际诚信研讨会上所作的视频演讲中指出：

"淘宝建立起来的时候很快就非常热闹，非常火。但是网上咨询的很多，没有交易，因为没有人相信陌生人。谁也不愿意先把钱付出去，谁也不愿意把货先付出去。如何解决交易的问题，是我们最大的问题。

"中国电子商务发展不起来，就是缺少一个让人和人之间建立信任的东西。而这个东西，我觉得就应该由支付宝来解决。中国讲诚信但是中国缺乏诚信体系。支付宝在中国要有价值，就必须建立这么一个诚信体系。现在阿里巴巴在中国建立了一个诚信体系，用户给你评价，支付宝帮助你交易。最后你的一切痕迹都是数据，而数据留下来，产生了强大的信用。有了这套体系，你才有可能在网上只凭一张图片和几句介绍就可以向陌生人付钱，向陌生人寄出商品。

"我们现在每天有上亿人次的点击，有时候一单生意就是几十万的钻石，上百万的汽车。前几天我们用了 25 秒钟卖出了 100 辆奔驰，所以没有诚信体系这一切几乎全不可能。今天我们最骄傲的不是阿里巴巴卖出了多少商品，而是阿里巴巴建设了一个诚信的体系。用商业的方法向所有人证明了诚信值多少钱。我们建造了一套诚信的体系，我们自己也是这个体系的受益者。这是阿里巴巴一个财年为什么能够实现 5000 亿美元销售的基石。”

商务诚信建设是社会信用体系建设的重要组成部分。推进商务诚信建设是完善市场经济体制的本质内涵，是整顿和规范市场经济秩序的治本之策，是建立以信用为基础的新型监管机制的内在要求；是实现我国贸易转型，实施流通驱动战略，建立现代市场体系的必由之路；是发挥市场基础作用，实现公平竞争、优胜劣汰，促进资源优化配置的基本前提；是共建“一带一路”，顺应经济全球化趋势的应有之义；是加强国家之间商贸往来、交流合作，树立国际品牌和商业信誉，提升国家软实力、世界影响力和国际竞争力的必要条件。

（三）社会诚信建设

社会诚信建设主要包括医药卫生和计划生育领域信用建设，社会保障领域信用建设，劳动用工领域信用建设，教育、科研领域信用建设，文化、体育、旅游领域信用建设，知识产权领域信用建设，环境保护和能源节约领域信用建设，社会组织诚信建设，自然人信用建设，互联网应用及服务领域信用建设。

诚信是和谐社会的基石和重要特征。社会诚信建设是社会信用体系建设的基础。在全面推进社会诚信建设过程中，要特别突出自然人信用建设在社会信用体系建设中的基础性作用。这是因为，“人”是最基本的社会主体，同时也是最基本的信用主体。“诚信”这一概念，从本质上讲，体现的是人与人之间的社会关系，即信任关系。社会信用体系建设归根结底，是“人”的诚信建设问题。所以，“人”的诚信建设问题，是全部社会信用体系建设领域最为根本、最为核心、最为重要、最为迫切的问题。而其中的“重点人群”的诚信建设，又是社会信用体系建设任务的“重中之重”。

社会诚信是社会信用体系的基础，社会成员之间只有以诚相待、以信为本，才会形成和谐友善的人际关系，才能促进社会文明进步，实现社会和谐稳定、长治久安。

（四）司法公信建设

司法公信是指社会公众通过认知活动对司法制度、司法机关、司法人员、司法权力运行过程及其结果所形成的一种社会信任状态。

2014 年 10 月 28 日，习近平总书记指出：“提高司法公信力。司法是维护社会公平正义的最后一道防线。我曾经引用过英国哲学家培根的一段话，他说：‘一次不公正的审判，其恶果甚至超过十次犯罪。因为犯罪虽是无视法律——好比污染了水流，而不公正的审判则毁坏法律——好比污染了水源。’这其中的道理是深刻的。如果司法这道防线缺乏公信力，社会公正就会受到普遍质疑，社会和谐稳定就难以保障。因此，全会决定指出，公正是法治的生命线；司法公正对社会公正具有重要引领作用，司法不公对社会公正具有致命破坏作用。

“当前，司法领域存在的主要问题是，司法不公、司法公信力不高问题十分突出，一些司法人员作风不正、办案不廉，办金钱案、关系案、人情案，‘吃了原告吃被告’，等等。司法不公的深层次原因在于司法体制不完善、司法职权配置和权力运行机制不科学、人权司法保障制度不健全。”

司法公信建设主要包括法院公信建设、检察公信建设、公共安全领域公信建设、司法行政系统公信建设、司法执法和从业人员信用建设，以及健全促进司法公信的制度基础。

司法公信是社会信用体系建设的重要内容，是树立司法权威的前提，是社会公平正义的底线。

司法诚信建设是获得司法公信的关键。如果没有司法诚信，就不可能有司法公正与司法权威，也就无法获得司法公信。司法诚信是获得司法公信的前提，也是树立司法公信的根基。倘若没有司法诚信，司法公信将成为无源之水、无本之木。司法诚信建设是获得司法公信的治本之策。司法公信建设，不能舍本逐末。因此，不应简单机械地用司法公信建设替代司法诚信建设；而应防止司法机关及其工作人员忽视自身的诚信建设，而把诚信建设的矛头对外，指向其他公民、法人、非法人组织。此类做法，有违社会信用体系建设的初衷，也有违公平正义原则，更有违在法律面前人人平等的法治精神。

司法是维护社会公平正义的最后一道防线。而公正则是司法的灵魂与生命。司法机关承担着国家的司法职能，在保障国家法律正确实施方面发挥着不可替代的重要作用，理所应当成为最讲道理、最为公正、最守信用的组织机构。如果司法机关及其工作人员诚信缺失，就无法保证公正司法，结果必然损害司法公信力、削弱司法权威性，动摇人民对法治的信仰和信心，从而破坏依法治国的社会根基，阻碍社会主义法治国家的建设进程。

此外，司法机关还要通过依法履行司法职责，保护诚实守信，制裁违约欺诈，加大反虚假诉讼和反规避执行力度，加强与有关部门的协调配合，对失信被执行人实施惩戒，促进社会信用体系建设。

应当指出，政务诚信、商务诚信、社会诚信和司法公信四大领域，只是为便于开展社会信用体系建设工作所作的一般意义上的大致划分，并不是科学严谨、边际清晰的准确界定，相互之间难免会出现交叉重叠。

三、我国社会信用体系建设成就

社会信用体系建设是当代中国为完善国家治理体系开展的伟大社会实践活动。开展社会信用体系建设，是党中央、国务院立足当前、放眼长远，为确保国家长治久安、健康发展而提出的治国方略；也是党中央、国务院审时度势、高瞻远瞩，为保证民族复兴、国家崛起而做出的战略决策。党的十八大以来，习近平总书记纵观全局、高屋建瓴，从全局和战略高度对社会信用体系建设，做出了一系列重要指示和论述，为新时代深入推进我国社会信用体系建设确立了指导思想和行动指南。

在党中央、国务院的正确领导下，社会信用体系建设部际联席会议积极组织、统筹协调、加强指导，各部门、各地方以及各机构按照党中央、国务院的战略部署，创造性地开展诚信建设工作，全国社会信用体系建设已经取得重大进展和阶段性成果。

截至目前，国家针对社会信用体系建设的顶层设计已经颁布并顺利实施；一批有关社会信用体系建设的法规、规章相继颁布，信用法律体系正在逐步建立；出台一系列规范性文件，持续推进诚信建设制度化；一批重要的信用目录、信用标准陆续发布，信用目录体系和信用标准体系逐步建立；以信用为基础的新型市场监管体制初步确立并不断完善，信用监管机制得到加强并发挥积极作用；建立失信惩戒对象名单制度强化信用约束，令失信主体受到惩戒和震慑；守信激励和失信惩戒机制基本确立并全面发挥作用，守信激励和失信惩戒效果逐步显现；集中治理重点领域诚信缺失突出问题的范围、力度前所未有，并取得积极进展；全国创建社会信用体系建设示范城市活动积累丰富经验，取得明显成效；开展全国城市信用状况监测，助推城市信用体系建设；广泛搭建信用信息应用场景，信用惠民便企举措受到普遍欢迎；国家金融信用信息基础数据库和全国信用信息共享平台等社会信用体系建设重大基础设施业已建成并投入运行，以信用信息资源共享为核心的覆盖全社会的信用信息系统框架初步形成；中央编办批复设立国家公共信用信息中心，推动全国加强信用工作组织机构建设；以“信用中国”网站为代表的政府官方信用网站集群业已建成，在诚信宣传和信用服务方面发挥领军作用；行政机关、司法机关等依法实行信用信息公开，透明度不断提高；信用评价向非金融领域扩展，取得宝贵经验；主流媒体宣传诚信文化力度空前，“诚信建设万里行”主题宣传活动影响广泛，诚信概念引起社会普遍关注；连续举办中国城市信用建设等各类高峰论坛，不断撞击出思想智慧火花；诚信教育走进校园，开启心灵之窗，筑牢信用之基；各行业积极开展行业内部诚信建设，加强信用自律；社会信用体系建设由城市向农村快速传导，由大中型企业向“小微企业”拓展；信用建设推动各地建立综合性大一统信息共享平台，消除大量信息孤岛；信用信息应用范围不断拓展，效果日益显现；社会对信用服务产品的需求日益上升，信用服务机构持续发展，信用服务市场规模不断扩大，信用服务市场体系日渐完善；探索开展公益性公共信用综合评价，突破市场信用评价在数据获取和结果应用范围方面的局限；全社会诚信意识普遍增强，政务诚信、商务诚信、社会诚信和司法公信建设取得明显进展，经济社会发展信用环境逐步改善，经济社会秩序有所好转；社会信用体系建设成果入选并亮相中国“砥砺奋进的五年”大型成就展，共铸辉煌。

综上所述，在习近平新时代中国特色社会主义思想的指引下，经过全社会的共同努力，我国社会信用体系建设取得了显著成效。其中一个重要标志就是各地区、各部门按照党中央、国务院部署，持续推进“放管服”等改革，包括加快推动社会信用体系建设以及加强信用监管，我国营商环境明显改善。世界银行发布的《2020 全球营商环境报告》显示，中国营商环境总体得分 77. 9 分（即中国达到了全球最佳水平的 77. 9%），比上年上升 4. 26 分；排名跃居全球第 31 位，比上年提升 15 位。中国已连续两年被世界银行评选为全球营商环境改善幅度最大的 10 个经济体之一。

四、中国社会信用体系建设展望

当前，我国社会信用体系建设迎来了全面发力、全面渗透、全面深化、全面提升、系统推动的崭新阶段。新的时代对社会信用体系建设提出了新的要求。

展望未来，笔者预测我国社会信用体系建设可能会呈现出十二大发展趋势：由实践探索向理论建设升华；由制度建设向法制建设迈进；由零散目录向目录体系集中；由一般要求向标准规范演变；由政策推动向体制机制过渡；由政府推动向市场机制传导；由初级信息化向智慧化挺进；由组织指导向信用监管深化；由倡导诚信向文化教育延伸；由国内规则向国际规则开拓；由部分领域向全面覆盖扩展；由粗放型向精细化型转化。

社会信用体系作为市场经济的一项基本制度，不可能单纯依靠市场经济的自然演进和社会主体的强烈呼吁而自发形成，而是需要政府的正确引导和大力推动，充分发挥市场调节作用，社会主体的广泛参与、共同建设。国家要通过一系列制度安排，全面提高社会治理能力和治理水平，强化信用监管手段，加强事前事中事后监管，建立长效机制，实现标本兼治，增加失信成本，震慑失信主体，提高信用主体诚信意识、增强自律约束，提升全社会诚信水平。

第三章

诚信文化构建

诚信文化是人类在社会发展的历史过程中所创造的宝贵精神财富。诚信文化是一个国家信用体系的灵魂。

第一节　传统诚信文化

“诚信”一词，是由“诚”和“信”两个字组成。“诚”是指真实，不虚假，诚意；可以引申理解为诚实、诚挚。“信”是指确实，可靠，不欺骗；诚实。“诚”与“信”组合为“诚信”，其基本含义应为“诚实无欺，信守承诺”。千百年来，诚信被中华民族视为自身应具备的道德修养和应遵守的行为规范，形成了独具特色、内涵丰富的诚信文化。

中国拥有五千年的文明史。在漫漫的历史长河中，中华民族创造了璀璨的传统文化。而其中的诚信文化，则是中华优秀传统文化宝库中的一块镇国瑰宝。中国的诚信文化源远流长，世代传承，发扬光大，持续教化中华民族的子子孙孙，并作为精神食粮抚育和滋养着世世代代中华儿女，对其世界观、价值观、人生观的确立产生深远的影响。诚信文化对人们道德观念的形成、规范人们的行为、推进社会文明进步、维系人与人之间良好关系、促进社会和谐稳定，发挥了巨大的作用。

一、古代圣贤关于诚信的经典论述

诚信是中国优秀传统文化中的核心价值观之一，是中华民族的传统美德。关于诚信，中国古代圣贤先哲曾经有过诸多精辟论述，留下珍贵文化遗产。其中，包括道家思想中的有关诚信的名言警句和儒家思想中有关诚信的至理名言等。例如：

老子在《道德经》第四十九章写道：“圣人常无心，以百姓心为心。善者吾善之，不善者吾亦善之，德善；信者吾信之。不信者吾亦信之；德信。”意思是说，圣人永远没有私心，以百姓的心为心。善良的人我善待他，不善良的人我也善待他，于是一个时代的品德就同归于善良了。守信的人我信任他，不守信的人我也信任他，这样一个时代的品德将同归于诚信了。

《道德经》第六十三章又写道：“夫轻诺必寡信，多易必多难。”意思是说，那些轻易许下的诺言，必定很少能够兑现，把事情看得太容易，势必遭遇很多困难。

《道德经》第八十一章还写道：“信言不美，美言不信。”意思是说，真实可信的话不漂亮，漂亮的话不真实。

《管子·枢言》：“诚信者，天下之结也。”意思是说，诚实守信是处理天下一切事情的关键。

《庄子·渔父》：“真者，精诚之至也，不精不诚，不能动人。”意思是说，“本真”是精诚之极至，不真心诚意，就不能感动人。

《吕氏春秋·贵信》：“君臣不信，则百姓诽谤，社会不宁。处官不信，则少不畏长，贵贱相轻。赏罚不信，则民易犯法，不可使令。交友不信，则离散忧怨，不能相亲。百工不信，则器械苦伪，丹漆不贞。夫可与为始，可与为终，可与尊通，可与卑穷者，其唯信乎！”意思是说，君臣不诚信，那么百姓就会批评指责，国家就不会安宁；做官不诚信，那么年少的就不敬畏年长的，地位尊贵的和地位卑贱的就相互轻视；赏罚不诚信，那么百姓就容易犯法，不可以役使；结交朋友不诚信，就会离散忧怨，不能相互亲近；各种工匠不诚信，那么制造器械就会粗劣作假，丹、漆等颜料就不纯正。可以跟它（诚信）一同开始，可以跟它（诚信）一起终结，可以跟它（诚信）一同尊贵显达，可以跟它（诚信）一同卑微困厄的，大概（恐怕）只有诚信吧！

诚是中国古代儒家思想最为核心的理念之一，是儒学经典的最为重要的内容之一，也是备受儒家推崇的基本道德规范之一。儒家圣贤在天人合一的理论架构下，把“诚”看作是天道的本然，人道的必然，道德的本原，万物的根本。

《论语·为政》："子曰：'人而无信，不知其可也. 大车无輗，小车无軏，其何以行之哉?'"意思是说，"人要是失去了信用或不讲信用，不知道他还可以做什么，(就像)大车没有车辕与轭相连接的木销子，小车没有车辕与轭相连接的木销子，它靠什么行走呢?"

《论语·子路》："言必信，行必果。"意思是说，说话一定要讲信用，做事一定要果断。

《论语 颜渊》："子贡问政。子曰：'足食，足兵，民信之矣。'子贡曰：'必不得已而去，于斯三者何先?'曰：'去兵。'子贡曰：'必不得已而去，于斯二者何先?'曰：'去食。自古皆有死，民无信不立。'"意思是说，子贡问怎样治理国家。孔子说："粮食充足，军备充足，老百姓信任统治者。"子贡说："如果不得不去掉一项，那么在三项中会先去掉哪一项呢?"孔子说："去掉军备。"子贡说："如果不得不再去掉一项，那么这两项中去掉哪一项呢?"孔子说："去掉粮食。自古以来人总是要死的，如果老百姓对统治者不信任，那么国家就不能存在了。"

《论语·阳货》："子张问仁于孔子。孔子曰：'能行五者于天下为仁矣。''请问之。'曰：'恭、宽、信、敏、惠。恭则不侮，宽则得众，信则人任焉，敏则有功，惠则足以使人。'"意思是说，子张向孔子问仁。孔子说："能够处处实行五种品德。就是仁人了。"子张说："请问哪五种。"孔子说："庄重、宽厚、诚实、勤敏、慈惠。庄重就不至于遭受侮辱，宽厚就会得到众人的拥护，诚信就能得到别人的任用，勤敏就会提高工作效率，慈惠就能够使唤人。"

《大学》提出：格物、致知、诚意、正心、修身、齐家、治国、平天下。其中的诚意是指在修养自身的过程中，能够做到诚实守信。

《礼记·中庸》："唯天下至诚，为能尽其性；能尽其性，则能尽之性；能尽人之性，则能尽物之性；能尽物之性，则可以赞天地之化育；可以赞天地之化育，则可以与天地参矣。"意思是说，只有天下最为诚心的人，才能够完全发挥自己的本性；能够完全发挥自己的本性，就能够完全发扬别人的本性；能够完全发扬别人的本性，就能够完全发扬事物的本性；能够完全发扬事物的本性，就可以帮助天地的演化和养育万物；可以帮助天地的演化和养育万物，就可以和天地配合成三了。

《礼记·中庸》："诚者，天之道也；诚之者，人之道也。"意思是说，"诚"，是上天的法则；达到"诚"，是人的修德法门。

《中庸》曰：诚者，物之终始；不诚，无物。是故，君子诚之为贵。诚者，非自成己而已也，所以成物也。意思是说，"诚"，是自然的道理，万事万物的本末终始都离不开它，不"诚"，就没有万事万物了。所以，君子把"诚"看得特别宝贵。"诚"，并不仅仅是为了成就自己而已，而是要用"诚"来成就万事万物。

孟子曰："诚者，天之道也；思诚者，人之道也。至诚而不动者，未之有也；不诚，未有能动者也。"意思是说，诚是上天的法则，追求诚是做人的规律。十分真诚而不被感动的是没有的；而不真诚也是没有能被感动的。

《荀子·不苟》："君子养心莫善于诚。"意思是说，君子陶冶思想性情，提高自己的道德修养，没有什么比诚心诚意更重要的了。

《荀子·不苟》："天地为大矣，不诚则不能化万物；圣人为知矣，不诚则不能化万民；父子为亲矣，不诚则疏；君上为尊矣，不诚则卑，夫诚者，君子之所守也，而政事之本也。"意思是说，天地要算大的了，不真诚就不能化育万物；圣人要算明智的了，不真诚就不能教化万民；父子之间要算亲密的了，不真诚就会疏远；君主要算尊贵的了，不真诚就会受到鄙视。真诚，是君子的操守，政治的根本。

《荀子·强国》："古者禹汤本义务信而天下大治，桀纣弃义背信而天下大乱。故为人上者，必将慎礼义、务忠信然后可，此君人者之大本也。"意思是说，古代圣王禹、汤，循义讲信而天下大治；暴君桀、纣，弃义背信而天下大乱。所以，作为国君一定要慎礼义、讲忠信，然后才能治国。这是统治者的治国之本。

《墨子　修身》："志不强者智不达，言不信者行不果。"意思是说，意志不坚强的，智慧一定不高；说话不讲信用的，行动一定不果敢。

《韩非子·说林》："巧诈不如拙诚。"意思是说，奸巧诡诈，不如笨拙诚实。

汉代董仲舒将"信"与仁、义、礼、智并称为"五常"，视为最基本的道德伦理规范。"信"是信任、诚信的意思。

北宋理学家周敦颐提出"至诚"和"主静"的道德论。他认为，人性有五品，即刚善、刚恶、柔善、柔恶和中；适中是最完善的人性，其余诸品皆有缺陷。只有达到"至诚"境界，人性才能完善。因为"诚"源于宇宙的本原，体现太极的道德本质。是五常（仁、义、礼、智、信）的根本，是行为的渊源，是圣人的立身之德。

周敦颐继承《易传》和部分道家以及道教思想，提出"无极而太极"，"太极"一动一静，生成阴阳万物。"万物生而变化无穷焉，惟人也得其秀而最灵"（《太极图说》）。圣人模仿"太极"建立"人极"。"人极"即"诚"，"诚"是"纯粹至善"的"五常之本，百行之源也，是道德的最高境界"。只有通过主静、无欲，才能达到这一境界。

司马光《资治通鉴·卷二》："臣光曰：夫信者，人君之大宝也。国保于民，民保于信；非信无以使民，非民无以守国。是故古之王者不欺四海，霸者不欺四邻，善为国者不欺其民，善为家者不欺其亲。不善者反之，欺其邻国，欺其百姓，甚者欺其兄弟，欺其父子。上不信下，下不信上，上下离心，以至于败。所利不能药其所伤，所获不能补其所亡，岂不哀哉！昔齐桓公不背曹沫之盟，晋文公不贪伐原之利，魏文侯不弃虞人之期，秦孝公不废徙木之赏。此四君者道非粹白，而商君尤称刻薄，又处战攻之世，天下趋于诈力，犹且不敢忘信以畜其民，况为四海治平之政者哉！”其意思是，臣司马光说：信誉，是君主至高无上的法宝。国家靠人民来保卫，人民靠信誉来保护；不讲信誉无法使人民服从，没有人民便无法维护国家。所以古代成就王道者不欺骗天下，建立霸业者不欺骗四方邻国，善于治国者不欺骗人民，善于治家者不欺骗亲人。只有蠢人才反其道而行之，欺骗邻国，欺骗百姓，甚至欺骗兄弟、父子。上不信下，下不信上，上下离心，以至于一败涂地。靠欺骗所占的一点儿便宜治不了致命之伤，所得到的远远少于失去的，这岂不令人痛心！当年齐桓公不违背曹沫以胁迫手段订立的盟约，晋文公不贪图攻打原地之利而遵守信用，魏文侯不背弃与山野之人打猎的约会，秦孝公不收回对移动木杆之人的重赏，这四位君主的治国之道尚称不上完美，而公孙鞅可以说是过于刻薄了，但他们处于你攻我夺的战国乱世，天下尔虞我诈、斗智斗勇之时，尚且不敢忘记树立信誉以收服人民之心，又何况今日治理一统天下的当政者呢！

宋·朱熹《中庸章句》：“诚者，真实无妄之谓，天理之本然也。”意思是说，“诚”是真实可靠绝不荒谬，是天理的本来状态。《仁说》：“诚能体而存之，则众善之源，百行之本。”意思是说，实行并保存真诚的心，是所有善行的源头，所有行为的根本。《宋名臣言行录》：“人之操履无若诚实。”意思是说，人的其他操守没有像诚实那样重要的。《四书集注·孟子集注》：“思诚为修身之本，而明善又为思诚之本。”意思是说，追求真诚是自我修养的根本，而弄清楚哪些是美好善良的言行，又是追求真诚的根本。

二、教化启迪后人的几则诚信典故

中国自古以“礼仪之邦”著称于世，重义轻利一直是中华民族的传统美德。在我国的语言体系中还有大量诸如“一言九鼎”“一诺千金”“一言既出，驷马难追”等褒扬诚信的古代成语广为传扬。此外，还有许多中国古代流传至今的发人深省、感人肺腑的诚信故事，如季札挂剑、曾子杀猪、商鞅立木建信、杨震不受四知金、皇甫绩守信求责、李勉埋金、晏殊树信、宋濂借书、梁国志教子等。

（一）商鞅立木建信

商鞅（约公元前395年—前338年，姬姓，公孙氏，名鞅，卫国国君后裔，又称卫鞅、公孙鞅，后封于商，号为商君，故称之为商鞅，卫国顿丘人；战国时期政治家、改革家、思想家，法家代表人物。商鞅辅佐秦孝公，积极实行变法，使秦国成为富裕强大的国家，史称“商鞅变法”）已经完成新法的制定，尚未公布，恐怕百姓不相信，就在国都后边市场的南门竖起一根三丈长的木头，从百姓中招募能把木头搬到北门的人，事成后赏给五十金。

百姓觉得这件事很奇怪，没人敢去搬动。商鞅见状又宣布“能把木头搬到北门的人，赏五十金”。于是有一个人把木头搬到北门去了，商鞅当即就给了那个搬木头的人五十金，借此表明令出必行，绝不欺骗。事情过后，就颁布了新法。

新法在民间施行了一年，秦国老百姓到国都说新法不方便的人数以千计。正当这时，太子触犯了新法。商鞅说：“新法不能顺利推行，是因为上层有人触犯它。”欲依新法处罚太子。可是太子是国君的继承人，又不能施以刑罚，于是就处罚了监督他行为的老师公子虔，以墨刑处罚了给他传授知识的老师公孙贾。

第二天，秦国人就都遵照新法执行了。新法推行了十年，秦国百姓都非常高兴，路上没有人会拾别人丢的东西据为己有，山林里也没了盗贼，家家富裕充足。人民勇于为国家打仗，不敢为私利争斗，乡村、城镇社会秩序安定。

（二）李勉埋金

天宝（唐玄宗年号）年间，有一位书生旅行居住在宋州（今河南商丘）。当时，年少的李勉（717—788年，字玄卿，陇西成纪人，唐朝宰相；

唐朝宗室，曾祖李元懿为唐高祖李渊第十三子，父李择言，曾为汉、褒、相、岐四州刺史）贫穷困苦，和这位书生同住在一家旅店里。没过几天，书生疾病发作，无法医治。书生临死之前对李勉说："我家住在洪州，将要到北都（今太原）谋求官职，却在这里得病快要死了，这是我的命啊。"并从口袋里取出一百两银子交给李勉，说："我的家丁仆人，没有知道这个的，你为我处理完丧事，剩下的银子奉送给你。"李勉答应为书生办理后事，等到葬礼结束，李勉却把剩余的银子放在坟墓里与书生一同埋葬。几年以后，李勉担任了开封县县尉。书生的兄弟带着洪州官府开具的证明，沿着道路不停地打听寻找书生的行止下落。到了宋州，才得知是李勉为书生办理了丧事，于是专门到开封去见李勉，询问银子在什么地方。李勉请书生的兄弟一起来到墓地，挖出银子交给了他们。

（三）晏殊树信

北宋著名词人晏殊（991—1055 年，字同叔，北宋抚州府临川城人，北宋著名文学家、政治家），素以诚实著称。在他 14 岁时，有人把他作为神童举荐给真宗皇帝。真宗皇帝召见了他，并让他与一千多名进士同时参加考试。结果晏殊发现考试题目是自己十天前刚练习过的，就如实向真宗皇帝禀报，并请求改换其他题目。真宗皇帝非常赞赏晏殊的诚实品质，便赐予他"同进士出身"。

晏殊当职时，正值天下太平。于是，京城的大小官员便经常到郊外游玩或在城内的酒楼举行各种宴会。晏殊家贫，没钱出去吃喝玩乐，只好在家里和兄弟们读写文章。有一天，真宗皇帝提升晏殊为辅佐太子读书的东宫官。大臣们异常惊讶，想不明白真宗皇帝为何做出这样的决定。真宗皇帝说："近来群臣经常游玩饮宴，只有晏殊闭门读书，如此自重谨慎，正是东宫官合适人选。"晏殊谢恩后说："我其实也是个喜欢游玩饮宴的人，只是家贫而已。若我有钱，也早就参与宴游了。"这两件事，使晏殊在群臣面前树立起了很高的信誉，而宋真宗也更加信任他了。

在几千年的历史长河中，中华民族积淀了许多宝贵的诚信文化遗产，成为传承中华优秀传统文化的遗传基因，值得后人继承和弘扬。

第二节　诚信文化建设

一、开展诚信文化建设具有重要意义

“文化是一个国家、一个民族的灵魂。文化兴国运兴，文化强民族强。”

文化是维系民族生生不息的奔流血脉，文化是凝聚民族子子孙孙的坚韧纽带，文化是追求梦想绵绵不绝的精神动力，文化是民族复兴源源不断的精神资源，文化是屹立世界民族之林的文明根基，文化是辉耀人类社会前程的璀璨星辰。

文化是民族强盛的精神内核、文化是教化育人的精神醍醐、文化是理想信念的深邃渊源，文化是凝聚人心的精神磁石、文化是民族能量的强大内力、文化是一个民族的智慧源泉，文化是民族差异的独特标识、文化是国家实力的基本象征、文化是民族财富的优质资产，文化是民族素质的深厚底蕴、文化是涵育文明的精神载体、文化是怡情养志的精神家园。

中华优秀传统文化，是中华民族思想智慧、人文精神、价值观念、风俗习惯、生活方式、情感样式的集中表达，滋养了独特而丰富的文学艺术、科学技术、人文学术，可以教化育人、启迪来者，令人追思圣贤、见贤思齐，至今仍然具有旺盛的生命力和强大的影响力。

文化是一个民族维系和寄托乡愁的精神家园，使海内外中华儿女产生认同感、归属感、愉悦感和慰藉感。文化是一个国家实力的重要象征，作为一种“软实力”关乎一个国家内在的精神力量、发展潜力和外在的吸引

力、感召力、凝聚力和影响力。文化是保障一个民族昂首走向世界、屹立于世界民族之林的文明根基。

中华文化独一无二的智慧、理念、气度、神韵，增添了中国人民和中华民族内心深处的自信和自豪。而文化自信则是更为基本、更深层次、更加持久的精神力量。

中央全面深化改革领导小组第二十九次会议强调：要大力弘扬诚信文化，将建立诚信记录、实施守信激励和失信惩戒措施作为诚信建设的主要方面，以重点领域、重点人群为突破口，推动建立各地区各行业个人诚信记录，强化应用，奖惩联动，使守信者受益，失信者受限。

党的十八大提出，倡导富强、民主、文明、和谐，倡导自由、平等、公正、法治，倡导爱国、敬业、诚信、友善，积极培育和践行社会主义核心价值观。这与中国特色社会主义发展要求相契合，与中华优秀传统文化和人类文明优秀成果相承接，是我们党凝聚全党全社会价值共识作出的重要论断。富强、民主、文明、和谐是国家层面的价值目标，自由、平等、公正、法治是社会层面的价值取向，爱国、敬业、诚信、友善是公民个人层面的价值准则，这24个字是社会主义核心价值观的基本内容，为培育和践行社会主义核心价值观提供了基本遵循。

由此可见，党中央高度重视诚信建设，已将诚信的地位提升至前所未有的历史高度，并将诚信文化建设纳入社会主义核心价值观体系的总体构建当中。

2019年12月，中共中央、国务院印发《新时代公民道德建设实施纲要》强调指出：中华传统美德是中华文化精髓，是道德建设的不竭源泉。持续推进诚信建设。诚信是社会和谐的基石和重要特征。要继承发扬中华民族重信守诺的传统美德，弘扬与社会主义市场经济相适应的诚信理念、诚信文化、契约精神，推动各行业各领域制定诚信公约，加快个人诚信、政务诚信、商务诚信、社会诚信和司法公信建设，构建覆盖全社会的征信体系，健全守信联合激励和失信联合惩戒机制，开展诚信缺失突出问题专项治理，提高全社会诚信水平。重视学术、科研诚信建设，严肃查处违背学术科研诚信要求的行为。深入开展“诚信建设万里行”“诚信兴商宣传月”等活动，评选发布“诚信之星”，宣传推介诚信先进集体，激励人们更好地讲诚实、守信用。

中华优秀传统文化源远流长、博大精深、辉煌灿烂、辐射异邦。在5000多年文明发展进程中孕育的中华优秀传统文化，为世界文明谱写了华彩篇章。

要以礼敬自豪的态度对待中华优秀传统文化，让中华优秀传统文化基因更好植根于人们的思想意识和道德观念。

中华民族5000多年文明历程，创造了璀璨夺目的中华文化，维系着中华民族的绵延发展。而诚信文化是中华优秀传统文化的菁华，更是中华伦理道德文化的精髓。诚信文化居于中华民族优秀文化的最高层次，对其他层次的文化具有统领作用。诚信文化建设是提升国民素质的根本性因素。

诚信文化是社会信用体系建设的灵魂。诚信文化建设是以文化人，解决信用缺失问题的治本之策。在中华优秀传统诚信文化中蕴含着丰富的道德理念和道德规范，体现着评判是非曲直的价值标准，潜移默化地影响着中国人的思维活动和行为方式，成为约束人们语言和行动的内在力量。当前，我国正处在全面深化改革、全面对外开放，加快推进社会主义现代化，实现中华民族伟大复兴的关键时期，迫切需要全面加强诚信文化建设。传承发展中华优秀传统诚信文化，对于中华民族坚定文化自信，建设社会主义文化强国，推进社会信用体系建设，完善社会主义市场经济体制，推动国家治理体系和治理能力现代化，保障经济健康持续发展，鼓励人们向上向善，促进社会和谐稳定与文明进步，树立中国公民良好国际形象、提升国家软实力和国际竞争力，具有十分重要的意义。

二、加强诚信文化建设几项重要举措

诚实守信、履约践诺信用价值观念是社会信用体系的灵魂。信用问题，其本质是人的问题。人的观念决定人的行为，因此，人的信用观念决定人的信用行为。信用观念的确立，需要诚信教育干预、诚信文化传播，善良风俗影响、社会舆论约束等，以此培养公民信用自律能力。诚信是世界各国人民公认的美德。诚信是道德品质的核心。诚信教育势在必行。世界各国都十分重视对公民特别是青年一代进行诚信教育，使其牢固树立诚信观念。

要以礼敬自豪的态度对待中华优秀传统诚信文化，让中华优秀传统诚信文化基因更好植根于人们的思想意识和道德观念。

根据《关于培育和践行社会主义核心价值观的意见》精神，要牢固树立诚信观念，应当注重宣传教育、示范引领、实践养成相统一，注重政策保障、制度规范、法律约束相衔接，使诚信观念融入人们的生产生活和精神世界。加强诚信文化建设，应当从以下几个方面发力：

（一）把培育和践行诚信观念融入国民教育的全过程

培育和践行诚信观念要从小抓起、从学校抓起。坚持育人为本、德育为先，围绕立德树人的根本任务，把诚信观念纳入国民教育总体规划，贯穿于启蒙教育、基础教育、职业教育、高等教育、继续教育各个领域，以幼儿、小学、中学教材为重点，构建中华文化课程和教材体系。推动诚信观念进教材、进课堂、进学生头脑。注重发挥校园文化的熏陶作用，利用学校报刊、广播电视、网络设施，建设体现时代特征、学校特色的校园诚信文化。完善学校、家庭、社会三结合的教育网络，形成家庭、社会与学校诚信教育的强大合力。

要建设师德高尚、业务精湛的高素质教师队伍。坚持师德为上准则，加强师德师风建设，完善教师职业道德规范，健全教师任职资格准入制度，将师德特别是诚实守信方面的表现作为教师考核、聘任和评价的首要内容，形成师德师风建设长效机制。引导广大教师自觉增强教书育人的荣誉感、责任感和使命感，学为人师、行为世范，做学生诚实守信品格养成的指导者和引路人。

（二）加强优秀传统诚信文化的广泛宣传与推广普及

新闻媒体要发挥传播诚信文化的主渠道作用。坚持正面宣传为主，牢牢把握正确舆论导向，把诚信观念贯穿到日常形势宣传、成就宣传、主题宣传、典型宣传、热点引导和舆论监督中，弘扬主旋律，传播正能量，不断巩固壮大褒扬诚实守信的主流舆论。主流报刊、通讯社、电台电视台要拿出重要版面时段、推出专栏专题，出版社要推出专项出版，运用新闻报道、言论评论、访谈节目、专题节目和各类出版物等形式传播诚信文化，引导人们培育和践行诚信观念。强化传播媒介管理，不为错误观点提供传播渠道。新闻出版单位和从业人员要强化行业自律，切实增强传播诚信文化的责任意识和能力素质，将个人道德修养包括诚信品格作为从业资格考评的重要内容。

遵循网络传播规律，把诚信观念体现到网络宣传、网络文化、网络服务中，建设诚信文化的网上传播阵地。做大做强重点新闻网站，发挥主要商业网站建设性作用，聚集网上舆论引导合力，形成良好的网上信用舆论环境。“信用中国”网站要发挥社会信用体系建设主流网络媒体的作用，做弘扬诚信文化的表率。创作适于新兴媒体传播的网络诚信文化作品，推动诚信文化精品网络化传播。

要发挥诚信文化产品育人、化人的重要功能。一切文化产品、文化服务和文化活动，都要弘扬诚信文化，传递积极人生追求、高尚思想境界，主动有效引导社会主体诚实守信、履约践诺。

运用公益广告传播诚信文化、引领社会文明风尚。围绕诚信文化建设主题，加强公益广告的选题策划和内容创意，形成公益广告传播诚信文化、传扬正气的强大声势，增强诚信文化的传播力、感染力。

（三）将诚信文化落实到经济活动和社会治理实践当中

确立经济发展目标和发展规划，出台经济社会政策和重大改革措施，开展各项生产经营活动，要遵循诚信道德准则，做到讲社会责任、讲社会效益，讲守法经营、讲公平竞争、讲诚信守约，形成有利于弘扬诚信文化的良好政策导向、利益机制和社会环境。

法律制度是推广诚信文化的重要保障。要把诚信观念贯彻到依法治国、依法执政、依法行政实践当中，落实到立法、执法、司法、普法和依法治理各个方面，用法律的权威来增强人们培育和践行诚信观念的自觉性。注重把诚信观念上升为具体法律规范，充分发挥法律的规范、引导、保障、促进作用，形成有利于培育和践行诚信观念的良好法治环境。

要把践行诚信观念作为社会治理的重要内容，融入制度建设和治理工作中，形成以信用为基础的市场监管机制，建立守信激励和失信惩戒机制，加强政务诚信、商务诚信、社会诚信和司法公信建设。完善市民公约、村规民约、学生守则、行业规范，强化规章制度实施力度，在日常治理中鲜明彰显诚信观念，使正确行为得到鼓励、错误行为受到谴责。

（四）将诚信文化融入各行业道德实践和文化建设当中。

要以诚信建设为重点，加强社会公德、职业道德、家庭美德、个人品德培育和践行，形成修身律己、崇德向善、诚实守信的道德风尚。大力褒扬诚信典型，曝光失信案例，在全社会广泛形成守信光荣、失信可耻的氛围。

将中华优秀传统诚信文化融入群众性精神文明创建活动当中，融入各行各业文化建设当中，深化思想道德内涵，坚持知行合一，引导人们把诚信理念转化为自觉行动。各行各业要结合业务工作和生产经营实际，开展各具特色的诚信文化实践活动，引导人们立足岗位践行诚信规范。倡导树立守法诚信、以义取利的义利观，倡导以信笃行、以诚兴业的传统美德。

三、积极开展诚信文化建设实践活动

在社会信用体系建设过程中，各部门、各地方积极开展诚信文化建设实践活动，并取得了一定成效。

（一）全国开展“诚信建设万里行”主题宣传活动

2018年6月29日，由中共中央宣传部主持的“诚信建设万里行”主题宣传活动启动仪式在国家公共信用信息中心举行。中央文明办、国家发展改革委等部门负责同志以及19家中央新闻单位负责同志和骨干编辑记者共100余人参加了启动仪式。此次主题宣传是新闻战线推动诚信建设的一项重要举措，中央主要新闻单位、各省（区、市）主要媒体及重点新闻网站统一开设专栏，生动诠释诚信文化和诚信建设时代内涵、解读现行制度政策、介绍当前实践做法、剖析典型案例。主题宣传采取正面宣传与舆论监督相结合的方式，既围绕我国诚信建设整体情况大力宣传正能量，用更多鲜活具体的典型事例、各行各业的经验成效，反映今日中国诚信建设的蓬勃发展和变化，弘扬社会新风正气；又激浊扬清、惩恶扬善，聚焦群众反映集中的突出问题开展监督报道，曝光典型案例，深刻剖析失信行为产生的原因及危害，推动社会共治，不断完善诚信体系建设。大力营造“知信、用信、守信”的良好氛围，推动全社会共同参与，为经济社会发展提供有力道德支撑和信用体系保障。

在全国“诚信建设万里行”主题宣传活动中，新华信用开设了“诚信建设万里行”专栏，深度报道了诚信建设万里行·重庆站启动及现场发布2018年“信用重庆十大典型”、（诚信建设万里行）云南：优化市场环境促高质量发展、福建“诚信八闽行 我们在行动”启动仪式、诚信建设万里行郑州站接力仪式、青岛“诚信建设万里行”系列活动、山东启动“诚信建设万里行”城市接力、南昌举行“诚信建设万里行”活动启动仪式、“诚信建设万里行”在吉林接力及诚信理念深入十城千企、（诚信建设万里行）宁夏多领域推进信用体系建设加强信用监管、内蒙古自治区启动“诚信建设万里行”城市接力活动等。

（二）北京市组织开展诚信文化建设宣传活动

连续五年举办信用北京暨信用中关村高峰论坛，连续三年举办诚信北京“3·15”晚会。2019 年，编制了《市民信用手册》，全面启动“北京诚信建设万里行”活动，开展了“信用进企业、进园区、进社区、进商圈、进校园”的“五进”系列活动，推出了“北京市企业创新信用领跑行动”“大学生诚信辩论大赛”“高校诚信演讲比赛”3 个品牌活动，拍摄的 30 多个宣传片作为疫情期间信用修复学习材料纳入了国家信用修复平台，占总材料 90% 以上。2020 年，推动各区继续开展“五进”系列工作，启动了“个人诚信”创建活动。

（三）贵州省不断加强诚信文化宣传教育

积极做好“诚信建设万里行”接力活动，年度印发 8000 余册《诚信贵州》刊物；“诚信贵州”微信公众号累计推送社会信用体系建设有关图文信息 6000 多条，阅读量超过 500 万人次，微信公众号获评全国“十大信用微信公众号”；开展“诚信座右铭”征集评选活动，编印并发放《诚信三字经》2 万余册，创作并赠送《诚信贵州之歌》光盘 1 万余张。

（四）陕西省持续开展社会诚信建设宣传活动

陕西省调动社会资源广泛参与信用宣传和信用创建活动，不断丰富宣传和教育形式。利用“信用中国”（陕西）网站和国家、省主流媒体开展信用建设宣传。先后举办“诚信陕西用心而为”“诚信树风尚共建信陕西”、信用建设典型案例征集评选等主题宣传活动。各有关部门开展“诚信兴商宣传月”“3·15 消费者权益保护日”“6·14 征信关爱日”等宣传活动。同时开展信用教育和专业培训。西安财经大学在研究生教育中增设信用管理方向，西安外国语大学开设信用管理本科专业，西北政法大学、宝鸡文理学院等开设信用管理公选课程，加强信用专业人才的培养和教育。多次面向市、县政府开展信用体系建设政策法规和工作培训，面向信用服务机构举办信用从业人员职业素养和业务技能培训，对失信主体进行诚信教育和信用修复专题培训。

（五）深圳市广泛开展诚信宣传教育

为落实《中共中央国务院关于支持深圳建设中国特色社会主义先行示范区的意见》关于“加强社会信用体系建设”的要求，深圳市公共信用中心在 2019 年以信用宣传为抓手，营造信用体系建设良好氛围，提升全社会诚信意识和信用水平。一是从 2017 年起持续运营“深圳信用网”微信公众号，2019 年全年共推送 44 期 157 条微信，信用服务类咨询引起市民热烈反响，新媒体环境下的信用宣传工作稳步推进。二是在 2019 年 11 月信用中心组织开展了首届“深圳信用宣传月”活动，以“示范深圳、信用先行”为活动主题，推出“五个一宣传工程”和“十区联动”线下活动，形成了信用宣传的密集态势，首次市民信用公益大讲堂新闻报道得到“学习强国 App”采用，财经频道信用深圳系列电视新闻被“信用中国”网站转载，深圳“信易贷”平台正式发布，首份信用大数据分析报告被各主流网站和新媒体、自媒体及“信用广东”、“信用中国”网站转载，开展“深信杯”全民信用知识竞赛、“深信杯”全民信用应用典型案例征集大赛，11 月 5 日作为“深圳信用日”获得社会认可，诚信文化、诚信立业意识深入人心，活动取得显著成效。

（六）宁波市注重诚信宣传，着力建立多渠道公共信用宣传体系

诚信宣传工作是宁波市公共信用信息平台建设的成效“放大器”。宁波平台充分利用各方资源，找准宣传角度，创新宣传形式，着力建立多渠道公共信用宣传体系，扩大信用平台影响面。与市文广旅游局、广电集团、华数数字电视公司、地铁公司等单位签署了合作协议，开展了一系列的宣传活动：开通了数字电视“信用宁波”频道，开展了“倡导诚信乘

车，共建信用宁波”系列活动，举办了首届信用知识竞赛，拍摄了“信用宁波”宣传片、惩治老赖专题片，开设了“诚信”道德讲堂，开展了“点赞诚信、共享美好生活”主题征文活动等。

（七）厦门市建立高端智库开展信用创新研究

厦门国信信用大数据创新研究院自 2019 年成立以来，出版《信用蓝皮书：社会信用体系建设年度报告（2019）》，展现我国社会信用体系建设现状以及 2019 年各项工作取得的创新性成果。上线“国信高端智库”微信公众号，开拓新媒体宣传，传播信用知识，提供信用行业政策资讯、专家观点等前沿动态，发布研究成果。联合新华信用组织开展信用大数据应用场景全国征集，受到人民日报、凤凰网等知名媒体的报道。聚焦社会信用体系建设重点领域、关键环节和前瞻问题的研究，承担国家、地方多个重点课题研究，如《大数据时代信用服务机构培育思路研究》《2019 年网络诚信制度化体系建设》等。

第四章

社会信用主体

信用主体是信用关系的参与者、信用权利的享有者、信用义务的履行者和信用责任的承担者。社会信用主体既是社会信用管理相对人，也是社会信用体系的建设者。

第一节　信用主体基本分类

2020年5月28日，第十三届全国人民代表大会第三次会议通过《中华人民共和国民法典》。全国人民代表大会常务委员会副委员长王晨在第十三届全国人民代表大会第三次会议上所作的《关于〈中华人民共和国民法典（草案)〉的说明》中指出：民法是民事领域的基础性、综合性法律，规范各类民事主体的各种人身关系和财产关系，涉及社会和经济生活的方方面面，被称为‘社会生活的百科全书’。民法通过确立民事主体、民事权利、民事法律行为、民事责任等民事总则制度，确立物权、合同、人格权、婚姻家庭、继承、侵权责任等民事分则制度，来调整各类民事关系。

《中华人民共和国民法典》规定：为了保护民事主体的合法权益，调整民事关系，维护社会和经济秩序，适应中国特色社会主义发展要求，弘扬社会主义核心价值观，根据宪法，制定本法。民法调整平等主体的自然人、法人和非法人组织之间的人身关系和财产关系。民事主体从事民事活动，应当遵循诚信原则，秉持诚实，恪守承诺。民事主体从事民事活动，不得违反法律，不得违背公序良俗。处理民事纠纷，应当依照法律；法律没有规定的，可以适用习惯，但是不得违背公序良俗。

信用主体是信用关系的参与者、信用权利的享有者、信用义务的履行者和信用责任的承担者。根据《中华人民共和国民法典》规定，信用主体具体包括三大类：自然人、法人、非法人组织。

一、自然人信用主体

信用关系是民事关系的组成部分。自然人是民事主体，理所当然也是信用主体。对自然人信用主体的信用权利能力、信用行为能力和承担信用义务的认定，须依照《中华人民共和国民法典》有关自然人民事权利能力、民事行为能力和承担民事义务的规定。

（一）民法中的自然人概念及其定义

一般来说，自然人是指基于自然规律而产生的一切具有生命形式的人。

民法中所谓的自然人是指具有自然生物属性并基于出生而取得民事主体资格的人。自然人主体资格具有普适性，即任何人都要参加民事法律关系，不论其是否愿意，都要受到民事法律关系的调整。

（二）民事权利能力和民事行为能力

世界各国民法典均依据一个人的年龄、智力、精神健康状况，把自然人分为完全民事行为能力人、无民事行为能力人和限制民事行为能力人。

《中华人民共和国民法典》规定：自然人从出生时起到死亡时止，具有民事权利能力，依法享有民事权利，承担民事义务。自然人的民事权利能力一律平等。

《中华人民共和国民法典》规定，十八周岁以上的自然人为成年人。不满十八周岁的自然人为未成年人。成年人为完全民事行为能力人，可以独立实施民事法律行为。十六周岁以上的未成年人，以自己的劳动收入为主要生活来源的，视为完全民事行为能力人。八周岁以上的未成年人为限制民事行为能力人。不满八周岁的未成年人为无民事行为能力人。不能完全辨认自己行为的成年人为限制民事行为能力人。

一般来讲，全体自然人均应纳入社会信用体系建设范畴，其主要原因在于诚信教育须要“从娃娃抓起”；但不等于说所有自然人都应纳入信用法律的调整范围。因为，社会信用立法应当与《中华人民共和国民法典》相衔接，将十八周岁以上或者十六周岁以上不满十八周岁但以自己的劳动收入为主要生活来源的自然人，即将具有完全民事行为能力的自然人定义为“自然人信用主体”；而不宜将无民事行为能力人、限制民事行为能力人纳入法律的调整范围。

社会信用管理或者社会信用监管，对无民事行为能力人、限制民事行为能力人应当秉持关爱包容的态度，给予改过纠错的机会。尤其是为保障少年儿童身心健康、茁壮成长、未来可期，不宜将其纳入信用法律的调整范围。政府与社会对少年儿童应当更加关爱有加，坚持以诚信教育为主，为其提供修正错误、改过自新的成长空间。

目前，从社会信用立法现状来看，现行的几部信用地方性法规均将“具有完全民事行为能力的自然人”界定为“信用主体”，既有法理依据，又有实践意义。

自然人是人类社会的基本单位，也是信用关系的基本载体。自然人是最为基本的社会主体，同时，也是最为基本的信用主体。在市场经济社会，自然人信用主体是整个社会信用体系的基本单元。尽管自然人信用与法人信用、非法人组织信用有所差异，但法人、非法人组织都是由自然人组建和参与的社会组织，法人信用、非法人组织信用无不与自然人信用息息相关。信用关系的本质是人与人之间的关系。无论是法人信用问题，还是非法人组织信用问题，归根结底都是人的信用问题。因此，自然人诚信建设，是社会信用体系建设的根基部分。自然人诚信建设，对社会信用体系建设发挥根本性、决定性作用。自然人诚信建设状况如何，决定诚信政府、诚信社会建设目标最终能否实现。

从一般意义上来讲，自然人信用主体资格具有普适性，即任何人都要参加信用法律关系，不论其是否愿意，都要受到信用法律关系的调整，依法享有信用权利，承担信用义务。但在信用立法实践中，是否列为社会信用管理相对人，则需要考量自然人的行为能力。如河南省第十三届人民代表大会常务委员会第十三次会议于2019年11月29日审议通过的《河南省社会信用条例》只将具有完全民事行为能力的自然人纳入信用法律关系的调整范围。

在现实经济和社会活动当中，或者在社会信用管理过程中，一般很少直接使用“自然人”这一概念，而是经常用“个人”“消费者”概念来代替“自然人”概念。如2016年12月23日，为弘扬诚信传统美德，增强社会成员诚信意识，加强个人诚信体系建设，褒扬诚信，惩戒失信，提高全社会信用水平，营造优良信用环境，经国务院同意，国务院办公厅印发《关于加强个人诚信体系建设的指导意见》（国办发〔2016〕98号），等等。

二、法人信用主体

根据《中华人民共和国民法典》规定：法人是具有民事权利能力和民事行为能力，依法独立享有民事权利和承担民事义务的组织。法人应当依法成立。法人应当有自己的名称、组织机构、住所、财产或者经费。法人成立的具体条件和程序，依照法律、行政法规的规定。设立法人，法律、行政法规规定须经有关机关批准的，依照其规定。法人的民事权利能力和民事行为能力，从法人成立时产生，到法人终止时消灭。法人以其全部财产独立承担民事责任。依照法律或者法人章程的规定，代表法人从事民事活动的负责人，为法人的法定代表人。法定代表人以法人名义从事的民事活动，其法律后果由法人承受。法人章程或者法人权力机构对法定代表人代表权的限制，不得对抗善意相对人。法人合并的，其权利和义务由合并后的法人享有和承担。法人分立的，其权利和义务由分立后的法人享有连带债权，承担连带债务，但是债权人和债务人另有约定的除外。

《中华人民共和国民法典》将法人划分为营利法人、非营利法人和特别法人：

（1）营利法人。以取得利润并分配给股东等出资人为目的成立的法人，为营利法人。营利法人包括有限责任公司、股份有限公司和其他企业法人等。营利法人经依法登记成立。依法设立的营利法人，由登记机关发给营利法人营业执照。营业执照签发日期为营利法人的成立日期。营利法人从事经营活动，应当遵守商业道德，维护交易安全，接受政府和社会的监督，承担社会责任。

（2）非营利法人。为公益目的或者其他非营利目的成立，不向出资人、设立人或者会员分配所取得利润的法人，为非营利法人。非营利法人包括事业单位、社会团体、基金会、社会服务机构等。

（3）特别法人。机关法人、农村集体经济组织法人、城镇农村的合作经济组织法人、基层群众性自治组织法人，为特别法人。有独立经费的机关和承担行政职能的法定机构从成立之日起，具有机关法人资格，可以从事为履行职能所需要的民事活动。机关法人被撤销的，法人终止，其民事权利和义务由继任的机关法人享有和承担；没有继任的机关法人的，由作出撤销决定的机关法人享有和承担。

在现实经济和社会活动中，社会公众广泛接触的法人类型主要包括企业法人、机关法人、事业单位法人、社会团体法人：

（1）企业法人。企业法人是指具备法人条件，申请企业法人登记，经企业法人登记主管机关审核准予登记注册，领取《企业法人营业执照》，取得法人资格的企业。具备法人条件的下列企业，应当依照《中华人民共和国企业法人登记管理条例》的规定办理企业法人登记：全民所有制企业；集体所有制企业；联营企业；在中华人民共和国境内设立的中外合资经营企业、中外合作经营企业和外资企业；私营企业；依法需要办理企业法人登记的其他企业。

现代市场经济是信用经济。在市场经济当中，企业是最基本、最重要、最活跃的信用行为主体，也是最频发、最复杂、最易变的信用关系载体。企业作为以营利为目的，通过运用各种生产要素（资本、土地、技术、信息、劳动力和管理等），向市场提供商品或服务，实行自主经营、自负盈亏、独立核算的营利法人或非法人组织，毫无疑问是信用经济的主体。市场经济社会的信用关系在很大程度上是依托企业建立起来的。企业信用具有信用经济最完备的属性和最基本的特征。

（2）机关法人。机关法人是指依法享有国家赋予的权力，以国家预算作为活动经费，因行使职权的需要而享有民事权利能力和民事行为能力的各级国家机关。国家机关获得法人资格不需核准登记程序，只要有独立的经费，一旦依照法律或行政命令成立，即具有民事权利能力和民事行为能力。有独立经费的机关和承担行政职能的法定机构从成立之日起，具有机关法人资格，可以从事为履行职能所需要的民事活动。机关法人被撤销的，法人终止，其民事权利和义务由继任的机关法人享有和承担；没有继任的机关法人的，由做出撤销决定的机关法人享有和承担。

机关法人包括：县级以上各级中国共产党委员会及其所属各工作部门；县级以上各级人民代表大会机关；县级以上各级人民政府及其所属各工作部门；县级以上各级政治协商会议机关；县级以上各级人民法院、检察院机关；县级以上各民主党派机关；乡、镇中国共产党委员会和人民政府，以及街道办事处。

国家机关在从事国家管理的活动过程中，广泛地参与民事活动，如依靠国家拨给的预算资金从事商品交换、采购服务等。在进行民事活动时，国家机关以法人身份出现，与对方自然人或法人一样是平等民事主体，并承担相应的法律责任。

（3）事业单位法人。事业单位法人是指经审批机关批准设立，具备法人条件，经事业单位登记管理机关核准设立登记或者向事业单位登记管理机关备案成立并颁发《事业单位法人证书》的以社会公益为目的由国家机关举办或者其他组织利用国有资产举办的从事教育、科技、文化、卫生等活动的社会服务组织。事业单位法人包括从事教育、科研、文化、卫生、体育、新闻出版、广播电视、社会福利、救助减灾、统计调查、技术推广与实验、公用设施管理、物资仓储、监测、勘探与勘察、测绘、检验检测与鉴定、法律服务、资源管理事务、质量技术监督事务、经济监督事务、知识产权事务、公证与认证、信息与咨询、人才交流、就业服务、机关后勤服务等活动的社会服务组织。

(4) 社会团体法人。社会团体法人是指经业务主管单位审查同意，具备法人条件，社会团体法人登记管理机关准予登记并发给《社会团体法人登记证书》的由中国公民自愿组成，为实现会员共同意愿，按照其章程开展活动的非营利性社会组织。社会团体法人包括政治、宗教、科技、文化、艺术、公益等社会群众团体。如中华全国总工会、中国共产主义青年团、中华全国妇女联合会、中国科学技术协会、中华全国工商业联合会、中国文学艺术界联合会、中国国际贸易促进委员会等。

下列团体不属于《社会团体登记管理条例》规定登记的范围：参加中国人民政治协商会议的人民团体；由国务院机构编制管理机关核定，并经国务院批准免于登记的团体；机关、团体、企业事业单位内部经本单位批准成立、在本单位内部活动的团体。

三、非法人组织信用主体

《中华人民共和国民法典》对非法人组织概念及其定义、非法人组织设立、非法人组织从事民事活动、非法人组织民事责任承担、非法人组织解散等作出以下规定：非法人组织是不具有法人资格，但是能够依法以自己的名义从事民事活动的组织。非法人组织包括个人独资企业、合伙企业、不具有法人资格的专业服务机构等。非法人组织应当依照法律的规定登记。设立非法人组织，法律、行政法规规定须经有关机关批准的，依照其规定。非法人组织的财产不足以清偿债务的，其出资人或者设立人承担无限责任。法律另有规定的，依照其规定。非法人组织可以确定一人或者数人代表该组织从事民事活动。有下列情形之一的，非法人组织解散：章程规定的存续期间届满或者章程规定的其他解散事由出现；出资人或者设立人决定解散；法律规定的其他情形。非法人组织解散的，应当依法进行清算。

非法人组织是介于自然人和法人之间的，未经法人登记的社会组织。非法人组织作为一种组织形式，在世界各国广泛存在。

第二节　社会主体信用承诺

信用承诺是信用主体诚信自律、自行约束的一种表现形式，也是开展社会信用体系建设的一种现行方式。

一、信用承诺概念的内涵

信用承诺是指信用主体对承诺对象作出诚实守信、履约践诺的应承允诺。

依法作出的信用承诺，应当被视为信用承诺主体与信用承诺对象订立的一种“契约”。依法成立的信用承诺，受法律保护。依法成立的信用承诺，仅对信用承诺主体具有法律约束力。

信用承诺制度是社会信用体系建设的一项基础性制度。建立信用承诺制度具有十分重要的意义。

2019 年 6 月，国务院总理李克强主持召开国务院常务会议，部署加快建设社会信用体系，构建与之相适应的市场监管新机制。会议指出，推广信用承诺制，对相关行政许可事项，申请人承诺符合审批条件并提交有关材料的，应予即时办理。

建立信用承诺制度有助于信用主体提升诚实守信的价值观念，树立履约践诺的契约精神。同时，也是将信用主体直接纳入信用监管体系，切实接受信用监督管理的有效社会信用治理方式。在信用承诺制度框架下，信用监管主体与被监管主体实现良性互动，共同推动社会信用体系建设向纵深发展。信用承诺制是深化“放管服”改革精神的经典缩影，是优化营商环境的真实体现。建立信用承诺制度是构建以信用为基础的新型监管机制的重要内容，是实现国家治理体系和治理能力现代化的重要举措，对促进社会信用体系建设具有重要意义。

二、信用承诺的主要类型

信用承诺按照不同的标准，可以划分出不同的种类。例如：

（一）按照信用承诺主体划分，可分为自然人信用承诺、法人信用承诺、非法人组织信用承诺

其中，法人信用承诺按照法人的性质又可分为企业法人信用承诺、机关法人信用承诺、事业单位法人信用承诺、社会团体法人信用承诺等。

（二）按照信用承诺用途划分，可分为审批替代型信用承诺、容缺受理型信用承诺、信用修复型信用承诺、市场营销型信用承诺等

（1）审批替代型信用承诺是指由各级行政审批机关根据各自权限，制定告知承诺书的规范格式文本，在公民、法人、非法人组织提出行政审批申请等行政事项时，行政审批机关一次性告知其审批条件和需要提交的材料，申请人按告知承诺书格式以书面形式对其符合审批条件作出相应承诺。

在此前提下，由行政审批机关作出行政审批决定。

（2）容缺受理型信用承诺是指在办理行政审批等行政事项时，在应提交的材料中，非主审要件暂时欠缺或存在瑕疵，行政相对人按相关规定作出的信用承诺。在行政相对人按规定提交信用承诺后，有关部门先行受理。

例如，一些地方规定，各级行政机关在办理行政事项过程中，对诚信典型和连续三年无不良信用记录的市场主体，可根据实际情况实施“绿色通道”和“容缺受理”等便民服务措施。对符合条件的市场主体，除法律法规要求提供的材料外，部分申报材料不齐备的，如其书面承诺在规定期限内提供，应先行受理，加快办理进度。

（3）信用修复型信用承诺是指信用主体在申请信用修复的过程中，按照信用修复程序规定向信用修复主管机关或信用修复机构作出的信用承诺。

各级行业主管部门在开展信用修复工作时，对违反信用承诺的，将在一定时间期限内不再给予信用修复的机会。

（三）按照是否靠外力推动而作出信用承诺，可分为主动应承型信用承诺、被动应允型信用承诺

（1）主动应承型信用承诺是指信用主体自愿、自主、自动作出的信用承诺。

（2）被动应允型信用承诺是指信用主体依法依规应当作出信用承诺，或者应承诺对象要求而作出的信用承诺。

（四）按照信用承诺是否公之于众，可分为公开公示型信用承诺和非公开公示型信用承诺

信用承诺对象可以是国家机关，也可以是社会公众；可以是泛指主体，也可以是特定主体等。例如，政府面向社会公众公开作出信用承诺，行政相对人向行政机关作出信用承诺，企业向消费者公开作出信用承诺，行业协会商会分别向政府、向会员、向社会作出信用承诺，等等。

三、信用承诺的制度设计

国家对于信用承诺制度建设高度重视，并作出了一系列重大决策部署。

（1）国务院发布的《社会信用体系建设规划纲要（2014—2020年）》提出：“逐步建立行政许可申请人信用承诺制度，并开展申请人信用审查，确保申请人在政府推荐的征信机构中有信用记录，配合征信机构开展信用信息采集工作。”

（2）《国务院办公厅关于加快推进社会信用体系建设构建以信用为基础的新型监管机制的指导意见》（国办发〔2019〕35号）要求创新事前环节信用监管，即：“建立健全信用承诺制度。在办理适用信用承诺制的行政许可事项时，申请人承诺符合审批条件并提交有关材料的，应予即时办理。申请人信用状况较好、部分申报材料不齐备但书面承诺在规定期限内提供的，应先行受理，加快办理进度。书面承诺履约情况记入信用记录，作为事中、事后监管的重要依据，对不履约的申请人，视情节实施惩戒。要加快梳理可开展信用承诺的行政许可事项，制定格式规范的信用承诺书，并依托各级信用门户网站向社会公开。鼓励市场主体主动向社会作出信用承诺。支持行业协会商会建立健全行业内信用承诺制度，加强行业自律。”

（3）《国家发展改革委办公厅国家税务总局办公厅关于加强个人所得税纳税信用建设的通知》（发改办财金规〔2019〕860号）规定：“建立个人所得税纳税信用管理机制。全面实施个人所得税申报信用承诺制。税务部门在个人所得税自行纳税申报表、个人所得税专项附加扣除信息表等表单中设立格式规范、标准统一的信用承诺书，纳税人需对填报信息的真实性、准确性、完整性作出守信承诺。信用承诺的履行情况纳入个人信用记录，提醒和引导纳税人重视自身纳税信用，并视情况予以失信惩戒。”

四、信用承诺的社会实践

目前，各部门、各地方正在积极开展信用承诺制度机制建设和社会实践活动。其中，国家税务总局、人力资源社会保障部等部门，吉林、辽宁、天津、河北、山西、内蒙古、山东、安徽、江苏、湖南、湖北、广东、广西、海南、四川、重庆、贵州、西藏、陕西、甘肃、新疆等省自治区、直辖市以及新疆生产建设兵团已经取得阶段性成果。

（一）人力资源社会保障部门利用信用承诺代替证明材料提交

2019年，人力资源社会保障部先行在6项社会保险经办和12项专业技术人员资格考试报名中开展试点，坚持问题导向，有序实施告知承诺制。证明事项告知承诺制作为一项便民新举措，从制度层面有力推动了标准统一、规则公开、承诺守信、管理严格的经办工作新模式，使企业群众办事更简便。利用共享数据、信用承诺等措施代替生活来源证明、死亡证明、就读证明、户籍关系转移证明、学历证明、工作年限证明等证明材料提交，企业群众无须“翻箱倒柜”找证明，无须到处跑腿开证明，更无须花“冤枉钱”复印证明，线下“最多跑一次”，甚至线下“一次不用跑”，极大降低了办事群众的时间成本和经济成本。2019年，6项社会保险经办事项通过告知承诺制共办理151638件次，12项专业技术人员资格考试有532万多人通过告知承诺制完成报名，累计减少1600万份证明材料。

（二）广州市大力推进信用承诺制

制定印发《关于推行政务服务告知承诺制加快优化营商环境的意见》《广州市市级政务服务大厅行政审批容缺容错受理办法（试行）》，加快推行政务服务告知承诺制，以承诺推进减材料、缩环节、强约束。将“信用承诺信息”纳入市公共信用信息管理目录，明确数据标准，及时向社会公开；在“信用广州”网站开设“主动公开型承诺”“信用修复承诺”“审批替代型承诺”“行业自律型承诺”“容缺受理型承诺”等专栏，累计归集各类承诺信息230余万条。广州市市场监管局、社会组织管理局、工商联积极引导企业在登记注册或注册会员时，主动提交信用承诺、签订行业自律承诺。市人力资源和社会保障局在全国率先制定《广州市社会保险诚信公约实施管理办法》，开展“社会保险诚信公约签约活动”，先后与87家企业签订诚信公约并授予牌匾。黄埔区持续推进“承诺制信任审批”改革，将企业投资建设项目全流程所涉及31个审批事项中的26个事项纳入信任审批范围，累计完成信任审批件 141 宗。

（三）海南省积极推进信用承诺制

根据海南省政府办公厅《关于开展证明事项告知承诺制试点工作的通知》（琼府办函〔2019〕173 号），海南省在多领域探索开展审批替代型承诺工作。截至目前，全省各行业、各领域全面加快审批替代型信用承诺的实施和推广力度，已基本覆盖各主要行业领域应用。其中，省发改委组织疫情防控重点保障企业名单申报工作，要求申报的企业需签署信用承诺书。省税务局试行税务注销"承诺制"容缺办理。省卫生健康委在全国率先对医疗机构配置乙类大型医用设备、公共场所卫生许可实行告知承诺制，对申请人材料内容审核合格的，签订告知承诺书后，当场发放许可证书。省住房城乡建设厅在全省试行建筑工程施工许可告知承诺制审批。至 2020 年 6 月底，全省共 2992 个项目发放施工许可证，其中 2058 个项目采用告知承诺制审批，占比 68. 8%。省司法厅牵头组织海口市、三亚市和省公安厅、民政厅、人力资源社会保障厅开展证明事项告知承诺制试点工作，推动形成"办事只跑一次、一次就能办好"的便民服务新模式。省科技厅全面实施科研诚信承诺制，在省科技计划项目、创新基地（平台）、科技奖励等工作中实施科研诚信承诺制度，从事申报、评审、评估、推荐等工作的相关人员签署科研诚信承诺书，明确承诺事项和违背承诺的处理要求。省证监局在根据中国证监会授权开展的行政许可事项审核过程中，要求申请当事人按规定提交相关承诺书作为申请材料之一。省政务中心向洋浦经济开发区、海口江东新区、海口综合保税区、三亚中央商务区、文昌国际航天城、陵水黎安国际教育创新试验区等 6 个重点园区推广"极简审批"制度，完善行政审批"承诺办理制"改革。省住房公积金管理局推行"信用承诺办理制"，要求职工在办理住房公积金提取业务和贷款业务时，对填写信息及提交材料的真实性、承担相应后果等进行承诺。按照线上、线下办理采用不同的承诺方式。线下办理时，住房公积金提取业务需在载明信用条款的业务申请表进行电子签字，住房公积金贷款需提交书面承诺；通过“海南公积金”App、网上服务大厅、第三方客户端等线上渠道办理时，住房公积金提取业务、住房公积金贷款业务须阅读同意对提交材料真实性等信用承诺，才能继续办理。省市场监管局自2019年初开始，正式启动海南省次级及以下级别的计量标准到期复查、延续换证，以及多种事项变更、多种行政许可证办理事项实施承诺办理。省交通厅对5个省级交通运输行政审批事项实行告知承诺制，编制了统一格式的承诺书，实现审批承诺时限比法定时限缩短52%。

（四）青海省在科研管理领域创新开展信用承诺活动

在科技计划人才职称评审、科技成果登记、科学技术进步奖等工作中实施科研诚信承诺制度。2019年制定出台了《青海省科学技术厅关于印发〈青海省省级科技计划科研诚信管理办法〉的通知》（青科发政〔2019〕98号），明确规定在科技计划全过程遵守承诺、履行约定义务、遵守科技界公认行为准则的客观记录和公正评价。2019年21人参加自然科学研究（含实验）系列职称评审，全部签订个人诚信承诺书。2019年在科技成果登记、科学技术进步奖中全面实行科研承诺制度，截至目前，科技成果登记中实行承诺380项，拟提名科技进步奖承诺31项。2020年7月正式征集2021年科技计划，制定科技计划科研承诺书，将项目负责人、项目组成员、项目依托单位诚信承诺纳入科技计划全流程管理。

（五）潍坊市公共资源交易中心匠心打造“三全”诚信交易平台

中心深入开展社会信用体系建设，扎实推进失信联合惩戒制度，实现公共资源交易信用承诺全覆盖、失信惩戒全联合、信用考核全规范。交易主体信用承诺“全覆盖”。公共资源交易主体签署信用承诺全覆盖。招标人、投标人、中介代理机构和评标评审专家均需签署信用承诺书，目前公共资源交易主体已签署信用承诺书3万余份，承诺覆盖率100%。违约行为曝光全覆盖。公共资源交易主体违背约定承诺的，承担相应违约责任，并将其失信行为在潍坊市公共资源交易网等相关媒介曝光。目前，已在市公共资源交易中心网站曝光公共资源交易不良行为5起，分中心网站曝光4起。企业诚信信息公开全覆盖。对企业诚信库系统进行优化完善，将企业非保密信息向社会公开，接受社会监督。

五、信用承诺的因应对策

任何不负责任的信用承诺，都可能变成美丽的谎言。因此，切实有效的监督管理，是建立健全信用承诺制度的核心机制和第一要务。

信用承诺是社会信用体系建设的一项基础性制度，也是一项基础性工作，必须依法依规、实事求是推进，摒弃形式主义，切忌应景之作。

（一）发挥政府表率作用

各级政府应当成为信用承诺的表率，根据行政管理和政务服务等实际需要，面向社会或行政相对人庄严作出信用承诺，并且做到“言必信、行必果”，违背自身作出的信用承诺必须承担相应的责任后果；在加强政府体系内部监督的同时，自觉接受来自外部的法律监督、群众监督和舆论监督，彰显执政为民、依法行政、依德施政、履约践诺精神，努力建设阳光政府、诚信政府，切实提高政府的公信力。

（二）加强信用承诺宣传

加大信用承诺宣传教育力度，培育信用主体勇于作出信用承诺并兑现承诺的精神。引导企业在自建网站和“信用中国”网站等媒体主动公开作出信用承诺，自觉接受社会各界监督。支持行业协会商会自身主动开展信用承诺。同时，行业协会商会应当根据行业特点，组织会员作出信用承诺，并在行业协会商会网站和“信用中国”网站上公示。鼓励个人在经济和社会活动中主动依法作出信用承诺。

（三）突出信用承诺重点

加强对重点部门或机构的信用承诺管理。应当建立信用承诺制度的重点部门或机构包括：具有监管职能的市场监管、安全生产、食品药品、产品质量、建筑市场、环保、物价、政府采购、公共资源交易、消防等行业主管部门；具有政策扶持、资金补贴、认证、资质认定等行政审批职能的主管部门和行业组织；具有仲裁、公证、鉴定等职能的主管部门和行业组织；其他根据职能和业务需要应当建立信用承诺机制的单位。加强对重点人群职业信用承诺管理，针对重点人群，包括公务员、企业法定代表人、律师、会计从业人员、注册会计师、统计从业人员、注册税务师、审计师、评估师、认证和检验检测从业人员、证券期货从业人员、上市公司高管人员、保险经纪人、医务人员、教师、科研人员、专利服务从业人员、项目经理、新闻媒体从业人员、导游、执业兽医等人员的职业信用承诺，国家应当作出专门规定。

（四）规范信用承诺管理

信用承诺管理涉及社会领域广泛、信用主体众多，是一项复杂的系统工程。各个行业以及各个领域的信用承诺主体、信用承诺对象、信用承诺格式、信用承诺内容、信用承诺程序、信用承诺用途、信用承诺监管、信用承诺责任等各具特点、各有不同。信用承诺应当依法作出，其内容应当具有针对性，表述要明确、具体，列明违背信用承诺须要承担的责任后果。县级以上人民政府社会信用体系建设主管部门负责指导、协调、监督本行政区域内信用承诺制度的贯彻落实。县级以上人民政府社会信用体系建设主管部门应当会同有关业务部门，根据各行各业基本特点和实际情况研究建立信用承诺制度及实施细则，并及时向社会公布。信用承诺采用书面形式或电子形式。鼓励各类信用主体采用在线承诺，推动信用承诺自我约束与社会约束相结合。市场主体信用承诺的规范格式和具体要求，由各行政机关根据本行业特点和工作实际自行制定，并通过部门网站、政务大厅等有效方式向社会公布。

（五）加强信用承诺监管

对信用承诺实施法律监督、行政监督、社会监督和舆论监督。各级监管部门应当将信用承诺作为信用监管的重要事项，利用5G、互联网、大数据、云计算、区块链、人工智能等现代信息技术加强监管，避免信用主体作出的信用承诺空洞无物、华而不实、流于形式、敷衍塞责；坚决防止利用信用承诺实施虚假宣传误导社会公众，从而达到欺骗的目的；对违背信用承诺的失信行为或者利用信用承诺实施欺骗欺诈行为的，依法实施失信惩戒并记入失信主体的信用记录。

任何单位和个人都有权利对市场主体作出的信用承诺进行监督，发现问题可向有关监管部门投诉或者举报。相关监管部门应当按规定及时处理。

加强信用承诺践诺过程监管。按照谁主管谁监管、谁接受信用承诺谁来实施监管的原则，整合监管力量，共享监管信息，建立上下联动、左右协同的联合监管机制。强化动态监测、追踪监管，一旦发现信用承诺主体在践诺过程中存在违背信用承诺的行为，应当及时予以纠正，并对严重失信主体依法实施失信惩戒措施。各级行政机关应将信用承诺及履行承诺情况纳入信用主体的信用记录，作为实施信用分类监管的重要依据。

在加强信用承诺监管方面，2020 年 2 月 21 日，甘肃省人民政府办公厅印发《甘肃省全面开展证明事项告知承诺制工作实施方案》要求："健全诚信管理机制。各地各部门要依法建立申请人诚信档案和虚假承诺黑名单制度，对故意隐瞒真实情况、提供虚假承诺办理事项的，依法撤销相关决定、给予行政处罚。要探索建立告知承诺书公示制度，通过在信用甘肃网站公告、运用新媒体曝光、舆论施压惩戒、信用等级评价、失信名单公示等多种手段探索失信惩戒的有效方式，不断完善'一处失信、处处受限'的联合惩戒机制；要将实行告知承诺审批与事中核查、事后监管有机结合，通过分批定期核查、加强基层执法力量、落实行政执法制度，加强和规范事中事后监管，最大限度降低实行告知承诺制的风险。"

（六）严格信用承诺责任

信用承诺主体必须按照公布的条件、标准和格式，实事求是地作出信用承诺。信用承诺作出后必须严格按照国家法律法规和政策规定以及承诺内容严格履行，确保信用承诺实际兑现。因违背信用承诺造成损失的，全部损失应当由信用承诺主体自行承担。

强化信用承诺领域失信行为惩戒。对有弄虚作假或者严重违背信用承诺行为的，一经发现，将信用承诺主体及相关责任人的不履行承诺的行为记入公共信用信息系统，永久取消适用信用承诺制资格，并依法实行相关行业和市场禁入等。

（七）归集信用承诺信息

依法将信用承诺信息和践诺信息纳入信用记录，建立健全信用承诺信息共享和信用承诺信息公开机制，依托全国公共信用信息平台体系建立全国统一的信用主体信用承诺信息系统，实现全国各地区、各行业、各领域信用主体信用承诺信息交换共享。依托“信用中国”网站集群向社会公众依法公开公示法人及非法人组织的信用承诺信息，提供自然人信用承诺信息授权查询服务，便于社会各界监督，对违背信用承诺行为要溯源追责。

（八）开展信用承诺督导

信用承诺制度建设和信用承诺书公示工作应当纳入社会信用体系建设考核范围，严格督查考核。对各行业主管部门建立信用承诺机制、开展信用承诺工作、公示信用承诺信息进行督导检查和定期通报，确保信用承诺机制落到实处。

（九）开展信用承诺研究

加强信用承诺方式、信用承诺内容、信用承诺程序、信用承诺用途、信用承诺公开、信用承诺监管、信用承诺法律效力、违背信用承诺法律责任等课题研究，保障依法行政、依法办事、依法承诺、依法监督。

第三节　行业组织信用自律

一、行业协会商会开展信用建设的特殊性

行业协会商会是推动我国经济建设和社会发展的重要力量。改革开放以来，随着社会主义市场经济体制的建立和完善，行业协会商会迅速发展，在为政府提供咨询、服务企业发展、优化资源配置、加强行业自律、创新社会治理、履行社会责任等方面发挥了积极作用。

行业协会商会的信用建设具有特殊性：一方面，行业协会商会本身既为社会信用主体；另一方面，行业协会商会的会员也为社会信用主体。行业协会商会在社会信用体系建设中肩负着双重责任，一是要开展行业协会商会自身的信用建设；二是对所属会员进行信用管理和信用监督。

二、行业协会商会开展诚信自律的必要性

行业协会商会是推动社会信用体系建设的重要力量。行业协会商会最大的优势在于其熟悉行业、贴近企业，能够根据行业生产经营特点制定行业信用建设规范和标准。这是其他组织所不能比拟和替代的。以行业协会商会为中枢，来组织推进行业信用建设，有利于编织一张遍布全国各行各业的广泛而细密的社会信用体系建设的组织网络，扩大社会信用体系建设的覆盖面和深入度。

社会信用体系建设需要全体社会成员共建共享。行业协会商会既是自身信用建设的主体，同时也是行业信用建设的引领者、组织者、推动者和监督者。行业协会商会除肩负自身信用建设的任务之外，还担负着推进行业信用建设的主体责任，是推动社会信用体系建设的一支重要力量。

行业信用建设是社会信用体系建设的重要组成部分和重要基础支撑。以行业协会商会为切入点，充分发挥行业协会商会组织推动行业信用建设的作用，对加快推进全国社会信用体系建设具有重要作用。

行业协会商会具有广泛的社会代表性和影响力。加强行业协会商会自身信用建设，做到诚信履职、诚信服务，提高社会公信力，是社会信用体系建设的应有之义，同时，也能对行业协会商会会员的信用建设发挥很强的示范带动效应。

发挥行业协会商会作用，强化行业信用自律，是加快推进社会信用体系建设、构建以信用为基础的市场监管体制的重要途径和重大举措。

行业协会商会诚信自律建设，对于加强和改善行业协会商会管理，提高行业协会商会公信力，推进社会信用体系建设，促进市场经济健康发展具有重要意义。

三、行业协会商会开展信用自律主要任务

根据民政部、中央编办、发展改革委、工业和信息化部、商务部、人民银行、工商总局、全国工商联《关于推进行业协会商会诚信自律建设工作的意见》（民发〔2014〕225 号）等有关规定，行业协会商会信用建设的主要职责和任务包括：

行业协会商会应当建立健全现代法人治理结构和运行机制，把诚信自律建设内容纳入行业协会商会章程，增强诚信服务意识，加强自身诚信建设、创新诚信服务方式，拓展诚信服务内容，不断提升诚信服务能力。

行业协会商会应当建立健全行业职业道德准则、诚信自律规约和内部激励、惩戒机制，加强对失信行为的行业性约束和惩戒，视情节轻重对失信会员实行警告、行业内通报批评、公开谴责、不予接纳、劝退等惩戒措施。制定行业职业诚信道德准则，规范从业人员职业行为，营造诚信执业良好氛围。

规范行业发展秩序。行业协会商会应当积极参与国家信用法规、信用规划和信用标准的制定。

帮助会员建立科学的信用管理流程和信用风险管理制度，形成有效的信用风险防范机制，提高信用管理和风险防范能力。

建立健全会员的信用记录和信用档案。依法记录、收集、整理、共享会员在经济和社会活动中产生的相关信用信息，并记入会员信用档案。

推行诚信承诺制度。行业协会商会成立登记后，应签署诚信承诺书，并向社会公开诚信承诺书内容。要重点围绕服务内容、服务方式、服务对象和收费标准等进行公开承诺，做到不强制入会，不强行服务，不搞乱评比、乱培训、乱表彰，不超出章程规定的业务范围开展活动。同时，组织会员开展信用承诺，并对会员履行信用承诺情况进行监督。

实行信息公开。行业协会商会要主动向会员公开年度工作报告、财务工作报告、会费收支情况以及经理事会研究认为有必要向会员公开的其他信息；向社会公开登记事项、章程、组织机构、接受捐赠、承接政府转移职能以及政府购买服务事项等信息，增加透明度和公信力。行业协会商会要依托统一的信息平台或者自身官方网站进行信息公开，自觉接受会员、新闻媒体和社会公众监督。鼓励广大行业协会商会不断丰富信息公开内容，扩大信息公开范围，创新信息公开方式。

加强会员企业信用信息共享和应用。行业协会商会应当加强会员之间信用信息共享和应用，促进政务信用信息与社会信用信息互动融合，主动与全国信用信息共享平台、征信机构以及有上下游产业关系的行业组织建立信用信息交换共享机制。

经有关部门授权的行业协会商会可协助政府开展行业信用建设和信用监管。行业协会商会要实行信息公开，增加透明度和公信力。

行业协会商会应当依法运营，不得违法开展收费、评比、认证等行为；不得违法干预市场主体加入或者退出行业协会商会等社会组织；不得没有法律、法规依据，强制或者变相强制市场主体参加评比、达标、表彰、培训、考核、考试以及类似活动，或者借前述活动向市场主体收费或者变相收费；不得违法强制或者变相强制市场主体接受中介服务；不得实施政府已取消的行政许可；须向社会公开办理法定行政审批中介服务的条件、流程、时限、收费标准。

四、行业协会商会开展信用建设基本思路

行业协会商会信用建设，是社会信用体系建设的重要组成部分。行业协会商会作为自律与自治性组织，对组织开展行业信用建设，既具有自身独特的优势，又肩负不可推卸的责任，须切实发挥其应有的作用。

近几年来，行业协会商会推进自身和行业信用建设，取得了一定进展。目前，大部分全国性和一些地方行业协会商会已经成立信用建设相关机构，不同程度地开展了会员信用管理、行业信用信息收集、发布自律公约或信用承诺等工作。

例如深圳市积极推进行业诚信建设。支持质量强市促进会、汽车经销商协会、注册会计师协会、房地产中介协会推进行业诚信建设。依托“深圳信用网”设置了“信用承诺公示”专栏，为市场主体提供自行发布信用承诺、宣传企业文化、展示企业形象的窗口，并以行业协会、商会诚信自律建设为重要抓手，倡议制定行业诚信自律公约，全市共有 236 家行业协会商会自觉制定了行业诚信公约。

行业协会商会应当积极贯彻落实党中央、国务院决策部署，加快推进社会信用体系建设，一方面首先要加强行业协会商会自身的诚信建设，发挥表率作用，做到正人先正己，诚信履职、诚信服务、诚信自律；另一方面要推动本行业信用体系建设，成为行业信用建设的加油站和催化剂。近年来，许多行业协会商会充分发挥主动性和创造性，围绕加强诚信自律、完善服务功能，探索行业信用建设之路，并在一些领域取得了明显进展。

当前，我国正在全面推开行业协会商会与行政机关脱钩的改革。对于全国近 8 万家行业协会商会来说，过去是背靠政府，“大树底下好乘凉”；如今却要与行政机关彻底脱钩，意味着行业协会商会今后要自己到大海里游泳、去市场上找饭吃，生存和发展将面临重大挑战。

由于我国的行业协会商会正处在与政府机关脱钩的转型时期，多数行业的信用建设仍处于起步阶段，缺乏信用建设工作经验，尚未建立起完整有效的行业信用体系框架。一些行业协会商会信用体系建设还存在认识程度不高、定位存在偏差、主动作为欠缺、能力有待提升、没有完整规划、创新能力不强、制度供给不足、缺乏标准规范、缺少数据支撑、信息公开偏少、自律机制乏力、监督能力薄弱、工作浮在表面、措施流于形式、协会优势未显等问题。在经济和社会活动中与行业密切相关的各种失信甚至严重失信行为仍高发频发。在信用建设方面，行业协会商会还未形成一套行之有效的模式和方法。行业信用体系建设任重而道远，需要政府有关部门、行业协会商会等多方力量的协同努力、久久为功方能达到预期目标。为此，应当加强以下两个方面工作：

一是加快完善行业协会商会法律制度。国家须要因应行业协会商会与行政机关脱钩改革，尽快完善行业协会商会法律制度，明确行业协会商会的法律地位、性质、功能、权利、义务、内部治理结构和外部监督机制。通过法治体系建设，使行业协会商会成为依法设立、自主办会、服务为本、诚信运作、治理规范、行为自律的社会组织。

二是加强行业协会商会信用监督管理。严格执行国家现行有关规定，即：登记管理机关、行业管理部门按规定建立健全信用记录，将协会商会注册登记、政府委托事项、信用承诺、违法违规行为等信息记入信用记录，纳入全国信用信息共享平台，通过“信用中国”网站公开。建立综合信用评价体系，对协会商会的信用情况进行第三方评估，结果向社会公布，接受社会监督。

加强信用监管，建立惩戒机制。建立行业协会商会诚信承诺制度、自律公约制度和行业协会商会失信名单制度，相关信息纳入全国信用信息共享平台。各有关部门对存在多次失信或者严重失信并造成严重后果的，纳入失信联合惩戒对象名单，推动跨地区、跨部门、跨行业协同监管，开展失信联合惩戒，采用取消税收减免资格、降低评估等级、限制参与承接政府转移职能和购买服务项目等措施，在参与政府购买服务、年检等方面进行限制，取消参加评先评优资格，加大惩戒力度，增加失信成本，并将严重失信的协会商会列为重点监管对象。加强行业协会商会信息公开，接受社会监督。建立行业协会商会失信行为的舆情监测机制，及时回应社会关切。推动行业协会商会在行业信用建设方面发挥重要作用。

各级民政部门要会同有关部门依托全国社会组织法人单位信息资源库，收集、整合行业协会商会各类信用信息，建立行业协会商会信用档案。对诚信自律良好的行业协会商会，在年度检查、等级评估、税收优惠、职能转移、购买服务等事项中，实行优先办理、简化程序和重点支持等激励政策，提高其守信收益。

第四节　企业内部信用管理

一、诚信经营对现代企业的重要意义

市场经济是信用经济，也是法制经济。企业是市场交易的主体，也是市场信用的主体。企业与信用有着天然的联系。企业的信用直接关系到市场秩序乃至整个社会秩序的建立与维护，影响一个国家的整体信用水平。

（一）诚信是企业存在及其发展的力量源泉

企业诚实守信、履约践诺，员工真诚相待、相互信赖，就会在精神层

面形成向心力、感召力和凝聚力。创造良好的人文环境，使员工有认同感、归属感、安全感，并从中演化出自豪感和责任感，从而激发广大员工的积极性、主动性、创造性，为企业的长期存在和持续发展提供力量源泉。

企业的凝聚力是企业生命力的重要标志。而企业内部诚信则是增强企业凝聚力的重要法宝，会使每位个体的积极性凝聚为一个整体，从而增强企业的生命力。有助于把各级员工对企业的朴素情感升华为强烈的责任心和自豪感，把爱岗敬业的自发意识转化为员工的自觉行动，从而提高产品和服务质量以及工作效率。

（二）诚信是维系企业经济关系的坚韧纽带

企业在生产经营和社会活动中诚实守信、履约践诺，其信誉度必然会不断提升，良好的口碑会产生最佳的广告效应，自然生成巨大的吸引力，从而为企业不断赢得发展机遇。企业的诚信意识、诚信品质和诚信行为，将直接决定自身的社会信誉和客户对企业的满意度、忠诚度；而自身的社会信誉和客户的满意度、忠诚度又直接决定着企业未来的发展前景。诚信度越高的企业，消费者的认可度越高，在消费者心目中的地位也就越高。目前，市场上的很多商品和服务日益趋同，基本没有本质的差别。在这种情况下，消费者往往根据情感偏好来选择心仪品牌，而企业诚信度是影响用户或消费者做出选择的重要因素之一。只有坚持做到诚实守信、履约践诺，企业才能打造完整牢固的产业链条，营造合作共赢的有利生存环境。

马云在2016年新加坡国际诚信研讨会上所作的视频致辞中讲述了阿里的诚信故事："刚开始的时候，我们帮助外贸企业在网上接出口订单，每年收外贸企业的年费。但是一年下来，交易额还不如他们交的年费多。我们的员工心里很过意不去，觉得很对不起人家。年底客户走访的时候，就老老实实跟对方说，电子商务这个东西，将来会很好，但是没有那么立竿见影。要不你们就退钱，明年别再签了。结果我们的客户反过来会鼓励我们的年轻人，说外贸客户要从传统渠道到网上来，那是需要时间，需要培养的。您既然这么为我们着想，我们相信你们。所以很多这样的公司，十多年了，到现在还是阿里巴巴的客户。”

（三）诚信是企业获得最大利润的营商正途

在市场经济条件下，企业在履行法律义务、道德义务和约定义务层面诚实守信，其优良表现所赢得的美誉，被社会赋予了经济学价值，成为企业的一种无形资产，即成为现代市场经济中一种重要的资本形态，并为企业持续创造可观的经济效益。

企业作为市场主体，追求经济利益最大化无可厚非。而长远的经济利益则源于诚信经营。企业若要长期存在、持续发展，短期效益应当服从长期利益，战术目的应当服务于战略目标。对于一个企业来说，只有树立口碑良好的企业信誉和令人信赖的企业形象，才能持续创造需求，不断拓展市场，长期正常赢利。

（四）诚信是企业迈入国际市场的通行证件

诚信是企业适应经济全球化，迈入国际市场的通行证件，也是一张亮丽的名片。在现代市场经济条件下，诚信是企业的一种宝贵的无形资产，也是企业核心竞争力的构成要素之一。诚信为企业开拓全球市场，从事国际贸易、开展交流合作，创造了有利条件。

总之，诚实守信是创业之本、兴业之道。诚信应当成为企业核心价值观的重要组成部分。诚信是企业生存发展的黄金准则。诚实守信、履约践诺是企业的基本素养。诚信是企业赖以生存的坚固基石和发展壮大的力量源泉。因此，加强诚信体系建设，是企业生存和发展的重要保障和必由之路。

二、企业诚信缺失现象造成严重危害

古人有云，“求木之长者，必固其根本；欲流之远者，必浚其泉源”。

现代企业若要长期存在和发展，诚信经营是应当遵循的最基本的准则。在市场经济中，企业违法失信经营也许会获利一时，但如果没有诚信，就无法在行业中长期立足，更不可能实现持续发展。

目前，企业界已经成为失信行为普发、高发、频发的重灾区，严重违法失信行为数不胜数，对社会造成的危害令人发指。如长春长生生物科技有限责任公司疫苗造假案。2018 年 7 月 15 日，国家药品监督管理局组织对长春长生生物科技有限责任公司开展飞行检查，发现该企业冻干人用狂犬病疫苗生产存在记录造假等严重违反《药品生产质量管理规范》行为。疫苗是指用各类病原微生物制作的用于预防接种的生物制品。但接种假冒伪劣疫苗，则会威胁人的身体健康和生命安全。比如狂犬病，发病后的死亡率是 100%。如果患者注射的狂犬疫苗是假冒伪劣疫苗，那么后果不堪设想。2009 年 12 月，来宾市兴宾区正龙乡果塘村一名 5 岁男童被狗咬伤，因注射疫苗为开水兑药而成的假疫苗，最终导致死亡。2014 年 9 月，安徽阜阳人李某向王某出售假狂犬疫苗，王某在其经营的保健品店向外销售，造成患者花某使用后非正常死亡。经临床诊断，花某死于狂犬病。

一桩一桩轰动一时的违法失信案例，充分说明诚信缺失会给企业带来严重负面影响，以及会对社会造成巨大危害。不良商家泯灭良心、伤天害理的恶劣行径，令人发指、不可饶恕！

三、企业应当自觉加强信用自我管理

（一）应强化企业管理者的诚信表率作用

信用管理是现代企业管理的核心内容之一。

首先，企业应高度重视信用管理，尤其是企业的管理者更应如此。只有整个企业特别是企业管理者对诚信建设从根本上予以高度重视，才可能真正实现企业的诚信建设目标。

其次，企业管理者在诚信方面要率先垂范，以身作则。企业管理者既是企业生产经营活动的领导者和决策者，也是企业伦理文化建设的组织者和实施者，其伦理人格在一定程度上代表了企业精神和企业形象，同时也会对企业普通员工伦理操守的水平产生深刻而持续的影响。因此，企业管理者应该在树立企业诚信形象的过程中甘当表率、身体力行、严格自律，为企业员工树立良好典范。为此，提高企业的高中层管理人员的诚信素质便成为企业诚信管理的首要任务和对其他员工进行诚信管理的前提条件。企业管理者在管理企业的过程中，不应轻易做出任何承诺，但是一旦做出承诺，就一定要做到"言必信，行必果"。这样做可以发挥正确导向作用，在潜移默化中影响员工的观念和行为，共同营造企业诚信的环境氛围。企业只有做到对内部讲诚信，才能做到对社会讲信用。

（二）建立以诚信为核心价值的企业文化

管理学大师彼得·德鲁克曾经指出："大量而广泛的实践证明，在企业的不同发展阶段，企业文化再造是推动企业前进的原动力，但是企业诚信作为企业核心价值观是万古长存的，它是企业文化与企业核心竞争力的基石。"

其实，"诚信经营"的理念，早在我国春秋时期就已经形成。那时身为富商的孔子的学生子贡，就能约束自己在经营过程中做到货真价实。秦国的丞相吕不韦也曾经是名商巨贾，很多史书都记载了他经商诚实守信、质价相符的史实。汉代《史记·货殖列传》《后汉书·食货志》乃至明代刘伯温的《卖柑者言》，无不谆谆告诫后人，中华民族自古就不乏"货真价实"、"童叟无欺"和"买卖不成仁义在"的诚信商人。

企业文化是指在一定的条件下，企业生产经营和管理活动中所创造的具有该企业特色的精神财富和物质形态，包括价值观念、企业精神、道德规范、行为准则、企业制度、历史传统、企业产品等。

优秀的企业文化是企业的灵魂，是保障企业生存和发展的力量源泉。企业文化包含着非常丰富的内容，其核心是企业的时代精神和价值观念。

这里所谓的价值观念是指企业及其员工在从事生产经营活动中所秉持的价值观念。

实践证明，每一个获得成功并持续发展的企业，都牢固树立了诚信价值理念，并且将其作为企业发展进程中共同遵循的精神指引。没有诚信的企业必然偏离市场运行的正常轨道，最终被市场无情淘汰。

企业诚信文化建设，必须在精神层面培育诚信理念，塑造诚信员工。企业诚信文化建设，关键是要在企业内部牢固树立社会主义核心价值观。这是企业诚信文化建设的根本所在。企业要通过法制教育、道德教育、模范引领、文化活动、案例剖析等形式，将诚信做人做事、诚信服务企业、诚信服务公众的意识灌输给员工，使诚信意识真正深入人心，将“诚信兴商”“诚实守信、履约践诺”“守信光荣，失信可耻”化作全体员工共同的价值信念和道德情操，让每位员工都能认识到，诚信是企业最具价值的无形资产，是企业生存和发展的必不可少的精神财富，培养和强化企业员工的诚信意识，提高员工的诚信水平，把诚信意识化作自觉的行动，融入日常生产经营活动当中，为社会提供优质的产品和诚信的服务，以此取信于消费者，取信于用户、取信于社会。

（三）建立健全企业信用管理的体制机制

1. 建立健全企业内部的信用自律机制

具备条件的企业，应当成立专门的信用管理机构，配备专业的信用管理人员，确立企业信用管理目标，选择适合的信用管理政策，制定清晰的信用管理流程，建立顺畅的内部监督协调机制，保障企业信用管理工作有效运行，及时检查评估企业信用状况，实施企业全面信用管理，让诚信渗透到企业的每一个组织、每一个环节、每一位员工、每一项活动当中，从而不断地提高信用管理水平，防范和控制企业信用风险。

应当建立健全诚信管理岗位责任制。要将企业诚信建设任务进行合理分解，责任到岗到人，形成闭合链条，层层负责落实。应建立全员诚信管理制度，制定员工诚信行为准则，强化员工信用约束机制，增进员工相互之间信任。建立诚信监督管理机制，其中，应建立公平、公正、公开的信用奖惩制度，对诚信者进行表扬和奖励，对失信者进行批评和处理，并将员工诚信状况纳入考核指标，营造倡导诚信、践行诚信，谴责失信、抵制失信的良好氛围，从而提高员工的诚信意识和诚信水平。如有必要，可以将企业诚信管理适度延伸到员工的个人生活层面，对实施失信行为的员工进行批评或者处理，问题严重的应与其解除雇用关系，并在公司内部进行公示。

企业可根据实际需要建立信用评估体系，开展自身的信用评价。企业应坚持“依法经营、诚实信用、公平竞争、接受监督”的原则，按照国家有关规定以及企业内部制度定期或不定期对自身以及下属各单位诚信状况进行动态跟踪、监测、评价、预警、反省和管理，做到不逃税骗税、不逃避债务、不搞商业欺诈、不制假售假、不违反合同、不作假账伪账等，树立企业的良好信誉和社会形象，并利用自身良好信用开拓市场，实现信用应有的价值。

构建主动自新的信用修复机制。企业应当建立失信自我纠错、主动自新机制。企业一旦发生失信行为，特别是被有关部门认定为严重失信并列入“严重失信名单”时，就应立即启动信用自我修复机制，严格按照国家有关信用修复的规定和相关部门明确的信用修复方式和期限等要求，通过及时主动纠正整改失信行为等活动，消除不良社会影响，修复本企业的破损信用。并在履行相关义务后，向认定部门提交相关材料申请退出失信“黑名单”。

2. 建立科学的企业外部风险防控机制

企业应当建立科学的外部风险防控机制，防止和控制交易对方盲目决策、违法经营、合同违约等带来的信用风险。企业应该建立信用风险的事前、事中和事后管理控制机制。

事前管理控制主要包括开展市场调查，制定销售策略和规则、明确企业销售变现天数及年应收账款控制规模、调查客户资信状况、确定授信方式与信用额度、审核赊销合同和订单等。

事中管理控制主要包括定期开展客户调查与分析、调整客户信用额度、有效控制应收账款数额、对交易对象实行即时监测、尽早发现并识别信用风险信号等。

事后管理控制主要包括依据信用记录实施分类管理、对债务人状况进行科学分析和判断、制定催收账款方案、实施应收账款的催收行为、依法披露公司及与公司相关的信息、在法定的时效期间内行使权利等。

与此同时，建立健全客户信用档案，在信用风险的事前、事中和事后管理全过程动态归集各类交易证据资料和客户的信用信息；适时开展客户的信用风险评估，发现其潜在的信用风险点；在实施商业信用过程中，合理控制对客户的授信额度；动态追踪商业授信执行情况，进行客户应收账款管理和商账追收等。

第五节　个人信用自我约束

一、国家高度重视个人诚信体系的建设

众所周知，人是社会的“细胞”。诚信问题，归根结底还是人的问题。个人诚信体系建设是社会信用体系建设的基石。因此，国家对个人诚信体系建设予以高度重视。

按照党中央、国务院决策部署，我国在个人诚信体系建设领域，坚持以培育和践行社会主义核心价值观为根本，大力弘扬诚信文化，加快个人诚信记录建设，完善个人信息安全、隐私保护与信用修复机制，健全守信

激励与失信惩戒机制，使守信者受益、失信者受限，让诚信成为全社会共同的价值追求和行为准则，积极营造“守信光荣、失信可耻”的良好社会氛围。坚持政府推动，社会共建；健全法制，规范发展；全面推进，重点突破；强化应用，奖惩联动原则。

2016 年 12 月 30 日，国务院办公厅发布《关于加强个人诚信体系建设的指导意见》（国办发〔2016〕98 号），对个人诚信体系建设提出明确要求：

（一）加快推进个人诚信记录建设

1. 推动完善个人实名登记制度

以公民身份号码制度为基础，推进公民统一社会信用代码制度建设。推动居民身份证登记指纹信息工作，实现公民统一社会信用代码全覆盖。运用信息化技术手段，不断加强个人身份信息的查核工作，确保个人身份识别信息的唯一性。以互联网、邮寄递送、电信、金融账户等领域为重点，推进建立实名登记制度，为准确采集个人诚信记录奠定基础。

2. 建立重点领域个人诚信记录

以食品药品、安全生产、消防安全、交通安全、环境保护、生物安全、产品质量、税收缴纳、医疗卫生、劳动保障、工程建设、金融服务、知识产权、司法诉讼、电子商务、志愿服务等领域为重点，以公务员、企业法定代表人及相关责任人、律师、教师、医师、执业药师、评估师、税务师、注册消防工程师、会计审计人员、房地产中介从业人员、认证人员、金融从业人员、导游等职业人群为主要对象，有关部门要加快建立和完善个人信用记录形成机制，及时归集有关人员在相关活动中形成的诚信信息，确保信息真实准确，实现及时动态更新。金融信用信息基础数据库和个人征信机构要大力开展重点领域个人征信信息的归集与服务。鼓励行业协会、商会等行业组织建立健全会员信用档案。

（二）完善个人守信激励和失信惩戒机制

1. 为优良信用个人提供更多服务便利

对有关部门和社会组织实施信用分类监管确定的信用状况良好的行政相对人、诚信道德模范、优秀志愿者，行业协会商会推荐的诚信会员，以及新闻媒体挖掘的诚信主体等建立优良信用记录，各级人民政府要创新守信激励措施，对具有优良信用记录的个人，在教育、就业、创业等领域给予重点支持，尽力提供更多便利服务；在办理行政许可过程中，对具有优良信用记录的个人和连续三年以上无不良信用记录的行政相对人，可根据实际情况依法采取“绿色通道”和“容缺受理”等便利服务措施。鼓励社会机构依法使用征信产品，对具有优良信用记录的个人给予优惠和便利，使守信者在市场中获得更多机会和收益。

2. 对重点领域严重失信个人实施联合惩戒

依法依规对严重危害人民群众身体健康和生命安全、严重破坏市场公平竞争秩序和社会正常秩序、拒不履行法定义务严重影响司法机关和行政机关公信力以及拒不履行国防义务等个人严重失信行为采取联合惩戒措施。将恶意逃废债务、非法集资、电信诈骗、网络欺诈、交通违法、不依法诚信纳税等严重失信个人列为重点监管对象，依法依规采取行政性约束和惩戒措施。在对失信企事业单位进行联合惩戒的同时，依照法律法规和政策规定对相关责任人员采取相应的联合惩戒措施，将联合惩戒措施落实到人。鼓励将金融信用信息基础数据库和个人征信机构采集的个人在市场经济活动中产生的严重失信记录，推送至全国信用信息共享平台，作为实施信用惩戒措施的参考。

3. 推动形成市场性、社会性约束和惩戒

建立健全个人严重失信行为披露、曝光与举报制度，依托“信用中国”网站，依法向社会公开披露各级人民政府掌握的个人严重失信信息，充分发挥社会舆论监督作用，形成强大的社会震慑力。鼓励市场主体对严重失信个人采取差别化服务。支持征信机构采集严重失信行为信息，纳入信用记录和信用报告。

二、充分认识个人诚信建设的重要意义

诚信自古以来就是中华民族的传统美德，是中国道德文化的核心。诚信是一种社会核心价值观和道德观，对于个人、团体、社会乃至国家，都具有十分重要的意义。

诚信对于个人而言具有十分重要的现实意义：

（1）诚信是立世之本。真实无妄谓之诚，言行有征谓之信。诚信是为人处世之道，是进德修业之本，是君子应具品德，是家庭和睦根基。诚信是人与人之间交往的重要原则。为人诚信，才能取得别人的信赖。

（2）诚信是立业之基。诚信作为一项普遍适用的道德规范和行为准则具有普世价值，为一切人际关系的根本基础，是各行各业赖以生存和发展的基石，是社会主体之间建立彼此互信、互相尊重、互相合作、互相关爱、互相帮助、互利共赢等良性互动关系必须遵循的道德准则。

（3）诚信是无形资产。一个人诚信与否，关乎自身的信誉度、权威性、影响力，也攸关自己的人脉宽度和发展潜力。正所谓“得道多助，失道寡助”。背信弃义，无异于自我贬低、自我贬值。

（4）信用为福祸所系。在现实社会，一个人诚信与否关乎其自身的生存与发展。“守信”会受到“联合激励”，惠及个人的学习、工作和生活。诚实守信会受到社会舆论的赞美和传扬，赢得良好声誉和社会尊重。反之，严重失信会受到“联合惩戒”，一处失信，处处受限，殃及自身的学习、工作和生活。严重失信者甚至会被公开曝光，使之遭到社会舆论的谴责和挞伐，个人名声和形象会严重受损。以下典型案例发人深省：

如，马云在2016年新加坡国际诚信研讨会上所作的视频致辞中讲述了阿里的诚信故事：“现在阿里巴巴员工走出去，是很受人尊敬的。有一次，

我们的销售人员正在开展培训，我去看了一下。发现培训老师在讲怎么样把梳子卖给和尚，我听了5分钟后非常生气，就把这个培训老师给开除了。我觉得这是骗人的，因为和尚本来就不需要梳子。把产品卖给那些不需要这个产品的客户，我认为这就是骗术而不是销售之术，这对我们的价值观是巨大的挑战。”又如，2018年12月，百度公司55名员工虚报打车发票被辞退。再如，2020年，新冠肺炎疫情期间，河南郭某鹏隐瞒出境史，造成40多人被隔离，被以妨害传染病防治罪判处有期徒刑一年零六个月；疫情期间实施诈骗的安徽滁州大二学生被判10年；服退烧药带全家从美回国，涉嫌妨害传染病防治罪黎女士被逮捕。

其实，一个人诚信与否不只是个人的事情。三人为众，一个团体、一个社会，乃至一个国家，都是由众多的“个人”集合而成。因此，众多“个人信用”的集合，就决定了一个团体、一个社会，乃至一个国家的信用状况。如果人人努力做到诚实无欺，信守诺言，言行相符，表里如一，那么，这个是社会就一定是一个美好的社会，这个国家就一定是一个诚信的国家。

三、加强个人诚信建设和信用自我管理

加强个人诚信建设和信用自我管理，应当注意以下几个方面：

（1）牢固树立社会主义核心价值观。在日常学习、工作和生活中，要牢固树立、自觉践行以“富强、民主、文明、和谐、自由、平等、公正、法治、爱国、敬业、诚信、友善”为精髓理念的社会主义核心价值观。在个人信用建设方面，要努力使诚信价值观内化于心，外化于行。

（2）严格履行法定义务、道德义务和约定义务。在经济和社会活动中，要牢固树立法制观念，严格遵守国家的法律、法规、规章和规范性文件规定；严格遵守公共道德、公序良俗；依法订立合同并严格履行合同条款。

（3）坚持科学理财与合理消费，防范信用风险。在日常生活中，要照章纳税，杜绝逃税骗税；要学会科学理财，开源节流；应从正规渠道获取贷款，合理控制个人贷款规模，按期偿还本息；理性、慎重使用金融杠杆，避免违约；合理抑制信用卡支出并按期还款；量入为出，合理消费，避免浪费；限制赊购商品，按期偿付货款，避免拖欠；按期缴费，避免欠费等。

（4）熟知国家有关个人信用评价的规定。要熟知行政机关、公共事业机构、信用服务机构等有关个人的信用信息目录，个人信用评价指标、评价程序和评价方法。明确个人信用不可逾越的红线，及时发现个人信用风险点，采取必要措施有效规避个人信用风险。

（5）自我建立个人信用记录和信用档案。如果条件允许，个人在日常学习、工作和生活中，可以及时记录自己的纳税、缴费、偿债等信用信息，归入个人信用档案，以备日后查用，防范和控制个人信用风险。

（6）定期查询个人信用报告。及时查询个人信用报告，除了可对自己的信用记录做到了如指掌、心中有数之外，还可能及时发现自身权益被非法侵害的问题。

（7）依法行使个人信用修复权利。正确行使个人合法权利，及时开展信用修复。如果发现个人信用记录存在错误、遗漏或者超过期限保存、展示、使用个人失信信息的，应及时进行异议投诉。如果因不可抗力等特殊原因导致失信从而产生了不良信用记录，而该条信用记录是真实无误的，个人可以在信用报告中添加“本人声明”，对此条信用记录的客观理由进行注释性说明，以期取得个人信用报告使用者的理解、包容乃至谅解。

对个人过失造成的失信行为，应按国家有关规定修复受损个人信用。

（8）利用诚信价值合法合理获益。学会充分利用因“诚实守信、履约践诺”而产生的信用价值，并使之转化为现实的使用价值，最大限度地发挥诚信这一无形资本的作用，为自己的学习、工作和生活创造有利的条件，增加自身的获得感和幸福感。

（9）保护个人信息安全。提高个人信息安全防护意识，明确知晓国家有关保护个人信息安全的法律规定，一旦发现个人合法权益受到侵犯，须果断拿起法律武器，坚决维护自己的正当权益。

加强个人隐私保护。对非法收集、窃取、出售或者非法向他人提供个人信用信息，非法使用个人信用信息，以及泄露、篡改、毁损个人信用信息等违法违规行为，一经发现，要及时向有关部门投诉、举报或向人民法院提起诉讼。

（10）高度关注有关个人的公共信用信息、信用报告和信用分值。动态掌握个人的信用状况、舆情信息、信用评价等资讯，做到心中有数，发现问题应及时采取有效应对措施。

（11）密切关注有关个人的信用联合奖惩措施。随时关注行政机关、司法机关、公共事业机构等出台的“守信联合激励、失信联合惩戒”措施，趋利避害，争取实现利益最大化，风险最小化。

第五章

社会信用信息

社会信用主体的信用状况需要通过某种媒介作为载体加以展示，而信用信息便是反映信用主体信用状况的最佳载体。

第一节　信用信息基本概念

一、信用信息概念的内涵

根据中华人民共和国国家标准《信用基本术语》（GB/T 22117—2008）规定，信用信息是指反映或描述信用主体状况的相关数据和资料等。

信用信息包括信用主体在其经济和社会活动过程中所产生的原始信用数据及其他资料，以及依据原始信用数据及其他资料形成的信用记录、信用报告、信用评级、信用评分等各项信息。

二、信用信息的基本特性

信用信息的基本要求是保证信用信息的真实性、准确性、完整性、时效性、规范性、合法性、必要性和安全性。

（一）真实性

信用信息应当是与客观事实相符的，能够如实反映信用主体的信用状况。

（二）准确性

信用信息应当是完全符合实际，精确无误，没有差错的。

（三）完整性

信用信息应当具有或保持着应有的各部分，没有损坏或残缺，能够全面反映信用主体的信用状况。

（四）时效性

信用信息应当及时反映信用主体的信用状况；信用信息应当在法定时

效期内公示或者使用。

（五）规范性

信用信息的收集、存储、加工、使用等均须符合一定的规则和标准，如符合国家统一制定的信用信息目录体系、信用信息标准体系的规范要求。

（六）合法性

信用信息的收集、存储、加工、使用等方面的程序、形式、内容、时限等均须符合法律规定。禁止归集自然人的宗教信仰、基因、指纹、血型、疾病和病史信息以及法律法规禁止采集的其他自然人信息。

（七）必要性

信用信息必要性是指对反映信用主体的信用状况确有必要、不可或缺的数据。

（八）安全性

信用信息安全性是指依法保障信用信息安全，依法保护国家秘密、商业秘密和个人隐私。

三、信用信息的主要分类

信用信息分类，应以国家颁布的信用目录、信用标准为依据。

（1）依据信用主体划分，信用信息可分为自然人信用信息、法人信用信息、非法人组织信用信息。

（2）依据信息与信用的关联程度，可划分直接信用信息、间接信用信息。

直接信用信息，即直接反映自然人、法人、非法人组织信用状况的信息。

间接信用信息，即非直接反映自然人、法人、非法人组织信用状况的信息。如反映自然人、法人、非法人组织基本情况的信息。

(3) 依据信息性质划分，信用信息可分为正面信用信息、负面信用信息。

正面信用信息是指正常、良好的信用信息；负面信用信息是指不良信用信息。

(4) 按照是否公开，可划分为公开信用信息、非公开信用信息。

(5) 按照信用信息的生成主体或者获取主体的属性划分，可分为公共信用信息、市场信用信息。

公共信用信息是指行政机关、司法机关、法律法规授权的具有公共事务管理职能的组织，在依法履行职责过程中生成或者获得的能够反映自然人、法人、非法人组织信用状况的数据及其他资料。

公共信用信息按照信息内容，可以划分为：

许可类——行政许可信息，是指行政机关根据公民、法人或者其他组织的申请，经依法审查，准予其从事特定活动的信息。包括行政机关作出准予行政许可的决定，颁发的许可证、执照或者其他许可证书；资格证、资质证或者其他合格证书；行政机关的批准文件或者证明文件；法律、法规规定的其他行政许可证件。行政机关实施检验、检测、检疫，在检验、检测、检疫合格的设备、设施、产品、物品上加贴标签或者加盖检验、检测、检疫印章等信息。

表彰类——表彰类信息包括共和国勋章、国家荣誉称号、新中国最美奋斗者、时代楷模、改革先锋、全国优秀共产党员、全国劳动模范、全国先进工作者、全国三八红旗手、全国三八红旗集体、全国新长征突击手、中国青年五四奖章、全国优秀共青团员、全国优秀共青团干部、全国道德模范、人民满意的公务员和人民满意的公务员集体、国家最高科学技术奖、国家自然科学奖、国家技术发明奖、国家科学技术进步奖等信息。

财政类——信用主体在财政性资金的申请、使用、还款等方面的信息。

纳税类——信用主体纳税、欠税、偷逃税等信息。

公积金——信用主体缴纳和支取住房公积金等信息。

社保类——信用主体在社会保障领域，不依法办理社会保险登记（用人单位）；以欺诈、伪造证明材料或者其他手段违规参加社会保险；以欺诈、伪造证明材料或者其他手段骗取社会保险待遇或社会保险基金支出；社会保险待遇领取人丧失待遇领取资格后，本人或他人冒领、多领社会保险待遇等信息。

产权类——信用主体在知识产权领域（主要包括著作权、专利权、商标权）的信用信息。

缴费类——缴纳水费、电费、燃气费、供暖费、电信费、社保费等信息。

监管类——如信用承诺、践诺情况、失信联合惩戒对象名单、经营异常名录、责任事故处理、禁入限制等信息。

处罚类——行政处罚信息。包括行政机关依法对公民、法人或者其他组织违反行政管理秩序的行为，实施警告；罚款；没收违法所得、没收非法财物；责令停产停业；暂扣或者吊销许可证、暂扣或者吊销执照；行政拘留；法律、行政法规规定的其他行政处罚等信息。

裁判类——已生效的法院判决书信息，已生效的法院裁定书信息。

执行类——被法院纳入失信被执行人名单信息。

评价类——政务部门对行政相对人的信用评价、公共信用综合评价、社会舆论评价等信息。

公益类——慈善捐赠、志愿服务等公益活动信息。

其他类——除以上列举的公共信用信息种类以外的其他公共信用信息。如行政强制、行政确认、行政征收、行政给付、行政裁决、行政补偿以及破产信息等。

防疫类——疫情防控时期，隐瞒疫病史、隐瞒在疫情严重地区旅居史、隐瞒与患者或者疑似患者接触史、逃避隔离医学观察等行为；疫病确诊病人、疑似病人抗拒疫情防控措施，故意传播病毒，危害公共安全的；其他拒绝执行卫生防疫机构依照传染病防治法提出的防控措施，引起病毒传播或有传播严重危险的等相关信息。

市场信用信息是指市场主体在金融交易、商品交易、服务交易过程中产生的，或信用服务机构在经营活动过程中生成的能够反映自然人、法人、非法人组织信用状况的数据及其他资料。

市场信用信息主要包括金融交易类信用信息、商品交易类信用信息、服务交易类信用信息。

四、信用信息的来源渠道

信用信息的来源十分广泛、渠道众多，主要包括：

(1) 政府依法公开的信用信息。如与自然人、法人、非法人组织的信用状况相关的行政许可、行政处罚、疫情防控、失信联合惩戒对象名单等信息。

(2) 法院依法公开的信用信息。法院已经生效的判决、裁决、执行信息，失信被执行人名单信息等。

(3) 金融机构产生的信用信息。包括银行、证券公司、保险公司、信用卡公司、金融租赁公司、信托投资公司、基金管理公司、网络金融公司等金融机构在业务活动中生成的或者获取的信用信息。

(4) 商事活动履约相关信用信息。目前，有关机构正在探索建立商事活动履约相关信用信息的来源渠道。

(5) 公用事业部门信用信息。包括供电、供水、供气、供热、交通、电信等机构在运营过程中产生或者获取的信用信息。

(6) 电商等服务平台产生或者获取的信用信息。互联网电商平台在运营过程中产生或者获得的信用信息，包括电商和消费者等的信用信息。

（7）信用主体自主（主动）向信用服务机构提供或按国家规定在“信用中国”官方网站自主注册的自身信用信息。

（8）信用服务机构直接收集的信用信息。信用服务机构在从事业务活动过程中，直接向信用主体采集的信用信息。

（9）新闻媒体公开曝光的信用信息。电视、广播、报纸、杂志、互联网等各种权威媒体公开曝光的信用信息。

（10）信用评价信息。包括行政机关、公共信用服务机构或市场信用服务机构、权威媒体信用机构等对自然人、法人、非法人组织的信用状况进行评价而产生的新的信用信息。

（11）其他信用信息来源。

五、信用信息的利用价值

习近平总书记指出，网络信息是跨国界流动的，信息流引领技术流、资金流、人才流，信息资源日益成为重要生产要素和社会财富，信息掌握的多寡成为国家软实力和竞争力的重要标志。

信用信息是开展信用服务活动的最基本数据；信用信息是揭示和防范信用风险的有效工具；信用信息是从事经济和社会活动的决策参考；信用信息是信用主体从事经济和社会活动的信誉资本；信用信息是开展信用惠民与利企服务的数据依托；信用信息是以信用为基础的新型监管机制的数据支撑；信用信息是守信激励与失信惩戒的重要依据；信用信息是发展数字经济的大数据资源；信用信息是实现社会治理现代化的数据支持。

第二节 信用信息基本内容

在现实经济和社会活动中，不同种类的信用主体之间，或者同一种类的信用主体中的个体之间，所涉及的信用信息既有相同之处，也有明显差异。

一、自然人信用信息的主要内容

在现实经济社会活动当中，自然人概念经常被个人或消费者概念所替代，自然人信用信息经常被个人信用信息或消费者信用信息所替代。

从我国社会信用体系建设的实际情况来考察，自然人信用信息的主要内容包括：

（一）基本情况信息

基本情况信息主要记录自然人身份识别信息，包括统一社会信用代码、姓名性别、学历学位、职业状况、居住地址、邮政编码、联系电话等信息。

（二）公共信用信息

1. 行政许可信息

行政许可信息，记录行政机关根据公民的申请，经依法审查，准予其从事特定活动的行为的相关信息。如认可申请人具有某种资质、资格的信息等。

2. 行政处罚信息

行政处罚信息，记录自然人作出违反行政管理秩序的行为：被行政机关依法实施警告；罚款；没收违法所得、没收非法财物；责令停产停业；

暂扣或者吊销许可证、暂扣或者吊销执照；行政拘留，以及法律、行政法规规定的其他行政处罚等信息。

3. 信用监管信息

信用监管信息，记录行政机关以及法律法规授权的具有公共事务管理职能的组织、司法机关依法对自然人实施信用监督管理过程中产生的信息，包括被列入失信联合惩戒对象名单信息、被实施失信联合惩戒的信息、被列入失信被执行人名单的信息等。

4. 荣誉表彰信息

荣誉表彰信息，记录自然人荣获国家勋章、国家荣誉称号、改革先锋、全国优秀共产党员、全国劳动模范、全国先进工作者、全国三八红旗手、全国新长征突击手、中国青年五四奖章、全国优秀共青团员、全国优秀共青团干部、全国道德模范、人民满意的公务员、国家最高科学技术奖、国家自然科学奖、国家技术发明奖、国家科学技术进步奖等信息。

5. 法院判决书信息

法院判决书信息，记录针对自然人的已生效的法院判决书信息。

法院判决书，是指法院根据判决写成的文书。判决书是法律界常用的一种应用写作文体，包括民事判决书、刑事判决书、行政判决书和刑事附带民事判决书。

6. 法院裁定书信息

法院裁定书信息，记录针对自然人的已生效的法院裁定书信息。

法院裁定书是审判机关为处理诉讼程序问题或部分实体问题而依法制作的诉讼文书。在我国，依法准许上诉、抗诉的裁定，应当制作裁定书。二审的裁定一般也要制作裁定书。裁定书的主要内容包括裁定的事项、理由及其他应予载明的事宜。

7. 法院执行案件信息

法院执行案件信息，记录自然人被法院纳入或删除失信被执行人名单信息。“失信被执行人，是指具有履行能力而不履行生效法律文书确定义务的被执行人”，俗称“老赖”。

8. 社会保障信息

社会保障信息，是记录自然人在社会保障领域信用状况的信息。

《管理学大辞典》对社会保障的解释为：“社会保障是以国家或政府为主体，依据法律，通过国民收入的再分配，对公民在暂时或永久丧失劳动能力以及由于各种原因而导致生活困难时给予物质帮助，以保障其基本生活的制度。中国社会保障制度主要包括社会保险、社会救助、社会优抚和社会福利等内容。”

社会保险领域个人失信行为信息包括：应缴纳社会保险费却拒不缴纳的；隐匿、转移、侵占、挪用社会保险费款、基金或者违规投资运营的；以欺诈、伪造证明材料或者其他手段参加、申报社会保险和骗取社会保险基金支出或社会保险待遇的；非法获取、出售或变相交易社会保险个人权益数据的；拒绝协助社会保险行政部门、经办机构对事故和问题进行调查核实的；拒绝接受或协助税务部门对社会保险实施监督检查，不如实提供与社会保险相关各项资料的；其他违反法律法规规定的失信行为等信息。

社会救济领域个人失信行为信息包括：虚报、隐瞒家庭真实收入、财产、支出，人口变化情况、家庭成员健康、教育、婚姻状况以及法定赡养、抚养、扶养义务人履行法定义务能力情况，骗取社会救助金或服务的；伪造、涂改或提供虚假证明材料、冒名顶替或使用他人身份信息骗取社会救助金或服务的；通过离婚、赠予、转让等方式放弃自己应得的财产或份额，或者放弃法定应得赡养费、抚养费、扶养费和其他合法资产及收入，骗取社会救助金或服务的；通过托管、转移、出借、出让或直接利用他人身份等方式，规避由本人实际拥有、使用或受益的车辆、机械、土地、房产等大宗资产和商业经营行为的；通过贿赂、胁迫、殴打、辱骂等不正当方式影响、干扰和阻挠社会救助工作人员以及参与配合调查评议的其他相关人员正常履行工作职责的；恶意举报社会救助经办人员或其他救助对象，经查证举报不实的；其他社会救助领域失信行为等信息。

社会福利领域个人失信行为信息包括：不符合条件的自然人通过弄虚作假手段、请托关系甚至内外勾结，实施骗购保障性住房、骗取低保金；伪造、变造残疾人证，买卖和使用伪造、变造的残疾人证，或骗领残疾人证，以欺诈、伪造证明材料或者其他手段骗得残疾评定结论，并进一步骗取、套取各类补助补贴资金等信息。

优抚安置领域失信行为信息包括：伪造或者非法获取有关文书、证明材料骗取安置待遇的；在政府安排工作的考试考核中弄虚作假的；采取其他违法方式弄虚作假骗取安置待遇或者在安置工作过程中从事违法活动的等信息。

9. **住房公积金信息**

住房公积金信息，记录自然人缴纳和支取住房公积金的信息。个人住房公积金信息包括：个人住房公积金缴纳单位、缴纳时间、月缴存额、缴存比例等方面的信息；住房公积金贷款逾期未还清信息；采取违规手段提取住房公积金或获取住房公积金贷款的信息；个人违反住房公积金相关管理规定以及被予以行政处罚或申请法院强制执行的基本信息。

10. **财政性资金信息**

财政性资金信息，记录自然人在财政性资金的申请、使用、还款等方面情况的信息。包括在财政性资金管理使用领域中存在弄虚作假、虚报冒领、骗取套取、截留挪用、拖欠国际金融组织和外国政府贷款到期债务等失信、失范行为信息。

11. **社会公益活动信息**

社会公益活动信息，记录自然人从事慈善捐赠、志愿服务等活动生成的信息。涉及在慈善捐赠领域存在失信行为的自然人：在通过慈善组织捐赠中失信，被人民法院依法判定承担责任的捐赠人（简称“失信捐赠人”）；在接受慈善组织资助中失信，被人民法院依法判定承担责任的受益人（简称“失信受益人”）；被公安机关依法查处的假借慈善名义或假冒慈善组织骗取财产的自然人。

12. **履行纳税义务信息**

履行纳税义务信息，记录自然人履行纳税义务状况的信息。包括个人所得税申报信用承诺及其履行情况信息；偷税、骗税、骗抵、冒用他人身份信息、恶意举报、虚假申诉等失信行为信息。

13. **公共事业缴费信息**

公共事业缴费信息，记录自然人在缴纳水费、电费、燃气费、供暖费、电信费、公共交通费等公共事业收费的信息。恶意欠缴公共事业收费为失信行为。

14. **知识产权领域信息**

知识产权领域信息，记录自然人在知识产权领域（主要包括著作权、专利权、商标权）信用状况的相关信息。包括涉及专利侵权行为、不依法执行行为、专利代理违法行为、专利代理人资格证书挂靠行为、非正常申请专利行为、提供虚假文件行为等信息。

15. **其他公共信用信息**

其他公共信用信息，记录与自然人相关的除上述公共信用信息以外的公共信用信息。

（三）涉金融领域信息

涉金融领域信息，记录自然人在涉金融领域，主要包括银行、证券、基金、保险、信托等领域的信用状况的相关信息。如银行授信信息，是指银行向客户直接提供资金支持，或对客户在有关经济活动中的信用向第三方作出保证的相关信息。贷款信息，包括贷款银行等信贷机构、贷款种类、贷款金额、贷款期限、还款记录、关注及不良类债务等信息；信用卡信息，包括发卡银行、授信额度、额度使用情况、实际还款记录（包括正常和逾期）等信息。

在涉金融领域，恶意逃废债、非法吸收公众存款、非法集资、擅自发行股票、非法设立金融机构、从事金融诈骗（信用卡诈骗、集资诈骗、保险诈骗、贷款诈骗、信用证诈骗、票据诈骗等）属严重失信行为，实施上述失信行为的自然人，将被国家有关部门纳入涉金融领域失信黑名单。

（四）商事活动信息

商事活动信息，记录自然人在商事活动中信用状况的信息，如合同履约信息和应付账款清偿信息等。

（五）有关信用主体的评价信息

政务部门评价信息，记录行政机关在依法履行职责过程中对自然人所作的信用评价或信用评级信息。

公共信用综合评价信息，记录全国信用信息共享平台组织开展的针对自然人的（如重点人群）公共信用综合评价所形成的相关信息。

社会舆论评价信息，记录对自然人的社会评价尤其是权威媒体评价所包含的毁誉信息。

市场机构评价信息，记录市场化第三方信用服务机构对自然人的信用评价信息。

（六）信用承诺信息

承诺信息，记录自然人面向社会公众或行政机关以及法律法规授权的具有公共事务管理职能的组织、司法机关作出的信用承诺或其他与信用相关的承诺信息；践诺信息，记录信用承诺人履行信用承诺或者兑现信用承诺的相关信息。

（七）信用报告查询信息

信用报告查询信息，记录在一定期限内自然人信用报告等被查询情况的汇总信息，用于记录和监督自然人信用信息的使用者及其使用目的，以保障自然人信用信息的使用符合法律规定的用途，避免自然人的权益受到非法侵害。

（八）信用修复信息

记录信用异议以及其他形式信用修复信息。

信用异议记录，记载被征信当事人对于个人信用报告中的内容提出异议的相关信息，此类信息可以用添加声明的方式在异议部分予以反映，个人有权提出异议体现了对个人正当权益的保护。如信息主体认为征信机构采集、保存、提供的信息存在错误、遗漏的，有权向征信机构或者信息提供者提出异议，要求更正。征信机构或者信息提供者收到异议，应当按照国务院征信业监督管理部门的规定对相关信息作出存在异议的标注，自收到异议之日起 20 日内进行核查和处理，并将结果书面答复异议人。经核查，确认相关信息确有错误、遗漏的，信息提供者、征信机构应当予以更正；确认不存在错误、遗漏的，应当取消异议标注；经核查仍不能确认的，对核查情况和异议内容应当予以记载。

（九）其他信息

其他信息，记录除上述信用信息之外的有关自然人的其他信用信息。如行政强制、行政确认、行政征收、行政给付、行政裁决、行政补偿以及破产信息等。

二、法人、非法人组织信用信息

法人、非法人组织信用信息是指能够反映法人、非法人组织信用状况的数据及其他资料，主要内容包括：

（一）基本情况信息

基本情况信息，记录法人、非法人组织的主体识别信息，主要包括统一社会信用代码，法人、非法人组织的登记信息等。

企业法人。在中华人民共和国境内确认企业法人资格，应当依照《中华人民共和国企业法人登记管理条例》规定办理企业法人登记。企业法人登记主管机关是国家市场监督管理总局和地方各级市场监督管理部门。经国务院或者国务院授权部门批准的全国性公司、经营进出口业务的公司，由国家市场监督管理总局核准登记注册。中外合资经营企业、中外合作经营企业、外资企业由国家市场监督管理总局或者国家市场监督管理总局授权的地方市场监督管理部门核准登记注册。全国性公司的子（分）公司，经省、自治区、直辖市人民政府或其授权部门批准设立的企业、经营进出口业务的公司，由省、自治区、直辖市市场监督管理部门核准登记注册。其他企业，由所在市、县（区）市场监督管理部门核准登记注册。申请企业法人登记，经企业法人登记主管机关审核，准予登记注册的，领取《企业法人营业执照》，取得法人资格。企业法人基础信息包括企业法人名称、住所、经营场所、法定代表人、经济性质、经营范围、经营方式、注册资金、从业人数、经营期限、分支机构、统一社会信用代码等。

机关法人。机关法人成立的方式为特许设立。由于机关法人的设立取决于宪法和法律的规定，因此其设立无须经专门机构核准登记。机关法人基础信息包括机关名称、法定代表人、组织机构和场所、邮编、电话、经费来源、统一社会信用代码。

事业单位法人。事业单位由县级以上人民政府及有关主管部门批准成立后，应当依法登记或者备案。县级以上各级人民政府机构编制管理机关所属的事业单位登记管理机构负责实施事业单位的登记管理工作。事业单位实行分级登记管理。登记管理机关对符合法定条件的事业单位登记或者备案申请应当核准登记或者备案，并向其颁发《事业单位法人证书》。《事业单位法人证书》是事业单位法人资格的唯一合法凭证。未取得《事业单位法人证书》的事业单位不得以事业单位法人名义开展活动。事业单位应在核准登记或者备案的业务范围内开展活动。事业单位法人的主体识别信息包括批准设立的审批机关、事业单位名称、法定代表人、组织机构和场所、经费来源、邮编、电话、统一社会信用代码等。

社会团体法人。成立社会团体，应当依照国务院发布的《社会团体登记管理条例》的规定进行登记。国务院民政部门和县级以上地方各级人民政府民政部门是本级人民政府的社会团体登记管理机关。全国性的社会团体，由国务院的登记管理机关负责登记管理；地方性的社会团体，由所在地人民政府的登记管理机关负责登记管理；跨行政区域的社会团体，由所跨行政区域的共同上一级人民政府的登记管理机关负责登记管理。申请成立社会团体，应当经其业务主管单位审查同意，由发起人向登记管理机关申请登记。准予登记的，发给《社会团体法人登记证书》。社会团体主体识别信息包括规范的名称、宗旨、业务范围、活动地域、法定代表人、组织机构、个人会员或者单位会员、专职工作人员、固定的住所、合法的资产和经费来源（活动资金）、业务主管单位、邮编、电话、统一社会信用代码等。

非法人组织。非法人组织应当依照法律的规定登记。设立非法人组织，法律、行政法规规定须经有关机关批准的，依照其规定。非法人组织的基础信息包括名称、负责人、住所、邮编、电话、出资人或者设立人等。

（二）公共信用信息

1. 行政许可信息

行政许可信息，记录行政机关根据公民、法人或者其他组织的申请，经依法审查，准予其从事特定活动的行为的相关信息。如认可申请人具有某种资质、资格的信息等。

2. 行政处罚信息

行政处罚信息，记录法人、非法人组织做出违反行政管理秩序的行为：被行政机关依法实施警告；罚款；没收违法所得、没收非法财物；责令停产停业；暂扣或者吊销许可证、暂扣或者吊销执照；行政拘留，以及法律、行政法规规定的其他行政处罚的信息。

3. **信用监管信息**

信用监管信息，记录行政机关以及法律法规授权的具有公共事务管理职能的组织、司法机关依法对法人、非法人组织实施信用监督管理过程中产生的信息，包括失信联合惩戒对象名单信息、被国家有关部门实施失信联合惩戒措施的信息、被市场监管部门列入异常经营名录信息、被列入失信被执行人名单信息等。

4. **荣誉表彰信息**

荣誉表彰信息，记录法人、非法人组织荣获国家科学技术进步奖、中国工业大奖、建筑工程鲁班奖、国家优质工程奖、全国五一劳动奖状、全国三八红旗集体、人民满意的公务员集体等方面的信息。

5. **法院判决书信息**

法院判决书信息，记录针对法人、非法人组织的已生效的法院判决书信息。

6. **法院裁定书信息**

法院裁定书信息，记录针对法人、非法人组织的已生效的法院裁定书信息。

7. **法院执行案件信息**

法院执行案件信息，记录法人、非法人组织被法院纳入失信被执行人名单信息。

8. **破产信息**

破产，是指债务人因不能偿债或者资不抵债时，由债权人或债务人诉请法院宣告破产并依破产程序偿还债务的一种法律制度。

破产信息，记录根据《企业破产法》，债务人不能清偿到期债务、资不抵债，经司法程序后，宣告破产，清算资产、豁免债务产生的相关数据。

9. **社会保险领域信息**

社会保险领域信息，记录法人、非法人组织在社会保险领域信用状况的信息。包括用人单位未按相关规定参加社会保险且拒不整改；用人单位未如实申报社会保险缴费基数且拒不整改；应缴纳社会保险费却拒不缴纳；隐匿、转移、侵占、挪用社会保险费款、基金或者违规投资运营；以欺诈、伪造证明材料或者其他手段参加、申报社会保险和骗取社会保险基金支出或社会保险待遇；非法获取、出售或变相交易社会保险个人权益数据；社会保险服务机构违反服务协议或相关规定；拒绝协助社会保险行政部门、经办机构对事故和问题进行调查核实；拒绝接受或协助税务部门对社会保险实施监督检查，不如实提供与社会保险相关各项资料等严重失信、失范行为信息。

10. **住房公积金信息**

住房公积金信息，记录法人、非法人组织为所属职工缴纳住房公积金状况的信息，包括个人住房公积金缴纳单位、缴纳时间、月缴存额、缴存比例等方面的信息。法人单位不办理住房公积金缴存登记手续或不为本单位职工办理住房公积金账户设立手续的，法人单位不缴、欠缴或少缴住房公积金的，法人单位为职工提供虚假材料等欺骗手段提取住房公积金或获得住房公积金贷款的等为失信行为。

住房公积金领域存在严重失信行为的法人单位将被纳入“失信联合惩戒名单”予以公开曝光，并纳入人民银行征信系统和国家公共信用信息共享平台，有关部门将对失信主体实施联合惩戒。

11. **财政性资金信息**

财政性资金信息，记录法人、非法人组织在财政性资金的申请、使用、还款等方面状况的信息。包括在财政性资金管理使用领域中存在弄虚作假、虚报冒领、骗取套取、截留挪用、拖欠国际金融组织和外国政府贷款到期债务等失信、失范行为信息。

12. **社会公益活动信息**

社会公益活动信息，记录法人、非法人组织从事慈善捐赠等社会公益活动状况的信息。其涉及的慈善捐赠领域失信行为主体：在通过慈善组织捐赠中失信，被人民法院依法判定承担责任的捐赠人（简称“失信捐赠人”）；在接受慈善组织资助中失信，被人民法院依法判定承担责任的受益人（简称“失信受益人”）；被公安机关依法查处的假借慈善名义或假冒慈善组织骗取财产的行为主体。

13. **履行纳税义务信息**

履行纳税义务信息，记录法人、非法人组织履行纳税义务状况的信息。包括纳税领域违法失信行为信息：未按照规定的期限申报办理税务登记、变更或者注销登记的；未按照规定设置、保管账簿或者保管记账凭证和有关资料的；未按照规定将财务、会计制度或者财务、会计处理办法和会计核算软件报送税务机关备查的；未按照规定将其全部银行账号向税务机关报告的；未按照规定安装、使用税控装置，或者损毁或者擅自改动税控装置的；纳税人未按照规定使用税务登记证件，或者转借、涂改、损毁、买卖、伪造税务登记证件的；扣缴义务人未按照规定设置、保管代扣代缴、代收代缴税款账簿或者保管代扣代缴、代收代缴税款记账凭证及有关资料的；纳税人未按照规定的期限办理纳税申报和报送纳税资料的，或者扣缴义务人未按照规定的期限向税务机关报送代扣代缴、代收代缴税款报告表和有关资料的；纳税人伪造、变造、隐匿、擅自销毁账簿、记账凭证，或者在账簿上多列支出或者不列、少列收入，或者经税务机关通知申报而拒不申报或者进行虚假的纳税申报，不缴或者少缴应纳税款偷税的；扣缴义务人采取伪造、变造、隐匿、擅自销毁账簿、记账凭证，或者在账簿上多列支出或者不列、少列收入手段，不缴或者少缴已扣、已收税款的；纳税人、扣缴义务人编造虚假计税依据的；纳税人不进行纳税申报，不缴或者少缴应纳税款的；纳税人欠缴应纳税款，采取转移或者隐匿财产的手段，妨碍税务机关追缴欠缴的税款的；以假报出口或者其他欺骗手段，骗取国家出口退税款的；以暴力、威胁方法拒不缴纳税款抗税的；纳税人、扣缴义务人在规定期限内不缴或者少缴应纳或者应解缴的税款，经税务机关责令限期缴纳，逾期仍未缴纳的；扣缴义务人应扣未扣、应收而不收税款的；纳税人、扣缴义务人逃避、拒绝或者以其他方式阻挠税务机关检查的；非法印制发票的；从事生产、经营的纳税人、扣缴义务人有本法规定的税收违法行为，拒不接受税务机关处理的；纳税人、扣缴义务人的开户银行或者其他金融机构拒绝接受税务机关依法检查纳税人、扣缴义务人存款账户，或者拒绝执行税务机关作出的冻结存款或者扣缴税款的决定，或者在接到税务机关的书面通知后帮助纳税人、扣缴义务人转移存款，造成税款流失的等信息。

14. 公共事业缴费信息

公共事业缴费信息，记录法人、非法人组织在缴纳水费、电费、燃气费、供暖费、电信费等公共事业收费的信息。

15. 知识产权领域信息

知识产权领域信息，记录法人、非法人组织在知识产权领域（主要包括著作权、专利权、商标权）信用状况的相关信息。包括知识产权（专利）领域失信行为信息，专利侵权行为、不依法执行行为、专利代理违法行为、专利代理人资格证书挂靠行为、非正常申请专利行为、提供虚假文件行为等信息。

16. 其他公共信用信息

其他公共信用信息，记录与法人、非法人组织相关的除上述公共信用信息以外的公共信用信息。

（三）涉金融领域信息

涉金融领域信息，记录法人、非法人组织在涉金融领域，主要包括银行、证券、基金、保险、信托等领域的信用状况的相关信息。如银行授信信息，是指银行向客户直接提供资金支持，或对客户在有关经济活动中的信用向第三方作出保证的相关信息。贷款信息，包括贷款银行等信贷机构、贷款种类、贷款金额、贷款期限、还款记录、关注及不良类债务等信息；信用卡（公司卡）信息，包括发卡银行、授信额度、额度使用情况、实际还款记录（包括正常和逾期）等信息。

在涉金融领域，恶意逃废债、非法吸收公众存款、非法集资、擅自发行股票、非法设立金融机构、从事金融诈骗（信用卡诈骗、集资诈骗、保险诈骗、贷款诈骗、信用证诈骗、票据诈骗等）属严重失信行为，实施上述失信行为的法人、非法人组织，将被国家有关部门纳入涉金融领域失信联合惩戒名单。

（四）商事活动履约信息

商事活动履约信息，记录法人、非法人组织在商业活动中的履约信息，如合同履约信息和应付账款清偿信息等。

（五）有关信用主体的评价信息

行业信用评价信息，记录行政机关在依法履行职责过程中对法人、非法人组织所作的信用评价或信用评级信息。

公共信用综合评价信息，记录全国信用信息共享平台组织对法人、非法人组织开展的公共信用综合评价所形成的相关信息。

第三方信用评价信息，记录第三方信用服务机构出于商业目的对法人、非法人组织所作的信用评价或评级信息。

市场评价信息，记录来自交易对手的有关法人、非法人组织的市场反馈信息，包括交易对方（如消费者，金融机构，供水、供电、供暖、燃气、通信等公共事业单位）、合作伙伴等不同主体的实名评价信息。

社会舆论评价信息，记录对法人、非法人组织的社会评价尤其是媒体评价信息，包括品牌的知名度、影响力、毁誉信息等。

（六）信用承诺信息

承诺信息，记录法人、非法人组织面向社会公众或政府部门作出的信用承诺或其他与信用相关的承诺信息；践诺信息，记录信用承诺主体履行承诺或兑现承诺的相关信息。

（七）信用报告查询信息

信用报告查询信息，记录在一定期限内法人、非法人组织信用报告等被查询情况的汇总信息，用于记录和监督法人、非法人组织信用信息的使用者及其使用目的，以保障法人、非法人组织信用信息的使用符合法律规定的用途，避免其合法权益遭受侵害。

（八）信用修复信息

信用修复信息，记录信用异议以及其他形式信用修复信息。如记载被征信法人、非法人组织对信用报告中的内容提出异议的相关信息，此类信息可以用添加声明的方式在异议部分予以反映。

（九）其他信息

其他信息，记录除上述信息之外的有关法人、非法人组织的信用信息。如行政强制、行政确认、行政征收、行政给付、行政裁决、行政补偿信息等。

与机关法人、事业单位法人和社会团体法人的信用信息内容相比，企业法人的信用信息内容相对比较复杂。

第六章

信用信息公开

信用信息公开是社会公众获取信用信息的重要来源渠道，也是实现信用信息价值的必然选择。

第一节　信用信息公开概念

一、信用信息公开概念及其内涵

信用信息公开是指国家行政机关、司法机关和法律、法规以及规章授权和委托的组织，在履行职责的过程中，通过法定形式和程序，主动将自身制作或者获取的信用信息向社会公众或依申请而向特定的个人或组织公开的制度。

二、信用信息公开的重要意义

从世界范围来看，各个国家的绝大部分信息都被政府所掌控或垄断。由此可见，政府向社会公开信息是何等重要。

信用信息公开是社会信用体系建设的关键环节，在整个社会信用体系建设中具有十分重要的意义。

（一）是贯彻公开、公平、公正原则的必然要求

公开、公平、公正具有“普世价值”，被列为现代行政法的基本原则。公开、公平、公正是一个相互联系、不可分割的统一整体。公开是实现公平、公正的前提。如果没有公开，就不可能实现公平、公正。公开是追求公平、公正的手段。要想实现公平、公正，首先要做到公开，并以公开促进公平、公正的实现。公开就相当于把事物至于阳光之下，可以为实现公平、公正提供有力保障。

“公开”是对政府而言的，其最重要的价值是建立透明政府、廉洁政府，对于发展社会主义民主政治，保障人民群众知情权、参与权、表达

权、监督权，增强政府公信力、执行力，提升国家治理能力具有重要意义。

我国社会信用管理模式的基本特征是政府主导、市场为基、社会共建。因此，保障人民群众知情权、参与权、表达权、监督权至关重要。可以说，保障人民群众知情权、参与权、表达权、监督权是建立具有中国特色的社会信用体系的必要条件。而政府信息公开，是实现人民群众知情权、参与权、表达权、监督权的有效形式。

（二）保障信用服务市场及信用服务机构健康发展

信用服务行业是以信用数据为资源要素，专门从事信用信息采集、整理、存储和加工，并提供信用信息产品和相关信用服务的市场主体的组织结构体系。信用服务行业的产生，源于社会信用的缺失。信用服务行业是市场经济内在的规范信用行为的重要力量，是市场经济体系不可或缺的组成部分。信用服务行业的存在，降低了信息不对称性，为防范信用风险创造了条件，限制了失信主体的生存和发展空间。从特定意义上讲，一个国家的社会信用状况和社会信用秩序，取决于其信用服务行业的发育状况和市场化程度。

政府公开统一社会信用代码、行政许可、行政处罚、行政强制、行政确认、行政征收、行政给付、行政裁决、行政补偿、行政奖励和行政监督检查等其他行政行为信息，法院实行裁判文书公开、执行信息公开，失信被执行人信息公开，均可为信用服务行业提供海量真实、准确、权威的信息来源，为培育和发展信用服务市场，促进信用服务行业健康持续发展创造有利条件，以及为信用服务机构开展信用信息服务和信用信息产品开发提供数据资源，保障信用服务机构的正常运营，提高信用服务机构的公信力创造必要条件。同时，也可为信用信息的广泛应用提供数据支撑。

为此，国务院《社会信用体系建设规划纲要（2014—2020 年）》要求建立政务信用信息有序开放制度。明确政务信用信息的开放分类和基本目录，有序扩大政务信用信息对社会的开放，优化信用调查、信用评级和信用管理等行业的发展环境。

(三) 是防范信息不对称导致信用风险的切实手段

信息不对称是指在市场经济活动中，各类市场主体拥有的信息存在差异。如中国有句俗话“买的没有卖的精”，指的就是市场交易中卖方比买方更了解有关商品的各种信息，其本质反映的就是一种信息不对称现象。

信息不对称概念源于经济学研究范畴，但现在看来，信息不对称现象不仅存在于市场领域，而且普遍存在于政治、经济、科技、外交、军事等社会各个领域。在人们日常的学习、工作和生活当中，信息不对称现象可谓无处不在、无时不在。

在现代经济系统中，信息是一种重要资源，对信息资源的优先占有会带来相应的财富。一般来讲，信用信息拥有量与交易风险成反比。而当某种信息资源被一方独占的时候，相应的利益也会被其垄断。在市场经济活动中，市场交易双方因信息渠道之不同，信息数量之多寡、信息质量之优劣、信息获取之快慢的差异，而各自承担不同收益与风险。

信息不对称理论认为掌握信息比较充分的一方，往往居于相对有利的地位；而掌握信息较为贫乏的一方，则往往处于相对不利的地位。如人们在日常经济和社会活动中遭受坑蒙拐骗、吃亏上当，无不与信息不对称密切相关。

信息不对称是市场经济的弊端。因为信息不对称现象天然潜藏道德风险，即由于交易双方信息不对称，可能导致信息占优一方为牟取自身更大的利益，而损害另一方的利益。换句话说，就是信息不对称为失信行为的产生创造了必要条件。

信息不对称造成了市场交易双方之间的利益失衡，有悖于社会的公平、公正原则，从而降低市场配置资源的效率。市场交易的过程，实际上就是交易双方进行信息博弈的过程。而广泛存在的信息不对称现象及无休止的信息博弈行为，使市场交易主体在决策时面临诸多不确定性，从而导致市场交易行为的不确定性，最终降低市场配置资源的实际效率。市场主体之间也会因信息力量对比过于悬殊而导致利益分配结构严重失衡。

信息不对称现象可能引发各种社会危机。在现实社会，当信息不对称时，市场上便会出现类似于劣币驱逐良币的现象。此外，信息不对称还可能引发信用危机、金融危机、经济危机、社会危机。

信息时代，政府掌握大量的信息资源，并具有天然的垄断优势。当今社会，人们经常把经济系统运行分为物流、资金流和信息流三种形态。信息流动不畅或信息不对称现象突出，将阻碍物流和资金流的运动，从而影响经济的良性循环，严重时则会导致信用危机、金融危机甚至经济危机。

因此，为减少信息暴利、维护交易公平、确保市场有序运行，提高市场资源配置效率，减少信息不对称对经济产生的危害，政府必须依法保障人民享有获得充分而真实的信息的权利，在市场体系中发挥强有力的调控作用，实行政府信息公开，释放自身垄断的信息资源，最大限度地实现信息共享；纠正市场机制存在的缺陷，调节市场主体之间的信息差异程度，并使信息在市场主体之间趋向平衡。营造良好的社会环境，政府的公信力才会持续提升，人民的生活才会有更多的获得感、安全感和幸福感。

（四）是发挥以信用为基础的新型监管机制作用的关键环节

2000 年以后，我国开始在全国范围内推进社会信用体系建设，与此同时，以信用为手段的市场监管模式创新也开始进入积极探索阶段。2015 年，党中央、国务院创造性提出建立以信用为核心的新型监管机制。党的十八大以后，我国社会信用体系建设工作快速推进，“放、管、服”改革不断深入，使得信用体系建设与市场监管模式创新相得益彰，为新形势下市场监管创新开辟了广阔空间。关于加强信用信息公开和信用监管，国务院作出一系列决策部署：

《国务院办公厅关于运用大数据加强对市场主体服务和监管的若干意见》（国办发〔2015〕51号）指出，推进简政放权和政府职能转变，以社会信用体系建设和政府信息公开、数据开放为抓手，充分运用大数据、云计算等现代信息技术，提高政府服务水平，加强事中事后监管，维护市场正常秩序，促进市场公平竞争，释放市场主体活力，进一步优化发展环境。

《国务院关于实行市场准入负面清单制度的意见》（国发〔2015〕55号）指出，建立健全与市场准入负面清单制度相适应的社会信用体系和激励惩戒机制、建立健全与市场准入负面清单制度相适应的信息公示制度和信息共享制度。

《国务院关于"先照后证"改革后加强事中事后监管的意见》（国发〔2015〕62号）指出，加快推进全国统一的信用信息共享平台和企业信用信息公示系统建设，推进政府部门、行业协会、社会组织信用信息共享共用，强化信用对市场主体的约束作用，构建以信息归集共享为基础，以信息公示为手段，以信用监管为核心的监管制度，让失信主体"一处违法，处处受限"。

《国务院关于建立完善守信联合激励和失信联合惩戒制度加快推进社会诚信建设的指导意见》（国发〔2016〕33号）指出，通过信用信息公开和共享，建立跨地区、跨部门、跨领域的联合激励与惩戒机制，形成政府部门协同联动、行业组织自律管理、信用服务机构积极参与、社会舆论广泛监督的共同治理格局。加强对失信行为的行政性、市场性、行业性、社会性约束和惩戒。

信用信息公开，是保障以信用为基础的新型监管机制有效运行的关键环节。信用信息公开是信用监管的重要手段，如通过对行政处罚信息的公示和对失信被执行人信息的公开，可以为舆论监督和社会监督创造条件，有利于社会公众防范信用风险。特别是，通过对失信联合惩戒对象名单的公示，有关部门和相关机构将依法对其中的失信主体实施联合惩戒，从而为加强信用监管、维护信用秩序奠定坚实基础。

第二节　公共信用信息公开

一、政府依法公开公共信用信息

（一）依法公开政府信息法律制度

《政府信息公开制度》一书提出，政府信息公开是指国家行政机关和法律、法规以及规章授权和委托的组织，在行使国家行政管理职权的过程中，通过法定形式和程序，主动将政府信息向社会公众或依申请而向特定的个人或组织公开的制度。

政府作为公权力的拥有者和社会的管理者，具有得天独厚的地位优势和强力手段，在履行职责的过程中，会产生和获取海量的各类信息，其中包含巨量的公共信用信息。政府实行信息公开，应当成为政府施政的一项基本制度。依法公开政府信息包括公共信用信息，应当成为行政机关的一项重要职责和基本义务。

建立政府信息公开制度，公开政府信息是坚持和发展社会主义民主，建设社会主义民主政治，切实保障人民群众的知情权、参与权、表达权、监督权的有效形式；是实现国家治理体系和治理能力现代化的必然要求；是建设法治政府，促进依法行政、防止滥用行政权力的重要举措；是建立政务公开、公正透明、廉洁高效、行为规范、运转协调的行政管理机制的关键环节。

实行政府信息公开，推动政务公开全覆盖，让政务公开透明成为一种自觉、一种常态，使行政机关的职责权限、办事程序、监督方式等为广大人民群众知晓，全面推进政务决策公开、执行公开、管理公开、服务公开、结果公开，依法保障人民群众知情权、参与权、表达权、监督权，不断增强政府公信力、执行力，加快法治政府和服务型政府建设，推进社会治理体系和治理能力现代化。

加强政务信息公开标准化、规范化建设，以全国统一、系统完备的政务信息公开标准体系为引领，健全政务信息公开制度，规范政务信息公开行为，提升政务信息公开质量。构建全国统一的政务信息公开标准体系，覆盖政府行政权力运行全过程和政务服务全流程，大幅提高政务信息公开标准化、规范化水平，建立健全完善政府政务信息公开工作机制，优化完善政务信息基础设施建设，显著提升政务信息公开的能力和水平。

为了保障公民、法人和其他组织依法获取政府信息，国务院颁布的《中华人民共和国政府信息公开条例》规定：政府信息，是指行政机关在履行行政管理职能过程中制作或者获取的，以一定形式记录、保存的信息。行政机关公开政府信息，应当坚持以公开为常态、不公开为例外，遵循公正、公平、合法、便民的原则。行政机关公开政府信息依照法律、行政法规和国家有关规定需要批准的，经批准予以公开。依法确定为国家秘密的政府信息，法律、行政法规禁止公开的政府信息，以及公开后可能危及国家安全、公共安全、经济安全、社会稳定的政府信息，不予公开。涉及商业秘密、个人隐私等公开会对第三方合法权益造成损害的政府信息，行政机关不得公开。但是，第三方同意公开或者行政机关认为不公开会对公共利益造成重大影响的，予以公开。行政机关公开政府信息，采取主动公开和依申请公开的方式。法律、法规授权的具有管理公共事务职能的组织公开政府信息的活动，适用本条例。

（二）行政许可和行政处罚等信用信息公示制度

行政许可信息和行政处罚信息，属于政府信息范畴，适用于《中华人民共和国政府信息公开条例》；同时，行政许可信息和行政处罚信息也是十分重要的公共信用信息，在社会信用体系建设中具有重要价值。因此，关于行政许可信息和行政处罚信息的公开，国家又进一步作出专门规定。

2015 年 7 月 1 日，国务院办公厅发布《关于运用大数据加强对市场主体服务和监管的若干意见》（国办发〔2015〕51 号）指出："推进政府和社会信息资源开放共享。进一步加大政府信息公开和数据开放力度。除法律法规另有规定外，应将行政许可、行政处罚等信息自作出行政决定之日起 7 个工作日内上网公开，提高行政管理透明度和政府公信力。提高政府数据开放意识，有序开放政府数据，方便全社会开发利用。"

后来，人们将行政许可、行政处罚等信息自作出行政决定之日起 7 个工作日内上网公开的制度，简称为"双公示"制度。对此，国家发展和改革委员会陆续发出关于认真做好行政许可和行政处罚等信用信息公示工作的文件，对相关事项作出具体规定。

南京市根据国家有关规定，努力做好"双公示"工作。作为首批国家信用示范城市，南京市是最早为"双公示"工作探路的城市之一，负责编制了《公共信用信息公示规范》，成为国家信用工作工程标准获批实施。在 2017 年、2019 年国家组织的"双公示"第三方测评中获得检查组好评。目前，南京市信用平台已累计汇集信用信息超过 15.7 亿条，其中法人信息 0.78 亿条、自然人信息 14.9 亿条；双公示信息 341 万条，其中许可 328.2 万，处罚 13.4 万。基于"双公示"信息支持查询应用。一是信息查询服务。南京市通过"我的南京"App 等载体提供个人信用信息查询、推送服务，在全市 12 个辖区政务服务大厅以及栖霞区、建邺区街道放置公共信用信息自助服务终端，实现"我的信息我做主，我的信用早知道"（南京开发的自助服务终端已为国家博物馆收藏）。二是开展信用预警，将行政处罚超过三次的法人信息主动推送到相关单位，开展信用风险提示；对行政许可已经过期和即将到期情况，推送到信用南京网站予以公示，引导行政相对人对自身信用的关注，强化对信用信息的监督，倒逼“双公示”数据产生部门依法依规作出相应决定。

（三）信用监管信息公开公示制度

2019年7月16日，国务院办公厅发布《关于加快推进社会信用体系建设构建以信用为基础的新型监管机制的指导意见》（国办发〔2019〕35号）要求：大力推进信用监管信息公开公示。在行政许可、行政处罚信息集中公示基础上，依托“信用中国”网站、中国政府网或其他渠道，进一步研究推动行政强制、行政确认、行政征收、行政给付、行政裁决、行政补偿、行政奖励和行政监督检查等其他行政行为信息7个工作日内上网公开，做到“应公开、尽公开”。

二、司法机关信用信息公开制度

中共十八届四中全会通过的《中共中央关于全面推进依法治国若干重大问题的决定》提出，要构建开放、动态、透明、便民的阳光司法机制，保证公正司法，提高司法公信力。

2017年9月20日，最高人民法院院长周强在第17届亚太地区首席大法官会议上作专题演讲时强调，要不断深化司法公开，努力提升司法公信力，让人民群众有更多的获得感。

近年来，中国法院贯彻“全面依法治国”战略，紧紧围绕“努力让人民群众在每一个司法案件中感受到公平正义”目标，坚持司法为民、公正司法，以信息化建设为支撑，以建设审判流程公开、庭审活动公开、裁判文书公开、执行信息公开四大平台为载体，全面深化司法公开，在促进司法公正、不断提升司法公信力上取得明显成效。

中国法院开通了中国审判流程信息公开网，全国所有省级法院全部建成辖区内三级法院统一的审判流程信息公开平台。开通了中国庭审公开网，实现各级法院庭审视频统一汇集和权威发布。社会公众可以通过网络实时观看全国法院正在直播的案件、点播观看庭审录像、获取庭审直播统计信息，还可以通过微博、微信进行收藏和分享，实现庭审信息全面覆盖、实时互联和深度公开。开通了中国执行信息公开网，公众可以在网上查询全国法院失信被执行人名单信息、被执行人信息、执行案件流程信息和执行裁判文书。

中国裁判文书网已经成为全球最大的裁判文书网。除涉及国家秘密、未成年人犯罪、离婚诉讼或涉及未成年子女抚养等情形外，各级法院作出的裁判文书统一在中国裁判文书网公开。

中国法院主动适应媒体融合传播趋势，依托传媒和法院自身的报纸以及网站、移动客户端、微博、微信、手机 App 等新媒体，积极主动开展新闻宣传工作，建立新闻发布制度，主动公开社会关注案件信息，深入解读司法解释和规范性文件，全面介绍司法改革成效，通过及时发布各类司法信息，努力满足社会公众对司法的知情权、参与权、表达权和监督权。

伴随着法治中国建设的全面推进，公众对司法工作越来越关注，期待更多地了解司法、参与司法、监督司法。中国最高人民法院高度重视与媒体构建良性互动关系，共同推进法治建设。在坚持依法独立行使审判权的前提下，不断强化监督意识，自觉、诚恳、主动接受媒体舆论监督。中国法院依照法律规定，贯彻“公开为原则，不公开为例外”的要求，对案件审理过程、审判结果及执行实行全程、全面公开。

如 2020 年 3 月 10 日，最高人民法院发布第一批 10 个依法惩处妨害疫情防控犯罪典型案例。同时，最高人民法院和地方各级人民法院充分运用官网、微信、微博等平台，及时报道妨害疫情防控刑事案件的审判情况。最高人民法院联合央视社会与法频道开展了五期网络庭审直播，约 8000 万网民在线观看。江苏南通港闸区、陕西西安长安区、四川南充顺庆区等法院，也选取当地首例涉疫情案件进行庭审直播，使妨害疫情防控刑事案件的审判成为一堂堂生动的依法防疫“公开课”，为疫情防控营造良好的舆论氛围和法治环境。

最高人民法院通过分批编发典型案例，旨在对不法分子发挥震慑作用；同时，注重发挥案例指导作用，加强审判工作指导，进一步明确法律适用标准，统一定罪量刑尺度。

关于失信被执行人信息公开问题，2016 年 9 月 25 日，中共中央办公厅、国务院办公厅印发的《关于加快推进失信被执行人信用监督、警示和惩戒机制建设的意见》作出了明确规定：人民法院要及时准确更新失信被执行人名单信息，并通过全国法院失信被执行人名单信息公布与查询平台、有关网站、移动客户端、户外媒体等多种形式向社会公开，供公众免费查询；根据联合惩戒工作需要，人民法院可以向有关单位推送名单信息，供其结合自身工作依法使用名单信息。对依法不宜公开失信信息的被执行人，人民法院要通报其所在单位，由其所在单位依纪依法处理。各地区各部门要将失信被执行人信用监督、警示和惩戒信息列入政务公开事项。加大对失信被执行人名单和信用惩戒的宣传力度，依法将失信被执行人信息、受惩戒情况等公之于众，形成舆论压力，扩大失信被执行人名单制度的影响力和警示力。

第三节　企业信用信息公示

一、企业信用信息公示法律依据

《企业信息公示暂行条例》所称企业信息，是指市场监督管理部门登记的企业从事生产经营活动过程中形成的信息，以及政府部门在履行职责过程中产生的能够反映企业状况的信息。

2014 年 8 月 7 日，为了规范企业信息公示，国务院颁布《企业信息公示暂行条例》，自 2014 年 10 月 1 日起施行，主要内容包括：保护国家秘密、商业秘密或者个人隐私，企业信息公示监督管理，企业年度报告，企业信用信息公示，企业信息公示责任，经营异常名录，严重违法企业名单，信用约束机制等。

2019 年 6 月 18 日，国家市场监管总局发布《关于〈企业信息公示条例（修订征求意见稿）〉公开征求意见的公告》，指出：为进一步健全企业信用监管机制，深化商事制度改革，加强事中事后监管，促进企业诚信自律，扩大社会监督，市场监管总局对《企业信息公示暂行条例》进行了全面修订，现向社会公开征求意见。

二、国家企业信用信息公示系统

国家企业信用信息公示系统是国家市场监督管理总局主办的企业信息归集公示平台，是企业报送并公示年度报告和即时信息的法定平台，是市场监管部门实施网上监管的操作平台，是政府部门开展协同监管的重要工作平台。为充分发挥国家企业信用信息公示系统在服务社会公众和加强事中事后监管中的作用，促进社会信用体系建设，市场监督管理部门将本部门履行职责过程中产生的依法应当公示的涉企信息，以及归集并记于企业名下的其他政府部门涉企信息，按规定时间期限通过国家企业信用信息公示系统进行公示。该系统可查询企业信用信息、经营异常名录、严重违法失信企业名单等信息。截至 2019 年 10 月，国家企业信用信息公示系统公示 1.18 亿户市场主体相关信息。

三、企业信用信息公示制度作用

企业是市场主体，也是信用主体。按照国家有关规定，建立企业信用信息公示制度，企业信用信息将通过国家企业信用信息公示系统向社会公示，使企业生产经营活动置于阳光之下，企业守法或违法经营状况一目了然，其信用状况由全社会来监督评判，政府部门间实现企业信用信息归集共享，对严重失信行为开展惩戒，形成企业信用约束机制，从而使企业高度重视自身的信誉，促进企业诚信自律，自觉守法诚信经营，提高政府市场监管效能，加强社会公众监督，保障市场交易安全，维护市场经济秩序、创造良好营商环境，实现市场公平竞争、优胜劣汰以及市场资源的优化配置，促进市场经济高质量发展。

第七章

信用信息共享

信用信息共享是由信息的可共享性决定的。信用信息共享是实现信用信息社会价值和社会效益的必由之路。

第一节　信用信息共享概念

一、信用信息共享概念的内涵

信用信息共享是指信用信息在不同信息系统或者不同社会主体之间实现相互交换与共同分享。

信用信息共享与信息的可共享性密切相关。信息共享性是指信息可以在一定的时空范围内被多个社会主体所接收和利用或者继续传递和散播。从理论上讲，信息的共享具有无限性，即信息的交换、转让、分享和使用可以无限地进行下去，并为越来越多的社会主体所共同分享。信息共享是通过信息的不断传播扩散而实现的。信息交换之后，双方不仅都有享用的资格，而且还会在共享和使用过程中巩固既有信息并增加新的信息。从这一纬度来看，信息是人类的共同财富，信息的扩散和共享对于经济和社会的发展具有十分重要的意义。

2019 年 7 月 16 日，国务院办公厅印发《关于加快推进社会信用体系建设构建以信用为基础的新型监管机制的指导意见》（国办发〔2019〕35 号），强调指出：强化信用监管的支撑保障。着力提升信用监管信息化建设水平。充分发挥全国信用信息共享平台和国家“互联网+监管”系统信息归集共享作用，对政府部门信用信息做到“应归尽归”，推进地方信用信息平台、行业信用信息系统互联互通，畅通政企数据流通机制，形成全面覆盖各地区各部门、各类市场主体的信用信息“一张网”。依托全国信用信息共享平台和国家“互联网+监管”系统，将市场主体基础信息、执法监管和处置信息、失信联合惩戒信息等与相关部门业务系统按需共享，在信用监管等过程中加以应用，支撑形成数据同步、措施统一、标准一致的信用监管协同机制。

二、信用信息共享的基本条件

信用信息的交换与共享是通过信用信息共享系统来实现的。信用信息共享的质量与效率，依赖于信息系统的技术发展和传输技术的进步，需要实现信用信息的标准化和规范化，更需要相关的法律制度予以保证。信用信息的交换与共享，必须在保障信息安全和严格保密的条件下实施。

三、信用信息共享的主要目的

信用信息作为重要的生产要素，是数字时代越来越重要的数据资源。信用信息共享的目的是实现信用信息资源整合，保证信用主体的信用信息的完整性；优化信用信息资源配置，提高信用信息资源利用效率，实现信用信息资源价值最大化；避免信息化项目重复建设和信用信息重复采集，有效节约社会成本；为社会信用体系建设提供数据支撑，为建立信用监管机制和信用惠民便企提供信息服务；同时也可为发展信用经济、数字经济创造必要条件。

四、信用信息共享的重要意义

中共中央办公厅、国务院办公厅印发《国家信息化发展战略纲要》指出：当今世界，信息技术创新日新月异，以数字化、网络化、智能化为特征的信息化浪潮蓬勃兴起。没有信息化就没有现代化。人类社会经历了农业革命、工业革命，正在经历信息革命。当前，以信息技术为代表的新一轮科技革命方兴未艾，互联网日益成为创新驱动发展的先导力量。提高政府信息化水平。完善部门信息共享机制，建立国家治理大数据中心。加强经济运行数据交换共享、处理分析和监测预警，增强宏观调控和决策支持能力。以公民身份号码、法人和其他组织统一社会信用代码为基础，建立全国统一信用信息网络平台，构建诚信营商环境。

信用信息共享最基本的功能就在于能够有效改善社会信用信息不对称状况。

信用信息不对称是当今社会普遍存在的一种客观现象。每个社会主体在经济和社会活动中都会遇到信用信息不对称问题带来的困扰。当前，我国正处在社会信用体系建设的重要历史时期，在社会信用管理领域存在许多亟待解决的棘手问题，而解决问题的关键在于改变信用信息严重不对称的状况。建立信用信息共享机制，正是克服信用信息不对称的一种有效制度设计和机制安排，是社会信用体系建设的重要基础和基本保障。

实现信用信息共享，具有如下重要意义：

（一）信用信息共享促进科学技术进步及其广泛应用

以 5G 技术、物联网、大数据、云计算、区块链、人工智能为引领的新的科技革命，使金融行业的传统发展模式受到颠覆性冲击，导致金融学科的边界、研究范式不断被打破和重构。“金融行业+新兴科技”已经成为未来金融行业发展的新高地。

以 5G 技术、物联网、大数据、云计算、区块链、人工智能为代表的新兴前沿科技，对金融市场以及金融服务供给产生重大影响，创造了许多新型模式、新型业态、新型产品和新型服务。

信用信息共享为新兴前沿科技创造了巨大市场需求和现实应用场景，从而推动新兴前沿科技持续进步。

（二）信用信息共享有利于市场经济的健康持续发展

在市场经济条件下，信用信息共享有利于克服信用信息不对称问题，保障市场交易双方信息博弈的公平性，预防和约束市场失信行为，维护市场信用秩序，提高交易效率、降低交易成本、防范信用风险，促进市场经济健康发展。

此外，目前全球数据总量正以每年 40% 左右的速度快速增长，数据资源作为经济活动要素和社会治理要素正在引爆一轮新的经济和社会变革。其中，信用数据占比很高，而且，信用市场蕴藏的海量标准化数据开发利用价值极高。尤其是在信用信息共享过程中，又会不断产生新的信用信息，引发信用信息爆炸式增长，为数字经济的爆发提供巨大的数据资源宝库。

（三）信用信息共享是开展信用服务业务的基本保障

信用服务活动是一项专业化的信用信息服务活动，全面、完整、准确、及时的信用信息是信用服务活动得以正常开展的物质基础。信用服务活动的过程，同时也是一个信用信息共享的过程。

任何部门、地方、机构或者个人，在信用信息收集方面都存在局限性，仅凭一己之力都只能收集信用主体的一部分信用信息，而无法收集信用主体的全部信用信息。只有通过信用信息共享，才能把信用主体分散的、零星的信用信息归集起来，形成一个能够反映信用主体基本信用状况的“信用信息集合”，以保证所收集的信用信息的全面性、完整性。

信用服务活动是依靠信用信息流的持续运动而全面展开的。在市场经济条件下，信用信息是经济和社会的一项非常重要的数据资源。信用服务体系的本质特征是为社会提供信用信息价值附加与共享机制，从而促进信用信息的合理使用、信用信息的价值实现以及信用信息资源的优化配置。

信用服务机构只有在其收集的信用信息真实、准确、完整的条件下，才可能对信用主体的信用状况作出客观、全面、公正、准确的判断和评价。否则，信用服务机构将失去自身的核心价值——公信力。

（四）保障以信用为基础新型市场监管体制有效运行

当前，我国正在建立以信用为基础的新型监管机制。而信用信息共享是保障以信用为基础的新型监管机制有效运行的必要条件。

政府各部门在实施行政审批、资质管理、分类监管、行政执法、周期性检验、政府采购和工程招投标、授予荣誉称号以及对企业政策性扶持等政务活动中，都需要应用行政相对人的信用信息。政府各部门在行政管理和政务服务活动中，虽然掌握了广大信用主体的一部分重要信用信息，但总体来看，仍然缺乏对信用主体的信用状况的全面了解。因此，需要建立信用信息共享机制，保障信用信息应用的合法性、科学性、合理性、精准性和公平性，增强政府公信力，提高行政效率，提升服务水平。

（五）保障“守信联合激励、失信联合惩戒”机制有效运行

信用信息共享是保障“守信联合激励，失信联合惩戒”制度落实的前提条件。只有实现信用信息共享，相关部门或机构才能据此协同配合开展“守信联合激励，失信联合惩戒”行动，保障“守信联合激励，失信联合惩戒”机制的有效运行。

为此，《国务院关于建立完善守信联合激励和失信联合惩戒制度加快推进社会诚信建设的指导意见》（国发〔2016〕33号）明确要建立健全信用信息归集共享和使用机制。建立全国信用信息共享平台，发挥信用信息归集共享枢纽作用。加快建立健全各省（区、市）信用信息共享平台和各行业信用信息系统，归集整合本地区、本行业信用信息，与全国信用信息共享平台实现互联互通和信息共享。依托全国信用信息共享平台，建立守信联合激励和失信联合惩戒的信用信息管理系统，健全政府与征信机构、金融机构、行业协会商会等组织的信息共享机制，促进政务信用信息与社会信用信息互动融合，最大限度发挥守信联合激励和失信联合惩戒作用。

（六）有效满足广大社会主体有关信用信息共享需求

加强社会信用体系建设，健全信用信息共享机制，实现信用信息共享的广泛应用，满足广大社会主体日益增长的信用信息共享需求。

社会信用体系建设需要构建起管理社会成员信用信息的庞大系统，消除信用信息孤岛，打破信用信息壁垒，搭建信用信息全生态链，实现信用信息广泛共享，克服信用信息不对称的障碍，对社会信用实施有效管理，

在社会信用约束机制作用下，使诚实守信成为每个社会成员的一种新型社会责任。

在社会信用体系建设过程中，必然会激发信用信息的创新应用，并将新的应用模式导入无数社会生活的场景中，为信用信息应用创造环境，并将激活各行各业建设信用信息共享机制的动力。

（七）有助于对社会主体构建一种新型信用约束机制

在社会活动场景中实现信用信息共享，可以构建无形的约束规则以规范人们的行为，增强信用对社会主体行为的约束力，并对失信行为产生一定的威慑力，从而降低信用主体的失信概率。信用信息共享的领域越宽、范围越广、程度越深、数据越多，则效果越佳。

如果将信用信息共享机制建立在“互联网+信用”模式之上，如芝麻信用，其构建的诚信约束规则，一方面可以帮助信用度高的人获得更高效、更优质的服务，另一方面也可以在很大程度上遏制信用主体的失信行为。如果违约，芝麻分就会被降低，不仅影响以后的各项消费，还会被记入信用档案。此举有助于营造诚实守信的社会氛围，让履约践诺成为人们的良好习惯。

（八）保障失信被执行人信用监督警示惩戒机制落实

加快推进失信被执行人信用监督、警示和惩戒机制建设，需要各地区、各部门之间进一步打破信息壁垒，实现信息共享。加强失信被执行人信用信息共享机制建设，通过全国信用信息共享平台，加快推进失信被执行人信息与公安、民政、人力资源社会保障、生态环境部、住房城乡建设、财政、金融、税务、市场监管、安全监管、证券、科技等部门信用信息资源共享，推进失信被执行人信息与有关人民团体、社会组织、企事业单位信用信息资源共享，保障失信被执行人信用监督警示惩戒机制有效运行。

第二节　信用信息系统建设

一、信用信息系统概念及其内涵

信用信息系统是由计算机硬件、网络和通信设备、计算机软件、信用信息资源、信用信息管理和使用者以及规章制度组成的以处理信用信息流为目的的人机一体化的信息系统。

在信息时代，信用信息的处理离不开计算机、网络和移动通信、大数据、云计算、区块链等先进的现代信息技术。人们在经济和社会活动过程中会随时随地不断产生各类信用数据，而海量的信用数据的收集、存储、处理、传递和应用等都离不开先进信息技术的支撑。信用信息系统已经成为社会信用体系建设不可或缺的重要基础设施。

二、信用信息系统基本构成要素

信用信息系统主要有五项基本功能，即对信用信息的输入、存储、处理、输出和控制。

构成信用信息系统的基本要素包括计算机硬件设施、计算机软件、信用信息资源、信用信息管理和使用者、信用业务流程及规则。其中，计算机硬件及相关设施为信用信息的存储、处理、计算和通信提供物理介质和环境；计算机软件用以实现信用信息处理和使用的流程，并提供人机交互的操作界面；信用信息资源是系统处理或产生的各种信用数据和信息资料，是信用信息系统生命力和价值的源泉；信用信息管理和使用者包括系统用户、系统管理员等，是系统功能的使用者和信用信息的使用者及管理者；流程及规则是围绕信用业务的特定价值和目标，在特定时间由特定输入产生特定输出的一系列相互关联、相互作用的活动，以及这些活动的全过程所遵循的特定程序、规则和规范。

从系统的角度分析，信用信息系统必须具备五类基本模块，即输入模块、存储模块、处理模块、控制模块和输出模块。输入和输出是人机交互的重要界面，是原始数据资料进入系统和信息产品产出发布的重要通道；存储模块提供数据信息依赖物理介质存放和保存的重要功能；处理模块提供信用信息的加工、流转、分析等功能；控制模块提供对构成系统的各种信息处理设备进行监控和管理，对整个信用信息输入、存储、处理、输出等各个环节通过各种程序进行控制的功能。

三、信用信息系统的功用和特点

围绕信用建设工作业务的一般需求，信用信息系统的功用主要涵盖五个方面：一是对各类信用主体的信用记录进行收集和存储，根据标准化规则将信用数据整理为可以规范化使用的信用信息数据库；二是对信用信息进行再加工，深度挖掘信用信息价值，全面开展信用数据分析，形成信用信息产品；三是根据各行业各领域信用业务流程和运行规则提供基于信用信息的各类应用；四是面向各类用户提供信用信息服务，包括信用信息查询、信用数据共享、信用信息推送等；五是对构成系统的各种信息处理设备进行控制和管理，对整个信用信息输入、存储、处理、输出等环节通过各种程序进行控制。

信用信息系统与其他信息系统相比具有以下显著特点：（1）对信用信息的完整性、真实性、准确性、及时性记录是信用信息系统的本质要求；（2）信用信息共享是信用信息系统的核心机制；（3）信用信息跨地区、跨部门、跨行业、跨领域联动应用是强力需求；（4）信用信息服务能力是信用信息系统价值的重要体现。

四、我国信用信息系统体系框架

信用信息系统的建设是我国社会信用体系建设的重要组成部分。

全国信用信息系统可划分为公共信用信息系统和市场信用信息系统两大部分。

（一）公共信用信息系统

公共信用信息系统是一个庞大的系统体系，由行政机关以及依据法律法规授权具有公共管理和服务职能的组织、司法机关各自拥有的信息系统等构成。行政机关以及依据法律法规授权具有公共管理和服务职能的组织、司法机关，依托公共信用信息系统，在其履行职责过程中会产生或者获取可用于识别信用主体及反映信用主体信用状况的数据和资料，包括登记注册信息、资质信息、行政处罚信息、行政奖励信息和法院裁判信息、失信被执行人名单信息等，源于公权力机关依法行使社会公共管理职能，对管理相对人及其经济社会关系产生影响，具有明显的公共信用信息性质。

按照国家要求，各部门以数据标准化和应用标准化为原则，依托国家各项重大信息化工程，整合行业内的信用信息资源，实现信用记录的电子化存储，建立行业信用信息数据库。加快行业信用信息系统建设，加快推进行业间信用信息互联互通。尤其要加强重点领域信用记录建设。以市场监管、纳税、价格、进出口、安全生产、产品质量、环境保护、食品药品、医疗卫生、知识产权、流通服务、工程建设、电子商务、交通运输、合同履约、人力资源和社会保障、教育科研等领域为重点，完善行业信用记录和从业人员信用档案。各地区要加强信用信息系统建设，对本地区各部门、各单位履行公共管理职能过程中产生的信用信息进行记录、采集，依托统一的信用信息共享平台，为企业、个人和社会征信机构等查询政务信用信息提供便利。各地区要制定政务信用信息公开目录，形成信息公开的监督机制。大力推进本地区各部门、各单位政务信用信息的交换与共享，在公共管理中加强信用信息应用，提高履职效率。

（二）全国信用信息共享平台

国家公共信用信息中心，作为中央编办批准设立的专门从事社会信用体系建设的机构，是社会信用体系建设的纽带和桥梁，拥有国家级信用信息交换共享的核心枢纽，即“全国信用信息共享平台”和国家级社会信用体系建设的官方权威门户网站，即“信用中国”网站，同时还掌握着海量的信用信息资源。

为有效满足社会信用体系建设需要，国家公共信用信息中心持续推动信用信息交换共享。在依法保护国家秘密、商业秘密和个人隐私的前提下，以信用信息需求为导向，按照责任明确、风险分散的原则，与各地区、各部门、各行业、各机构建立信用信息交换共享机制，依法推进各个信用信息系统的互联互通和信用信息的交换共享。

我国社会信用领域信息化建设的战略目标，应当是以全国信用信息共享平台为核心枢纽，以公共信用信息系统和市场信用信息系统为主要支撑，构建全国统一的覆盖全部信用主体、所有信用信息类别、全国所有区域的巨型信用信息网络系统，彻底消除信息孤岛、打破信息壁垒，破解信用信息不对称难题，依法实现公共信用信息与市场信用信息交换共享、融合利用。

（三）市场信用信息系统

目前，征信行业的大部分征信机构为开展征信业务，依据自身条件，建立了以企事业单位及其他社会组织和个人为对象的征信信用信息系统，收集、整理、存储、加工企事业单位及其他社会组织、个人的信用信息，并根据市场需求，对外提供专业化的信用产品和信用服务。

国家建立了金融信用信息基础数据库，由中国人民银行征信中心负责建设、运行和维护。国家要求继续推进金融信用信息基础数据库建设，提升数据质量，完善系统功能，加强系统安全运行管理，进一步扩大信用报告的覆盖范围，提升系统对外服务水平。

除传统的征信机构以外，为适应互联网金融、电商网上交易的规模化发展，中国人民银行批准设立了我国首家个人征信机构——百行征信有限公司。百行征信有限公司建立了属于自己的信用信息系统。此外，部分互联网企业、电商平台和大数据公司也成为信用信息的关注者，纷纷建立各自的信用信息系统。上述机构根据信用市场需求，对信用信息进行收集、整理、存储、加工，对外提供信用报告、信用评级、信用评分、信用监测等信用信息产品和信用信息服务。

我国的银行、证券、保险、信托、外汇等机构，并不完全依赖征信机构，为了更好地防范和控制信用风险，也普遍建立了各自的信用信息系统，并通过业务活动采集、整理、存储、加工客户或交易对方的信用信息，用于金融机构信用风险管理，以期降低交易风险。

第三节　信用信息共享平台

为贯彻落实党的十八届三中全会关于建立全社会信用数据统一平台的决策部署，按照国务院印发的《社会信用体系建设规划纲要（2014—2020）》及相关文件要求，国家发展和改革委员会牵头推进全国信用信息共享平台建设，并于2015年10月30日正式建成投入运行。

一、全国信用信息共享平台建设目标

全国信用信息共享平台建设目标是，依托国家电子政务外网建设信用信息交换共享平台，实现跨部门、跨地区、跨层级信用信息的交换共享、归集存储、加工处理、开发利用，建立国家公共信用信息基础数据库，并

通过信用信息交换共享平台和“信用中国”网站，面向政务部门和社会公众提供信用信息服务，为社会信用体系建设提供基础支撑。

通过全国信用信息共享平台实现公共信用信息跨部门、跨地区、跨层级互联互通和共享共用，将散落在各部门、各地区、各领域的信用信息按照信用主体进行匹配归集、加工整理，建立公共信用信息基础数据库，向政务部门提供信用信息共享、查询以及信用报告生成下载等多种服务，有效支撑政务部门开展基于信用的监管和服务，保障守信联合激励、失信联合惩戒制度的落实，促进协同监管机制的建立，提升监管绩效，优化公共服务。同时，将应当依法公开的信息推送给“信用中国”网站，面向社会公众提供“一站式”信用信息查询服务。

目前，全国已经建成以国家信用信息共享平台为“总枢纽”的全国信用信息共享平台体系和以“信用中国”网站为“总窗口”的政府信用门户网站集群，国家社会信用体系建设重大基础设施架构基本确立。

二、全国信用信息共享平台基本定位

全国信用信息共享平台是我国社会信用体系建设的重大基础设施，是全国信用信息共享交换的“核心枢纽”。全国信用信息共享平台建设致力于推动社会治理体系和治理能力现代化，围绕社会信用体系建设的总体目标，实现跨部门、跨地区、跨层级信用信息资源共享与数据整合，有效消除信用信息孤岛，破除信用信息壁垒，为逐步建成覆盖全部信用主体、所有信用信息类别、全国所有区域的信用信息网络奠定坚实基础，并为培育和发展信用服务行业以及构建以信用为核心的新型市场监管机制提供强力支撑。

三、全国信用信息共享平台建设内容

全国信用信息共享平台主要建设内容包括：（1）开展全国信用标准规

范建设。(2)构建全国信用信息交换共享平台。(3)建立门户网站——“信用中国”网站(互联网门户)和全国信用信息共享平台网站(电子政务外网门户)。(4)建设公共信用基础数据库、统一代码对照库、应用数据业务库和主题信用库以及相关数据应用服务:①公共信用基础数据库;②统一代码对照库;③应用数据业务库;④主题信用库;⑤建设公共信用信息服务系统;⑥建设公共信用信息共享平台公共服务组件与工具。(5)推进重点领域的信用应用:①守信联合激励、失信联合惩戒等示范应用;②全国城市信用状况监测平台示范应用;③全国性行业协会商会行业公共信用信息系统示范应用。

四、全国信用信息共享平台层级体系

全国信用信息共享平台体系由国家级、省级和地市级平台构成。其中国家级平台是由国家信用信息共享平台和中央机关部门、国家机关部委的信用信息系统构成;省级平台是由省信用信息共享平台和省级党委部门、政府部门信用信息系统构成;地市级平台是由地市信用信息共享平台和地市党委部门、政府部门信用信息系统构成。县级及其以下部门可通过本地部署地市级信用信息系统完成数据上报和应用服务,原则上不再单独建设县级信用信息系统。

各地公共信用信息平台建设模式可以分为统建方式和分建方式。统建方式是指,省级或地市级平台建设统一的公共信用信息数据库,下级部门单位不需要单独建设本级数据库,只需使用统建的数据库上报数据并开展信用信息应用。分建方式是指上下级部门单独建设本级数据库,下级部门再向上级部门报送和交换数据;上级部门通过汇集下级部门和本级其他部门的信用信息构建统一的数据库。

五、全国信用信息共享平台功能架构

全国信用信息共享平台功能架构是各项业务逻辑在功能模型上的映射。功能架构如下所示：

1. **数据归集**

基于数据交换平台，丰富信用信息归集渠道，扩大信用信息归集范围，提升信用信息部门归集、区域归集、领域归集、网络归集的能力，拓展中央部门、省（区、市）、试点城市以及行业协会商会、中央企业、征信机构、“信用中国”网站、互联网企业等节点接入数量，实现信用信息资源汇聚。

数据归集子系统用于接收并处理有关方面提供的信用数据，主要具备数据归集渠道管理和原始库加载与管理功能。

2. **数据加工**

数据处理子系统的功能是根据业务流程和规范，以及客户对信用信息服务的要求，对各数据源的原始信用数据按照一定的规则、流程和方法进行统一的校验、清洗、整理、加工，完成信用数据的标准化转换及融合，实现信用数据与信用主体的关联。

具体功能主要包括数据加工规则管理、数据加工任务管理、结构化数据加工、非结构化数据加工、数据抽取、数据处理、数据同步、结果反馈、统计分析等功能。

3. **数据存储**

将经过精细加工、分类整理的信用数据进行加载存储，建设公共信用基础数据库、统一社会信用代码对照库和主题信用库。

4. **数据服务**

为中央部门、省（区、市）、试点城市等政府部门提供多样化共享服务；为金融机构、中央企业、第三方信用服务机构等提供多样化共享服务；为“信用中国”网站、城市信用监测、行业协会商会等节点提供多样化共享服务；为“全国投资项目在线审批监管平台”、“12358价格监管平台”、“国家公共资源交易平台”、联合奖惩系统、大数据分析系统等内部系统提供信息共享服务。

公共信用信息服务主要包括信用报告、信用评价、信用核查、异议投诉、信用修复等功能。

5. 数据治理

以数据质量提升为核心，建立面向数据全生命周期的数据治理体系。构建综合数据治理体系，实现从数据收集、数据加工、数据存储、数据应用整个全生命周期的数据管理，加大全流程标准化执行力度，赋予数据全生命过程的任务调度和监控能力，赋予配置化的度量规则和校验方法生成能力，赋予全方位脱敏的数据应用安全能力，赋予统一数据追溯能力，赋予数据资产的统计分析能力。

主要包括目录管理、标准管理、元数据管理、数据资源管理、数据质量管理、数据对账管理、问题数据反馈与跟踪、数据安全管理和数据加密脱敏管理等功能。

6. 信用大数据分析

利用大数据、分布式计算等先进技术，构建一个大数据分析系统，并通过数据归集、整合建模、挖掘分析等，探索跨部门、跨行业、跨地域的信用大数据专题分析应用。

主要建设内容包括信用大数据资源整合、大数据管理与分析工具和信用大数据专题分析应用。

7. 联合奖惩系统

联合奖惩系统作为全国信用信息共享平台的重要应用系统，具有联合奖惩的发起响应、信息推送、执行反馈、跟踪监测、分析评估等协同联动功能，可以为构建政府、社会共同参与的跨地区、跨部门、跨领域的联合奖惩大格局提供信息化支撑。

联合奖惩系统的建设是在公共信用基础库及交换共享的基础上构建的，包含业务库及应用系统两大部分，其中业务库，是在公共信用基础库的基础上，通过业务处理，构建的业务库，包括联合惩戒及守信激励两大类业务库；应用系统部分，包括备忘录管理子系统、奖惩对象管理子系统、协同执行子系统、奖惩结果反馈子系统、分析评估子系统和系统管理子系统。

8. **全国性行业协会商会行业公共信用信息系统**

全国性行业协会商会行业公共信用信息系统，是以行业公共信用信息市场化应用为目标，以大数据为主要技术手段，汇集行业公共信用基本信息、行业自律信息及诚信建设信息等，并主要借助市场化手段在政府、行业协会商会、其他机构间实现“共建共享、市场化应用”的信息共享系统。

9. **全国城市信用状况监测系统**

全国城市信用状况监测系统通过监测互联网上全国县级以上城市的守信事件、失信事件和信用制度建设情况，结合信用工作推进情况和信用服务市场发育状况，采用大数据技术建立指标体系和监测模型，对城市的总体信用状况进行动态监测，及时了解和掌握各城市信用状况以及信用制度建设进展，为城市信用体系建设提供参考和应用服务，督促地方政府完善信用管理制度，提高城市信用监督管理水平，促进地方政府加快信用体系建设，促进信用服务市场健康发展。

10. **全国信用信息共享平台门户网站**

全国信用信息共享平台门户网站包括互联网“信用中国”网站和电子政务外网“全国信用信息共享平台门户网站”。

电子政务外网“全国信用信息共享平台门户网站”主要功能：共享目录、信用查询、数据下载、联合奖惩、城市信用监测展示。

"信用中国"网站相关内容将在本章第四节专门介绍。

11. 统一监控预警平台

建立统一的节点数据监测管理制度，基于归集数据的及时性、规范性、完整性、准确性等，对各信源单位进行监测；同时对信用信息、信用产品的使用情况进行监测，体现信用信息共享平台的价值。实现数据服务监测与评价，对数据采集、数据交换、数据加工、数据服务、数据资源、基础资源等实现监控预警。主要建设内容包括数据服务监测与评价、全流程可视化监控与展示。

第四节　信用中国官方网站

"信用中国"网站（http：//www. creditchina. gov. cn）由国家发展和改革委员会、中国人民银行指导，社会信用体系建设部际联席会议成员单位共同支持，国家公共信用信息中心主办，于2015年6月1日正式上线，上线以来受到社会广泛关注。

一、"信用中国"网站基本定位

"信用中国"网站，是中国社会信用体系建设领域国家级政府官方门户网站，是统一发布全国信用信息的权威平台窗口。"信用中国"网站的总体目标是，树立为民服务宗旨，坚持正确舆论导向、发挥网站集群优势、服务信用建设大局，敏锐观察、敏感捕捉、积极回应、主动反映党政领导关注的、人民群众关心的、信用建设遇到的重点、焦点、热点、难点甚至痛点问题，努力把"信用中国"网站建设成具有"客观性、公正性、政策性、新闻性、权威性、综合性、公益性"的国内一流网站。

二、“信用中国”网站主要功能

“信用中国”网站作为中国社会信用体系建设领域国家级政府官方门户网站，其主要功能是：宣传贯彻党中央、国务院关于社会信用体系建设的决策部署；发布解读信用法律法规、政策措施、战略规划、目录指南、标准规范；大力弘扬中华优秀传统诚信文化；积极推介信用建设优秀理论研究成果；重点介绍国外社会信用管理成功经验；广泛宣传诚实守信、履约践诺先进典型；全景扫描、动态展示社会信用体系建设的先进经验和显著成就；公示行政许可和行政处罚等政府信用信息；权威公布失信联合惩戒对象名单；公开曝光严重违法失信典型案例；依法提供“一站式”信用信息查询服务；线上受理社会主体信用异议投诉；网上开展公益性信用修复培训；运营微信公众号等。

“信用中国”网站与全国信用信息共享平台建立数据联通机制，全国信用信息共享平台将相关数据及时推送给“信用中国”网站。目前，“信用中国”网站的运行系统及主要功能包括：网站内容管理系统、信用数据管理系统、信用信息搜索引擎、全国行政许可与行政处罚信用信息公示系统、法人和非法人组织统一社会信用代码查询系统、信用主体自主填报系统、失信企业协同监管和联合惩戒信息系统、公益性在线培训平台、信用中国 App 和小程序、接口等项功能。

在网站栏目内容设置方面，坚持以人为本，以为社会公众提供优质、便捷、及时的信用信息服务为己任；以党和国家关于社会信用体系建设的顶层设计为指引；以新时代、新形势、新任务、新气象、新事物为焦点；以推动信用法律体系、信用目录体系和信用标准体系建设为基础；以推进政务诚信、商务诚信、社会诚信和司法公信建设为核心；以建立守信激励和失信惩戒机制为重点；以推进行业信用建设、地方信用建设为依托；以培育信用服务机构、发展信用服务市场为基础；以构建以信用为核心的市场监管体制为目标；以加强法制教育和诚信教育，促进社会信用主体严格诚信自律为根本；以推动诚信文化建设，提高全社会诚信意识和信用水平，构建诚信社会为目的，为全面推进社会信用体系建设发挥应有的积极作用。

“信用中国”网站的上限运行，是社会信用体系建设领域的一项里程碑事件，开创了信用工作的崭新局面。

第五节　信用信息共享现状

一、信用信息共享取得的主要成效

为消除信用信息孤岛，冲破信用信息壁垒，实现跨部门、跨地区、跨领域、跨机构信用信息资源共享与数据整合，保障社会信用体系建设的迫切需要，国家发展和改革委员会组织建设了全国信用信息共享平台。

（一）国家级信用信息共享平台和“信用中国”网站运行情况

全国信用信息共享平台作为全国信用信息交换共享的“核心枢纽”，于 2015 年 10 月上线运行。作为社会信用体系建设领域的重大基础设施，全国信用信息共享平台顺利建成并投入运行具有里程碑意义，标志着全国信用信息交换共享体系架构的基本确立，为逐步形成覆盖全部信用主体、所有信用信息类别、全国所有区域的信用信息网络奠定了坚实基础。2015 年 12 月，李克强总理在国家发展改革委视察工作期间，对全国信用信息共享平台的建成运行给予了充分肯定。目前，全国信用信息共享平台由国家公共信用信息中心负责管理。

全国信用信息共享平台的建成与运行，创立了跨部门、跨地区、跨领域信息联享、信用联评、守信联奖、失信联惩的共享机制，促进了社会主体的信用状况公开透明、可查可核，使守信者一路绿灯、失信者处处受限，不断推动社会信用体系建设向纵深发展，为建立以信用为核心的新型市场监管体制和现代社会治理模式创造了条件。

截至 2019 年 5 月底，全国信用信息共享平台已连接国家 44 重点部委、32 个省级信用平台和 70 个市场机构，实现了核心数据机制化共享，每周定时向各部门和地方推送行政许可和行政处罚、失信联合奖惩对象名单、企业经营异常名录等信息，并与国家人口基础数据库建立了信息核查与叠加机制。

1. **全国信用信息共享平台信息归集共享成果**

全国信用信息共享平台自 2015 年 10 月上线运行以来，数据归集量迅速增长，截至 2019 年 10 月，各类信用信息归集数量从初期的不到 2000 万条跃升至数百亿条。

全国信用信息共享平台归集的全量数据全部可供部际联席会成员单位使用。可公开的数据原则上全部依法公开，并与社会机构机制化共享。

2. **“信用中国”网站运行成果**

“信用中国”网站在社会信用体系建设中承担全国信用信息统一发布、权威公开“总窗口”角色。

（1）网站对外公开信息情况。

对外公开涉及企业信用信息，主要包括企业基础信用信息、经营异常名录、统一社会信用代码信息、失信联合惩戒对象名单信息、行政许可与行政处罚信息等。

（2）网站与社会服务机构共享信息情况。

网站共与各个政府部门及社会机构进行数据共享与交换，其中与中国政府网、“互联网+”监管系统、国家政务服务平台等进行了衔接，其余包括金融服务机构、大数据及第三方信用服务机构，提供企业工商基础信息、统一社会信用代码信息、行政许可和行政处罚信息、重点关注名单以及守信联合激励名单、失信联合惩戒名单等信用信息查询接口服务。

（3）异议申诉和行政处罚信用修复情况。

自 2019 年 7 月起，网站实现信用修复、数据异议在线办理。

（二）地方上信用信息共享平台和“信用中国”网站运行成果

1. 江苏省以一体化建设为动力，夯实信用监管系统支撑

江苏省建成全省统一的信用平台和网站，不断优化省市一体化信用信息归集和应用，打造信用信息共享交换枢纽。加快推进公共信用信息资源管控平台、信用大数据应用平台等重点项目建设，省信用信息共享平台在库信息突破 66 亿条，基本实现信源部门全覆盖（46 家省级部门）、地区全覆盖［13 个设区市、96 个县（市、区）］、1100 万主要市场主体全覆盖（356 万户企业、718 万个体工商户、4.9 万事业单位、9.7 万社会组织以及 14 万农民专业合作社等其他组织），以及 6349 万 18 岁以上自然人全覆盖。应用服务方面，在财政资金安排、评优评先、公务员录用调任等事项中全面建立信用审查机制，2020 年以来对 18391 家企业、4222 个自然人进行了信用审查。推进线下线上融合服务，依托 272 个全省一体化服务网点，出具信用信息查询报告 4.5 万份；“信用江苏网”“苏信服”公众号提供信用信息公示、一站式查询、贯标示范企业信用信息服务等多场景服务。印发《关于运用江苏省信用联合奖惩信息系统实施联合奖惩的通知》，推动信用奖惩嵌入式、自动化落地。形成数据交换的重要枢纽。实现了与国家全量共享、与部门按需共享、与地市互补共享、与社会机构协议共享，并将持续拓展交换共享范围。

2. 河南省坚持六路协同实现创新突破

努力打造社会信用体系与大数据融合发展的“河南样板”。新一代信息技术的快速发展和融合应用，推动社会信用体系与大数据日益呈现融合发展态势。2017 年 11 月，国家发展改革委、人民银行批复同意《河南建设社会信用体系与大数据融合发展试点省实施方案》，对河南社会信用体

系建设提出了新的更高要求。河南省建设社会信用体系与大数据融合发展试点的主要做法及显著成效：坚持数据与目录协同，开辟信息归集新路径；坚持功能与体系协同，打造共享服务新枢纽；坚持评价与管理协同，探索信用监管新模式；坚持创新与应用协同，拓展信用惠民便企新场景；坚持引导与规范协同，培育信用服务新业态；坚持制度与体制协同，健全融合发展新机制。目前，省信用信息共享平台已归集有关法人、自然人以及其他社会组织的各类信用数据45.6亿条，“信用河南”网站日点击量最高达90万人次，累计在线信用查询2亿多次。

省信用信息共享平台向国家信用信息共享平台共享数据32亿条，向全省各级各部门共享统一社会信用代码、失信被执行人、重大税收违法案件、A级纳税人、海关高级认证企业、出入境检验检疫AA企业、省长质量奖、安全生产失信惩戒黑名单、企业异常名录信息等各类信用信息9亿多条。

3. 海南省积极推进信用大数据开发利用

海南自贸试验区信用信息共享平台大数据分析监测信用承诺企业是否有违规、违法、违约、欺诈行为的情况，并对承诺前后的四类风险行为次数进行监测分析。另外，对信用承诺企业进行统计分析，主要包括企业的行业分布、产业分布、地区分布及风险企业的地图分布，信用平台大屏依法依规展示相关信息数据。省旅文厅依托具备中国人民银行征信牌照的第三方专业机构建立覆盖手机App、PC端、微信端的诚信平台，汇集包括涉旅企业的工商注册基本数据、互联网服务评价数据、“信用海南”涉旅失信人、黑名单数据以及市场监管、税务、法院、公安等政府部门涉旅企业的基础数据、处罚数据和信用数据等，构建评价模型进行动态实时信用评价。联合省发展改革委围绕“信易游”试点，探索在景区、酒店等场景为诚信分高的市民和外来游客提供集衣食住行于一体的服务优惠和便利。推动省旅游协会落实省发展改革委与芝麻信用签订的合作意向书，在全省范围内有序推进“信用住”相关工作。

二、信用信息共享存在问题与对策

全国信用信息共享平台建成运行至今，信用信息共享数量持续增加、质量不断提升、服务逐渐改善，对我国社会信用体系建设发挥了重大的基础支撑和强力推动作用。但同时也应当看到，在全国信用信息共享方面仍然存在一些不容忽视、亟待解决的重大问题。

（一）信用信息共享方面存在的主要问题

1. 信用信息资源共享缺乏法律保障

信用信息共享机制不可能自发形成并进入良性运行轨道，而是需要外部的制度设计和强力执行予以保障。

2016 年 9 月 5 日，为加快推动政务信息系统互联和公共数据共享，增强政府公信力，提高行政效率，提升服务水平，充分发挥政务信息资源共享在深化改革、转变职能、创新管理中的重要作用，国务院印发了《政务信息资源共享管理暂行办法》，规定：国务院各部门、各省级人民政府有下列情形之一的，由国家发展改革委通知整改；未在规定时限内完成整改的，国家发展改革委要及时将有关情况上报国务院：（1）未按要求编制或更新政务信息资源目录；（2）未向共享平台及时提供共享信息；（3）向共享平台提供的数据和本部门所掌握信息不一致，未及时更新数据或提供的数据不符合有关规范、无法使用；（4）将共享信息用于履行本单位职责需要以外的目的；（5）违反本办法规定的其他行为。

可是，《政务信息资源共享管理暂行办法》没有建立相应的问责机制，有待今后进一步完善。

2. 信用信息共享缺乏标准规范

目前，全国统一的信用信息目录体系尚未建立，信用标准体系有待完善，信用信息目录和信用信息标准缺失已成为制约我国社会信用体系建设进程的一个重要因素。一些部门、地方、单位有关信用信息的记录、归集、存储、加工、传递、共享、使用等活动的基本规则尚未形成。

3. **信用信息共享体制机制不顺**

信用信息共享决定权属于信用数据拥有方。由于一些部门及其政务信息机构存在信用信息资源专享的权属观念，导致信用信息资源部门化、利益化，不愿将本部门掌握的信用信息与其他部门或机构共享。

目前，我国各级政府及其部门的政务信息机构，多数各自独立、自成系统、互不联接，犹如一座座信息孤岛；相互之间出于各种原因设置信息壁垒，严重阻碍政务信息包括公共信用信息的交换共享，已经成为推进社会信用体系建设的重大障碍。守信激励、失信惩戒机制受其掣肘，至今尚未完全建立起来并有效发挥作用。

4. **信用信息共享有效供给严重不足**

（1）信用信息共享数量严重不足。

由于缺乏信用信息共享方面的约束机制，一些政务部门向共享平台推送信用信息态度不积极、承诺不兑现，致使政务信息资源共享需要靠相关机构人员去沟通协商、上门征集，但收效甚微。

目前，政务信用信息资源共享尚未实现全覆盖，有的单位至今仍然是零共享，有的单位也只是做到了有限共享，普遍存在信用信息应归集而未归集、应共享而未共享的问题。

但另一方面，公共信用信息的社会需求量却非常大。如信用服务机构迫切需要获取可展现信用主体合法合规性方面状况的信用信息，因为将其纳入信用报告可使信用报告更为全面、客观、权威、可信。

（2）信用信息共享质量亟待提高。

国家信用信息标准体系建设相对滞后于社会信用体系建设实际需要。在信用信息标准建设方面，由于国家尚未制定信用信息记录、采集、归集、存储、处理、传递、共享和使用以及管理的统一标准（包括质量标准），加之政务部门的信息化建设和管理水平参差不齐，使得政务信用信息的原始数据质量差异较大，最终导致归集至共享平台的数据的总体质量难以控制，无法保障。质量问题主要表现在信用信息内容缺项、存在错误、重复推送等。

此外，在已交换共享的信用信息当中，有关信用主体的基础信息较多，而能够反映信用主体信用状况的行政许可、行政处罚和荣誉表彰等的信用信息相对偏少。

缺少高质量的信用数据供给，已成为制约信用服务市场和信用服务机构发展的一个重要因素。

（3）信用信息推送、纠错、更新不及时。

在政务部门信用信息共享过程中，由于存在信用信息推送、纠错或者更新不及时等问题，致使信用信息时效性较差，不能实时动态反映信用主体的信用状况，降低了信用信息的利用价值。

（二）解决信用信息共享方面问题的对策

信用信息共享机制的建立，是一项复杂的系统工程。解决信用信息共享方面存在问题需要全面考虑、统筹安排、标本兼治。

1. 将信用信息共享作为政务部门的法定义务

加快推动社会信用法律体系建设，将信用信息交换共享纳入法治化轨道。其中，通过建立相关法律制度将政务部门、司法机关在履行职责过程中制作或获取的，以一定形式记录、保存的文件、资料、图表和数据等各类信用信息资源，包括政务部门、司法机关直接或通过第三方依法采集的、依法授权管理的和因履行职责需要依托政务或司法信息系统形成的信用信息资源的交换共享明确列为政务部门、司法机关的法定义务，运用法律的强制力保障政务部门、司法机关严格履行信用信息交换共享方面的法定义务，推动信用信息跨地区、跨部门、跨系统、跨层级、跨业务的横向联通和纵向贯通。

2. **通过信用信息管理体制改革联通信息孤岛**

各级政府应当以事业单位机构改革为契机，为消除信息孤岛，清除信息壁垒，撤并重组所辖各部门现有的从事政务信息服务的机构，统筹整合、充分利用现有资源，组建政府直属的统一的大数据中心，负责建立统一的政务信息共享大平台，彻底消除信息孤岛、打破信息壁垒，实现政务信息跨部门集中存储、交换共享与信息公开。在各级政府实现横向打通的基础上，进一步实现整个政府体系内的纵向贯通，使全国政务信息系统成为一个完备的有机整体，依法推进政务信息的共享与公开。公共信用信息共享平台与政府的政务信息共享大平台实现互联互通，逐步形成覆盖全部信用主体、所有信用信息类别、全国所有区域的信用信息网络。依托政府的政务信息共享大平台获取原始的信用数据，并在此基础上进行专项存储、分类管理、加工整理、交换共享、开发产品、提供服务，以适应和满足社会信用体系建设的实际需要。

同时，依法推进公共信用信息共享平台与国家金融基础数据库之间的信用信息交换与共享。

目前，一些省、自治区、直辖市为消除信息孤岛，清除信息壁垒，已经对政务信息机构进行大刀阔斧的机构改革，即撤销、整合隶属于各部门的政务信息机构，重新组建隶属于政府的政务信息机构，形成统一的大系统、大平台，信息公开和信息共享问题迎刃而解，效果十分显著。实践证明，此举是消除信息孤岛，清除信息壁垒的治本之策，一举根治多年顽疾。国家应大力支持这项改革，积极推广新型模式，并尽快上升至国家部委层面。

3. **建立信用信息有偿提供、共享和使用机制**

国家应及时出台关于信用信息有偿提供、共享和使用的收费政策。公共信用信息共享平台对数据提供方可按规定付费；对用于社会公共服务或公益活动的信用信息，公共信用信息共享平台应采取免费提供的方式；对市场主体的商业化行为，公共信用信息共享平台则采取有偿提供信用信息的方式，用于弥补共享平台的运行维护成本；或者采用双方信用信息对等互换方式，增加各自的信用信息归集数量。这样保障公共信用信息共享平台健康、稳定、持续运行。

4. 科学定位公共信用信息共享平台基本功能

科学、合理、精准定位公共信用信息共享平台的总体功能。在保证实现信用信息归集、存储、加工、交换、共享、服务等基本功能的基础上，应当对信用信息价值进行深度挖掘和应用拓展。在建立和完善信用主体的信用档案和统一规范信用主体的信用报告的同时，开展对全国范围、重点行业、重点地区、重点领域和重点人群信用状况的动态追踪、实时监测、综合分析、全面评价，并形成信用评价报告。

5. 大力增加公共信用信息对社会的有效供给

第一，要实现公共信用信息共享平台对公共信用信息来源全覆盖，涵盖央行、法院、公安、税务、社保、国土、生态环境、建设、市场监管、电力、水务、燃气、供暖、电信等所有相关部门和机构，实施多渠道来源数据整合。第二，要建立社会信用体系建设部际联席会议成员单位信用信息共享情况通报制度，定期公布各部门信用信息共享情况，提出问题、督促整改。第三，积极推进结构化数据存储和结构化数据管理，对数据进行分类管理、分项开发，重视行为数据和过程数据利用，满足多元化、差异化、个性化需求，提高信用数据资源利用率。第四，按照“谁主管，谁提供，谁负责”的原则，提供部门应当及时维护和更新信息，保障数据的完整性、准确性、时效性和可用性，确保所提供的共享信用信息与本部门所掌握信用信息的一致性。第五，运用先进技术对信用信息进行数据审计、分类、清洗、加工、建模，为后续的数据管理及分析打下良好基础，以保证数据的质量及可靠性。对利用大数据技术采集的信用信息进行智能化预处理，为信用信息分析和价值挖掘奠定基础。第六，加强对信用信息的全流动过程、全生命周期管理，不断提高服务质量。第七，依法保障网络和信用信息安全，保护国家秘密、商业机密和个人隐私。

6. 建立统一的信用信息目录体系和标准体系

为加快推进全国信用信息共享平台一体化建设，建立健全公共信用信息共享标准体系，国家发展改革委会同全国信用信息共享平台（二期）项目共建部门、国家信息中心、中国标准化研究院等单位，共同编制了《公共信用信息标准体系框架》等六项工程项目标准，而且已在全国信用信息共享平台（二期）项目建设中率先使用，并取得了初步成效。

编制公共信用信息目录。在清理现有信用信息目录基础上，以各级政府及其部门的权力清单、业务清单、目录清单、数据清单为依托，以应用需求为导向，编制支撑信用信息整个流程的全国统一的信用信息目录体系。

全国社会信用标准化技术委员会会同国家公共信用信息中心，在已有信用信息资源相关标准基础上，建立健全统一的信用信息资源目录分类、采集、存储、加工、交换共享、平台对接、网络安全保障等方面的标准，形成完善的信用信息资源共享标准体系。统筹建设信用信息资源目录体系和标准体系。

强化数据采集一致性，明确数据类别、信息内容、数据格式、报送方式、报送周期和应用范围等要求，坚持“一数一源”、多元校核，实行规范化管理。

7. 实现公共与市场信用信息共享平台的对接

目前，我国已经呈现公共信用信息共享平台和市场信用信息共享平台并存的局面。而公共信用信息共享平台和市场信用信息共享平台，在数据来源渠道、数据归集领域、信息共享范围、数据加工产品、信息服务对象等方面存在明显差异。今后，应当推进以政府为主导、以市场为基础，以公共信用信息共享平台为核心、以市场信用信息共享平台为辅助，形成公共信用信息服务模式和市场信用信息服务模式共存共荣局面，实现公共信用信息共享平台与市场信用信息共享平台有效对接、协同发展，发挥政府和市场二者的各自优势，实现信用信息共享双引擎驱动，更好地为社会提供全面、准确、及时、优质、便捷的信用信息服务。

8. 实现信用信息查询服务及使用方式多样化

除了在“信用中国”网站、“信用中国”手机 App 开设专门窗口供社会主体查询信用信息以外，还应在政务大厅、银行大厅等重要的信用信息应用场景设置必要数量的智能查询打印终端设备，面向社会公众提供优质、便捷的信用信息及信用报告查询打印等项服务。

第八章

信用目录体系

信用目录体系，是指不同类型的信用目录按照一定规则、标准集合而成的一个呈体系化的有机联系的统一整体。

每一类信用目录的编制都应当在信用目录体系总体架构的基础上，按照全国信用目录体系建设的基本原则和总体要求，协调一致、相互配合。

本章着重研究探讨与信用信息目录编制有关的问题。

第一节　信用信息目录编制

国家对社会信用信息实行目录管理。信用信息目录管理制度，是社会信用体系建设的一项基本制度。信用信息目录的编制是社会信用体系建设的一项先导性工程和基础性工作。制定信用信息目录，明确信用信息分类，按照信用信息的属性，在依法保护国家秘密、商业秘密和个人隐私的前提下，推进信用信息全部流程及其各个环节的分类管理。

一、信用信息目录概念的内涵

信用信息目录，是指根据一定原则、标准、规范、次序所编排制定的反映信用主体信用状况的信用信息及相关事项的名目清单。

信用信息目录用于信用信息的记录、采集、归集、存储、加工、传递、共享、公开、使用等环节的统一管理和目标导航，为信用数据资源检索、定位、获取等服务提供快速便捷的手段和途径。

例如，公共信用信息归集目录对公共信用信息的项目内容、数据属性、数据分类、数据格式、提供单位、归集程序、归集路径、归集时限、使用权限、披露方式等要素作出明确规定。

信用信息目录体系，是指不同类型的信用信息目录按照一定规则、标准集合而成的一个呈体系化的有机联系的统一整体。

每一类信用信息目录的编制都应当在信用信息目录体系总体架构的基础上，按照全国信用信息目录体系建设的基本原则，协调一致、相互配合。

2019 年 7 月 16 日，国务院办公厅印发《关于加快推进社会信用体系建设构建以信用为基础的新型监管机制的指导意见》（国办发〔2019〕35

号），强调指出：全面建立市场主体信用记录。根据权责清单建立信用信息采集目录，在办理注册登记、资质审核、日常监管、公共服务等过程中，及时、准确、全面记录市场主体信用行为，特别是将失信记录建档留痕，做到可查可核可溯。完善法人和非法人组织统一社会信用代码制度，以统一社会信用代码为标识，整合形成完整的市场主体信用记录，并通过"信用中国"网站、国家企业信用信息公示系统或中国政府网及相关部门门户网站等渠道依法依规向社会公开。

二、信用信息目录的主要分类

依据信用主体分类，可分为自然人信用信息目录、法人信用信息目录、非法人组织信用信息目录。

依据目录用途分类，可分为信用信息采集目录、信用信息共享目录、信用信息公开目录、信用信息应用目录等。

依据目录地位分类，可分为信用信息基本目录、信用信息拓展目录等。

三、信用信息目录的编制原则

合法性原则——编制信用信息目录必须符合法律、法规、规章和规范性文件的规定。

科学性原则——编制信用信息目录必须符合客观事实，反映事物本质和内在规律，具有科学依据。

合理性原则——编制信用信息目录应当合情合理，为信用主体留出适度的容错空间。

必要性原则——编列信用信息目录的事项应属确有必要。

标准化原则——编制信用信息目录应当严格执行国家标准，实现信用信息目录的标准化、规范化。

可操作原则——确保信用信息目录编制精细化，具有适用性、实用性和可操作性。

审慎性原则——编制信用信息目录必须周密、严谨、慎重。

稳定性原则——信用信息目录一经确定，一般不应随意改变。在保持信用信息目录基本稳定的前提下，建立动态调整机制。将根据社会信用体系建设总体进展、法律法规修订等情况，适时对信用信息目录清单进行动态调整和完善。

扩充性原则——信用信息目录必须留有适当的递增容量，以便适应不断扩充目录的需要。

简明性原则——信用信息目录力求简短明了，以便减少代码差错，节省贮存空间，提高信息处理效率。

一致性原则——信用信息目录编制方法和程序前后各期应当基本保持一致，不得随意变更。如确有必要变更，须将变更原因、变更情况及其对信用信息目录状况的影响，向社会公开说明。

公开性原则——信用信息目录以及信用目录设定依据、办理流程等信息应当面向社会公开，便于社会主体实时查询，不断提升社会信用管理的透明度和信用信息目录使用的便捷性。

精准化原则——编制信用信息目录不能笼而统之、大而化之，应当精准明确。

四、信用信息目录的重要作用

全面实行信用信息目录化管理，是推进社会信用体系建设的一项重大制度创新。

编制信用信息目录，是社会信用体系建设的基础性工作。信用信息目录管理制度，是社会信用体系建设的前置制度。信用信息目录，是从事社会信用管理应当必备的基本工具。社会信用信息目录体系是社会信用体系架构的重要支柱。

建立科学、合法、合理、合情、适用的信用信息目录体系，是实现社会信用管理规范化的必要前提条件。

有了信用信息目录，明确信用信息的来源、事项、范围、属性、类别、关系、类型、格式等，才能保障信用信息来源和信用信息质量；才能划定合法记录、采集、归集、存储、加工、传递、共享、公开、使用信用信息的数据种类和范围界限，使上述行为有章可循；信用服务机构可以据此开发信用产品，创新信用服务，推动信用服务市场健康发展；才能准确地对信用主体进行信用监管、信用监测、信用评价、信用考核；明确了信用信息的属性，才能有效保护国家秘密、商业秘密、个人隐私；按照信用信息的属性，明确信用信息分类，才能有效开展信用分类监管；才能实现社会信用管理信息化、智慧化、现代化；才能使社会信用管理做到有的放矢，为实现社会信用管理目标，构建社会信用秩序奠定坚实的基础；才能合法、合理、有效地利用社会信用数据资源，推动我国数字经济健康发展。

第二节　信用信息目录管理

编制信用信息目录，是社会信用体系建设的基础性工程。要实现社会信用体系建设目标，必须加强各项制度建设。信用信息目录管理制度，属于社会信用体系建设的基本制度，在工作中应予以高度重视，列入优先选项。

信用信息目录管理，需要注重以下几个方面：

一、政府统一发布信用信息目录

为提高信用信息目录的严肃性、规范性、权威性和公信力，信用信息目录应当由国家统一组织编制并公开发布。

编制信用信息目录是一项系统工程，应当建立健全编制信用信息目录的高效运作机制。各部门统筹协调、合理分工、各司其职、各负其责、密切配合、协调一致、统一行动才能完成任务。

二、依法依规编制信用信息目录

编制信用信息目录必须依据法律法规、标准规范、行政权力和政务服务事项清单进行，实现信用信息目录编制工作的法制化、标准化、规范化。

编制信用信息目录必须符合合法、审慎、必要等要求，既要保证“应归尽归”又要防止“无序乱归”。

法律、法规规定须记入信用主体信用档案的信用信息及相关事项，应当纳入信用信息目录。

禁止将自然人的宗教信仰、基因、指纹、血型、疾病和病史信息以及法律、法规规定禁止归集的自然人的其他信息列入信用信息目录。

编制信用信息资源共享目录时，凡列入不予共享类的信用信息资源，必须有法律、法规或党中央、国务院政策依据。

三、规范信用信息目录编制程序

编制信用信息目录必须从实体要求和程序要求两个方面作出严格规范。要进一步细化信用信息目录的编制流程。编制过程中，有关部门提出将相关事项纳入，或拒绝将相关事项纳入信用信息目录，应当说明正当理由，并出示相关依据。既要保证信用事项“应归尽归”，同时又要防止“无序乱归”，避免滥用编制信用信息目录手段导致“信用泛化”现象发生。

信用信息目录可通过信用信息共享平台的“信用信息目录管理与用户

配置系统”填报和编制。

四、面向社会公众公开征求意见

信用信息目录草案应当采用以下方式征求意见和建议：通过权威媒体向社会公开发布，征求社会公众的意见和建议；通过组织召开听证会、听取社会各界代表的意见和建议；通过组织有关专家进行评估论证，听取专家的意见和建议。

五、建立信息反馈及其评估机制

社会信用体系建设牵头部门和其他有关行政主管部门应当建立信用信息目录实施信息反馈和评估机制，根据反馈和评估情况定期对其制定的信用信息目录进行复审。经过复审，对不适应经济和社会发展以及社会信用体系建设需要的信用信息目录应当及时修订或者废止。

六、信用信息目录实行动态管理

国家应当加强信用信息目录编制顶层设计，制定信用信息目录编制规划、编制标准、编制规程和管理办法等科学统一的管理规范。对信用信息目录实行动态管理，定期更新。目前，一些地方原则上每两年更新一次信用信息目录版本。

第三节　信用信息目录现状

一、国家颁布的信用信息目录

2016 年 7 月 13 日，为贯彻落实党的十八届三中全会关于“建立全社会信用数据统一平台”的决策部署，加快完善全国信用信息共享平台，健全数据目录管理机制，提高信用信息跨部门、跨地区共享共用水平，国家发展改革委办公厅印发《全国信用信息共享平台信用信息目录（部际联席会议成员单位 2016 年版)》。该《目录》是在汇总社会信用体系建设部际联席会议成员单位报送的目录及数据的基础上形成的。

2019 年 6 月 19 日，国家公共信用信息中心发出《关于印发全国信用信息共享平台信用信息归集目录（2019 年版）的通知》，指出：本次印发《目录》，旨在归集现阶段信用建设重点工作涉及的核心信用信息，并与从中央部门及合作机构获取的信息互为补充，形成相对完整的信用信息基础库。请各省级信用信息平台建设单位按照《目录》规范报送信息，全国信用信息共享平台汇总各类信息后进行融合汇聚和整理加工，后续将同各省级平台充分共享。共建共享模式将有力地支持各地有效落实党中央、国务院关于社会信用体系建设的重要部署，助力相关工作取得新突破。

截至 2019 年 8 月 31 日，根据国家标准化管理委员会国家标准制修订计划，由全国社会信用标准化技术委员会提出并归口、由中国标准化研究院等单位负责起草的《公共信用信息数据元目录》《公共信用信息资源目录编制指南》等国家标准征求意见稿，已经通过向社会各界公开征求意见环节，目前正在作进一步修改与完善。

二、地方颁布的信用信息目录

目前，全国绝大部分地方都已制定并出台了信用信息目录，为社会信用体系建设奠定了坚实基础。

（一）湖北省出台社会信用信息目录编制工作规则

2016年12月，湖北省信用办发布《湖北省社会信用信息目录编制工作规则》指出：湖北省信用信息目录实行全省统一编制和集中发布，是各级政务机关和社会公共服务机构汇集信用数据、在行政管理中使用信用记录、开展行业信用管理、实施失信行为联合惩戒的基本依据。目录框架结构主要由基本要素、业务要素、技术要素三部分组成。基本要素包括行业领域、主体类别、信息类别、目录指标、目录事项等内容。业务要素包括权责层级、发生频率、公开范围、有效期限等内容。技术要素包括数据结构、归集方式、共享交换路径或接口等内容。编制方法为：（1）目录编制的路径——省信用信息目录通过省信用平台的“湖北省信用信息目录管理与用户配置系统”（简称目录管理系统）填报和编制。（2）目录事项的范围——目录内容范围包括行政管理、司法裁判、公共服务等领域产生信用记录的职权事项。（3）工作程序及责任分工。①行政管理方面。一是各级信用主管部门负责落实本级政府部门按照《湖北省行政权力清单管理办法》（省政府令第382号）要求，对照当地政府公报或政府网站公示的行政权力清单逐项编制目录事项；目录管理系统中已经预置的行政许可、行政处罚事项，要督促相关单位核实并按系统设计要求完善相应内容；填报工作完成后，要对填报的目录事项与本级公示的行政权力清单进行一致性检查，确保实现基层单位全覆盖、权力事项全覆盖。二是省行业主管部门负责按照业务归口关系，在目录管理系统中整理本行业系统省市县三级填报的全部目录事项，包括梳理相同权力事项、规范事项名称、确定事项业务要素和相应的信息数据项；三是市县信用主管部门负责整理没有省行业主管部门业务归口的目录事项，会同当地技术支持单位确定事项业务要素和相应的信息数据项。②司法裁判方面。由省法院负责组织编制法院和仲裁机构产生的生效的判决、裁决、裁定和执行信息的目录事项，确定事项业务要素和相应的信息数据项。③公共服务方面。由市县信用主管部门负责组织编制，内容包括依法负有公共事务管理和服务职责的组织在履行职责过程中产生或者掌握信用信息的目录事项，会同当地技术支持单位确定事项业务要素和相应的信息数据项。

（二）河南省依法编制全省统一公共信用信息目录

《河南省社会信用条例》规定："公共信用信息实行目录管理。公共信用信息目录由省社会信用工作主管部门会同公共信用信息提供单位，根据国家有关规定和标准组织编制，报省人民政府批准后向社会公布。拟纳入公共信用信息目录管理的项目可能减损信用主体权利或者增加信用主体义务的，应当组织专家进行评估，并向社会公开征求意见。公共信用信息目录应当包括数据代码、数据名称、数据格式、提供单位、主体类型、信息性质、共享属性、覆盖范围、更新周期和信息项等要素。"根据该《条例》规定，河南省公共信用信息目录由省发展改革委会同公共信用信息提供单位，根据国家有关规定和标准组织编制，报省人民政府批准后向社会公布；对可能减损信用主体权利或者增加其义务的项目，应当组织专家评估，并向社会公开征求意见。河南省公共信用信息目录依据《国家发展改革委办公厅关于印发实施〈公共信用信息标准体系框架〉等六项工程标准的通知》文件要求，并结合部门权责清单编制。目录编制采取"纵向到底、横向到边"的工作模式，省有关部门负责本系统（包括法律法规授权的具有管理公共事务职能的二级机构）省市县三级的行业领域目录编制，各省辖市、济源示范区、各省直管县（市）发展改革委负责本级具有公共事务服务职能的企事业单位（供水、供电、供气、电讯、图书馆、公共交通、城市管理等）的目录编制。目前已编制涵盖45个行业部门和水、电、气、暖、通信、公共交通等公共事业领域的全省统一的公共信用信息目录。

第九章

信用标准体系

“没有规矩，不成方圆”。构建信用标准体系是社会信用体系建设的重要组成部分。信用标准化是社会信用体系建设的重要基础保障和技术支撑。

第一节 信用标准体系概念

一、信用标准体系概念及其内涵

信用标准体系，是指一定范围内的信用标准按照一定的规则秩序和内在联系集合而成的科学的有机整体。信用标准体系的组成单元是信用标准。

信用标准是指为了在一定的范围内建立最佳信用秩序，按照规定的程序经协商一致制定并由公认机构批准，为信用及其相关活动或其结果提供规则、导则、指南或特性定义的技术规范或者其他精确准则，以供相关社会主体共同使用和重复使用的一种规范性文件。

信用标准以科学、技术和实践经验的综合成果为基础，突出有效性、先进性和适用性，为社会信用体系建设提供技术支撑。

在全国范围内，与实现国家信用标准化目的有关的所有标准，按照一定的规则秩序和内在联系集合而成一个国家的信用标准体系。

二、社会信用标准体系基本特性

信用标准体系应当具备以下特性：（1）目的性，即信用标准体系是围绕实现信用标准化目的而构建的；（2）层次性，即信用标准体系内的信用标准可以分为若干层次，其反映了信用标准体系的纵向结构；（3）协调性，即信用标准体系内的各项信用标准应该按照内在逻辑衔接一致，而不是杂乱无序地简单堆积；（4）配套性，即信用标准体系内的各种信用标准应当相互联系、相互补充、相互依存、相互作用、相互约束，共同构成一个有机整体；（5）比例性，即信用标准体系内各类信用标准在数量上应保持适当的比例关系；（6）动态性，即信用标准体系内的组成单元应当随着时间的推移和环境的改变，而适时修订或废止，创新和发展。

三、信用标准体系建设基本原则

国家信用标准体系建设坚持国务院办公厅印发的《国家标准化体系建设发展规划（2016—2020 年）》提出的“需求引领、系统布局，深化改革、创新驱动，协同推进、共同治理，包容开放、协调一致”的基本原则。

四、社会信用标准体系覆盖范围

信用标准体系框架搭建应当“横向到边，纵向到底”，即：信用标准体系应当覆盖全部社会信用体系建设领域，覆盖全部社会信用主体，覆盖全部信用相关行为，覆盖全部信用信息流程，不能遗留社会信用标准化管理的空白和漏洞。

五、社会信用标准体系类型特征

根据信用标准体系的应用范围，信用标准体系应当属于综合标准体系，适用综合标准化构建模式。

《综合标准化工作指南》（GB/T 12366—2009）给出的综合标准化定义是：为达到确定的目标，运用系统分析方法，建立综合标准体，并贯彻实施的标准化活动。综合标准体是指：综合标准化对象及其相关要素按内在联系或功能要求形成的相关指标协调优化、相互配合的成套标准。综合标准化是运用系统分析方法，以整体效果最佳为目标，对选定的标准化对象及其相关要素综合起来进行系统处理，使标准化对象达到最佳水平的整体标准化。

信用标准体系在保持基本稳定的前提下，还应随着时间的推移和情况的变化而不断更新和发展。

六、信用标准体系基本架构层级

我国社会信用标准体系的基本架构由信用国家标准（包括信用强制性国家标准和信用推荐性国家标准）、信用行业标准、信用地方标准、信用团体标准、信用企业标准组成。

我国社会信用标准体系，根据信用标准体系建设的基本原则，按照信用标准的基本属性、规范对象、功能用途，总体可分为基础层、通用层和专用层。

2017 年 12 月 29 日，国家质量监督检验检疫总局、国家标准化管理委员会发布了一项国家标准，即：《信用标准体系总体架构》（GB/T 35431—2017），自 2018 年 4 月 1 日实施，归口单位为全国社会信用标准化技术委员会。《信用标准体系总体架构》指出：

信用基础层标准是指适用于各类信用标准化活动的基础性技术标准，具有广泛的适用特性和普遍的指导意义。

信用通用层标准是指适用不同领域、不同行业信用标准化活动的通用性技术标准，按照信用管理类别分为信用管理类标准、信用信息类标准、信用服务类标准，其中，信用信息类标准依据信用信息的征集、共享和应用的管理流程划分。

信用专用层标准是指面向不同领域、不同行业信用标准化应用需求的专用性技术标准，具有信用领域或行业特点，总体包括政务诚信、商务诚信、社会诚信和司法公信四个领域。

应用规范。每一类信用标准的编制应在遵循信用标准体系总体架构的基础上，按照社会信用标准体系建设的基本原则，协调一致、相互配合。其中，总体架构中专用层信用标准的编制，应以信用标准体系总体架构为依据，结合各领域的信用建设实际和信用标准的业务需求开展。

七、信用标准体系具有重要作用

2015年12月17日，经国务院同意，国务院办公厅发出《关于印发国家标准化体系建设发展规划（2016—2020年）的通知》（国办发〔2015〕89号），指出："加快社会信用标准体系建设，制定和实施实名制、信用信息采集和信用分类管理标准，完善信贷、纳税、合同履约、产品质量等重点领域信用标准建设，规范信用评价、信息共享和应用，服务政务诚信、商务诚信、社会诚信和司法公信建设。""研制跨部门跨领域统一社会信用代码应用的通用安全标准，加快统一社会信用代码、地理信息采集、服务接口、数据安全、数据元、赋码规范、数据管理、交换接口等关键标准的制定和实施，初步实现相关部门法人单位信息资源的实时共享，推动统一社会信用代码在电子政务和电子商务领域应用。"

构建信用标准体系是社会信用体系建设的重要组成部分，是实现社会信用体系建设目标的关键环节。信用标准化是社会信用体系建设的重要基础保障和技术支撑。信用标准贯穿社会信用体系建设的整个过程，覆盖社会信用体系建设的所有领域，涉及社会信用体系建设的全部主体。信用标准是识别信用主体身份的依据，是衡量、判断信用行为的准则，也是信用信息记录、采集、归集、处理、存储、传递、共享、公开、应用等环节必须遵守的规范，更是实现信用信息资源价值的必要条件，等等。

没有规矩，不成方圆。如果没有信用标准，如果没有健全的标准化体系作为支撑，那么，信用信息将无法实现交换共享，信用状况将难以衡量，信用结果表示不统一，信用产品和信用服务缺乏规范性和一致性，信用监管协同难度激增，守信激励、失信惩戒机制难以运行，社会信用体系建设将是盲目无序、杂乱无章的。没有信用标准体系，就无法构建社会信用体系以及社会信用秩序。

关于信用标准的作用，仅从“法人和其他组织统一社会信用代码”已经发挥的作用，就可略见一斑。

目前，我国已经按照 2015 年 10 月 1 日起实施的强制性国家标准《法人和其他组织统一社会信用代码编码规则》（GB 32100—2015），建立了统一社会信用代码编码制度，即对法人和其他组织实行全国统一社会信用代码，以便对其身份进行精准识别。此举相当于赋予每一个法人和其他组织在全国范围内唯一的、终身不变的法定身份识别码，其重要作用已经在以下几个方面有所显现：

一是截至 2019 年 10 月，统一社会信用代码已经覆盖所有法人和非法人组织，总赋码数超过 1 亿，存量代码转换率达到 100%；政府部门、社会公众可以通过统一社会信用代码，准确识别社会主体身份，便于依法查询了解其信用状况，有效利用其信用信息。

二是实行统一社会信用代码，为全面实现社会信用体系建设信息化、智慧化、现代化创造了必要条件。

三是实行统一社会信用代码，可以规范信用信息采集，将分散在各地区、各部门、各领域的零星散落的信用记录汇集整理、比对匹配至当事信用主体的名下，逐步形成对应各个信用主体的完整统一的信用档案，为社会信用体系建设奠定技术基础。

四是通过实行统一社会信用代码，推动各地区、各部门信用信息交换共享，实现公共信用信息与市场信用信息资源融通整合，汇聚可供利用的大数据资源，为促进数字经济发展提供有力支撑。

五是统一社会信用代码，有利于信用服务机构有效开展各项业务，优化信用服务，促进信用服务市场健康持续发展。

六是实行统一社会信用代码，有利于进一步推动精简机构、简政放权、放管结合、优化服务、业务协同，并为建立以信用为核心的新型市场监管体制，实行守信联合激励、失信联合惩戒创造有利条件。

七是有利于提高政府行政效率、节约行政资源、降低社会成本。统一社会信用代码，改变了“多头赋码”“多码并存”现状，多次办理改为一次办理，简化了办事手续，节省了办事时间，进一步优化了营商环境，激发市场创新创业动力。

第二节　社会信用标准管理

一、信用标准管理法律依据

1988 年 12 月 29 日，中华人民共和国第七届全国人民代表大会常务委员会第五次会议通过《中华人民共和国标准化法》，自 1989 年 4 月 1 日起施行。2017 年 11 月 4 日，第十二届全国人民代表大会常务委员会第三十次会议修订，自 2018 年 1 月 1 日起施行。主要规定如下：

标准包括国家标准、行业标准、地方标准和团体标准、企业标准。国家标准分为强制性标准、推荐性标准，行业标准、地方标准是推荐性标准。

强制性标准必须执行。国家鼓励采用推荐性标准。

标准化工作的任务是制定标准、组织实施标准以及对标准的制定、实施进行监督。

国务院标准化行政主管部门统一管理全国标准化工作。国务院有关行政主管部门分工管理本部门、本行业的标准化工作。

国家积极推动参与国际标准化活动，开展标准化对外合作与交流，参与制定国际标准，结合国情采用国际标准，推进中国标准与国外标准之间的转化运用。

二、社会信用标准管理机构

（一）国家标准化行政主管部门

国家市场监督管理总局对外保留国家标准化管理委员会牌子。以国家标准化管理委员会名义，下达国家标准计划，批准发布国家标准，审议并发布标准化政策、管理制度、规划、公告等重要文件；开展强制性国家标准对外通报；协调、指导和监督行业、地方、团体、企业标准工作；代表国家参加国际标准化组织、国际电工委员会和其他国际或区域性标准化组织；承担有关国际合作协议签署工作；承担国务院标准化协调机制日常工作。

（二）全国社会信用标准化技术委员会

2004 年，全国整顿和规范市场经济秩序领导小组办公室牵头推进社会信用体系的建设工作。鉴于信用标准化工作是社会信用体系运行软环境建设的重要任务之一，全国整顿和规范市场经济秩序领导小组办公室为此专门设立研究课题，就我国信用标准化的框架设计和总体规划问题进行研究，课题由国家标准化研究院承担。

2005 年 5 月，国家标准化管理委员会批准成立了“全国信用标准化技术工作组”，工作组由 30 多位专家组成，负责基础类、通用性和综合性信用类的国家标准制定和修订工作，并对口国际标准化组织的相应的组织机构，参与信用国际标准制定工作。

2016 年 2 月，国家标准化管理委员会批复成立全国社会信用标准化技术委员会。2016 年 7 月 15 日，全国社会信用标准化技术委员会（简称

“信用标委会”）在北京正式成立，统筹负责全国社会信用标准化工作，包括政务诚信、商务诚信、社会诚信、司法公信等领域的信用标准化研究和实践应用工作。

全国社会信用标准化技术委员会编号为SAC/TC 470，英文名称为National Technical Committee 470 on Social Credit of Standardization Administration of China。第一届全国社会信用标准化技术委员会由75名委员组成，委员涵盖社会信用体系建设部际联席会大部分成员单位，主任委员由国家发展和改革委员会主管副主任担任，副主任委员5名；秘书长1名，副秘书长2名。秘书处承担单位为中国标准化研究院。全国社会信用标准化技术委员会主要负责社会信用领域国家标准制定修订工作，社会信用标准化建设从此有了组织保障。

全国社会信用标准化技术委员会的成立，为社会信用标准体系建设提供了组织保障，标志着中国社会信用体系建设逐步走向规范化和制度化。

三、信用国家标准制定程序

根据《中华人民共和国标准化法》等有关规定，信用国家标准制定程序主要环节大体包括：预研、立项（按照标委会管理要求，通过信标委提出立项的信用标准需要通过委员投票、专家答辩、专业处审查等多个管理环节）、起草、征求意见、审查、批准、发布、复审、修订或废止。制定标准应当在科学技术研究成果和社会实践经验的基础上，深入调查论证，广泛征求意见，保证标准的科学性、规范性、时效性，提高标准质量。

国家标准分为强制性国家标准（GB）和推荐性国家标准（GB/T）。

根据《中华人民共和国标准化法》等有关规定，信用国家标准制定程序主要内容如下：

（一）强制性国家标准（GB）

对保障人身健康和生命财产安全、国家安全、生态环境安全以及满足经济社会管理基本需要的技术要求，应当制定强制性国家标准。

国务院有关行政主管部门依据职责负责强制性国家标准的项目提出、组织起草、征求意见和技术审查。国务院标准化行政主管部门负责强制性国家标准的立项、编号和对外通报。国务院标准化行政主管部门应当对拟制定的强制性国家标准是否符合前款规定进行立项审查，对符合前款规定的予以立项。

省、自治区、直辖市人民政府标准化行政主管部门可以向国务院标准化行政主管部门提出强制性国家标准的立项建议，由国务院标准化行政主管部门会同国务院有关行政主管部门决定。社会团体、企业事业组织以及公民可以向国务院标准化行政主管部门提出强制性国家标准的立项建议，国务院标准化行政主管部门认为需要立项的，会同国务院有关行政主管部门决定。

强制性国家标准由国务院批准发布或者授权批准发布。

法律、行政法规和国务院决定对强制性标准的制定另有规定的，从其规定。

（二）推荐性国家标准（GB/T）

对满足基础通用、与强制性国家标准配套、对各有关行业起引领作用等需要的技术要求，可以制定推荐性国家标准。推荐性国家标准由国务院标准化行政主管部门制定。

制定强制性标准、推荐性标准，应当在立项时对有关行政主管部门、企业、社会团体、消费者和教育、科研机构等方面的实际需求进行调查，对制定标准的必要性、可行性进行论证评估；在制定过程中，应当按照便捷有效的原则采取多种方式征求意见，组织对标准相关事项进行调查分析、实验、论证，并做到有关标准之间的协调配套。

制定推荐性标准，应当组织由相关方组成的标准化技术委员会，承担标准的起草、技术审查工作。制定强制性标准，可以委托相关标准化技术委员会承担标准的起草、技术审查工作。未组成标准化技术委员会的，应当成立专家组承担相关标准的起草、技术审查工作。标准化技术委员会和专家组的组成应当具有广泛代表性。

标准应当按照编号规则进行编号。标准的编号规则由国务院标准化行政主管部门制定并公布。

（三）国家标准的复审

国家建立强制性标准实施情况统计分析报告制度。国务院标准化行政主管部门和国务院有关行政主管部门应当建立标准实施信息反馈和评估机制，根据反馈和评估情况对其制定的标准进行复审。标准的复审周期一般不超过五年。经过复审，对不适应经济社会发展需要和技术进步要求的标准应当及时修订或者废止。

强制性标准文本应当免费向社会公开。国家推动免费向社会公开推荐性标准文本。信用国家标准制定的相关信息，可以通过中国国家标准化管理委员会网站、中国标准化研究院网站检索查询或其他主流媒体相关报道中获取。

第三节　社会信用标准现状

一、我国信用标准体系建设成果

全国社会信用标准化技术委员会自成立以来，积极推进我国社会信用标准体系建设，在信用标准化领域已经开展了一系列富有成效的理论研究和实践应用工作，承担了一系列与社会信用体系建设相关的国家信用重点项目和课题研究，完成了一批国家基础、通用、急需的社会信用标准的制定，出版了系列信用理论和实践专著，取得了重要的阶段性成果，初步构建起社会信用国家标准体系框架，并积极推动社会信用标准化工作不断向纵深发展。

（一）标委会负责归口的国内标准现状

根据《全国社会信用标准化技术委员会年报（2019 年度）》，截至目前，共先后发布社会信用国家标准 48 项，已经立项并正在研究的社会信用国家标准 19 项，正在申报立项的社会信用国家标准 10 项，涵盖了基础通用标准，质量信用标准，企业信用标准，电子商务信用标准、信用信息共享标准等领域，所制定的信用标准在相关领域得到了广泛的应用，为社会信用体系建设提供了重要的标准化技术支撑。

同时，对口国际标准化组织 ISO/TC 290 在线信誉标委会，跟踪信用相关国际标准的研制进展，并已由我国主导提出一项在线信誉国际标准提案。

全国社会信用标准化技术委员会紧密围绕社会信用体系建设基础、通用、重要和急需的标准开展标准的研究和制定工作，截至 2019 年 12 月底，共发布信用国家标准 48 项。已经发布的信用国家标准如表 9-1 所示：

表9-1　已发布的信用国家标准

序号	标准名称	发布号
基础层标准		
1	信用 基本术语	GB/T 22117—2018
2	信用标准化工作指南	GB/T 23792—2009
3	信用主体标识规范	GB/T 26819—2011
4	信用标准体系总体架构	GB/T 35431—2017
5	法人和其他组织统一社会信用代码编码规则	GB 32100—2015
6.	法人和其他组织统一社会信用代码基础数据元	GB/T 36104—2018
7	法人和其他组织统一社会信用代码赋码操作规范	GB/T 36105—2018
8	法人和其他组织统一社会信用代码数据管理规范	GB/T 36106—2018
9	法人和其他组织统一社会信用代码数据交换接口	GB/T 36107—2018
通用层标准		
10	企业信用等级表示方法	GB/T 22116—2008
11	企业信用信息采集、处理和提供规范	GB/T 22118—2008
12	信用服务机构诚信评价业务规范	GB/T 22119—2017
13	企业信用数据项规范	GB/T 22120—2008
14	企业信用评价指标	GB/T 23794—2015
15	企业信用调查报告格式规范 基本信息报告、普通调查报告、深度调查报告	GB/T 26817—2011
16	个人信用调查报告格式规范 基本信息报告	GB/T 26818—2011
17	企业诚信管理体系	GB/T 31950—2015
18	企业信用档案信息规范	GB/T 31952—2015
19	企业信用评估报告编制指南	GB/T 31953—2015

续 表

序号	标准名称	发布号
20	信用信息征集规范 第 1 部分：总则	GB/T 34830. 1—2017
21	信用信息分类与编码规范	GB/T 37914—2019
22	科研信用信息征集规范	GB/T 37927—2019
专用层标准		
23	企业质量信用等级划分通则	GB/T 23791—2009
24	合格供应商信用评价规范	GB/T 23793—2017
25	基于电子商务活动的交易主体 企业信用档案规范	GB/T 26841—2011
26	基于电子商务活动的交易主体 企业信用评价指标与等级表示规范	GB/T 26842—2011
27	基于电子商务活动的交易主体 个人信用评价指标体系及表示规范	GB/T 28041—2011
28	基于电子商务活动的交易主体 个人信用档案规范	GB/T 28042—2011
29	企业质量诚信管理实施规范	GB/T 29467—2012
30	电子商务信用 卖方交易信用信息披露规范	GB/T 29622—2013
31	企业质量信用评价指标	GB/T 31863—2015
32	社会组织信用评价指标	GB/T 31867—2015
33	企业质量信用报告编写指南	GB/T 31870—2015
34	检验检测机构诚信基本要求	GB/T 31880—2015
35	电子商务信用 网络交易信用主体分类	GB/T 31951—2015
36	职业经理人信用评价指标	GB/T 31864—2016
37	电子商务信用 B2B 第三方交易平台信用规范	GB/T 33717—2017
38	电子商务信用网络零售信用评价指标体系	GB/T 34056—2017

续　表

序号	标准名称	发布号
39	电子商务信用网络零售信用基本要求消费品零售	GB/T 34057—2017
40	电子商务信用 B2B 网络交易卖方信用评价指标	GB/T 34058—2017
41	电子商务信用 第三方网络零售平台交易纠纷处理通则	GB/T 34827—2017
42	商贸物流企业信用评价指标	GB/T 35434—2017
43	电子商务信用 自营型网络零售平台信用管理体系要求	GB/T 36302—2018
44	电子商务信用 第三方网络零售平台信用管理体系要求	GB/T 36304—2018
45	检验检测机构诚信评价规范	GB/T 36308—2018
46	电子商务第三方平台企业信用评价规范	GB/T 36312—2018
47	电子商务企业信用档案信息规范	GB/T 36314—2018
48	家居用品企业诚信管理体系 要求	GB/T 38253—2019

此外，从 2017 年起，中国贸促会商业行业委员会联合阿里巴巴（中国）有限公司、杭州跨境电子商务综合实验区管理服务中心和中国国际电子商务中心等单位共同研制了国家标准《跨境电子商务平台商家信用评价》。该国家标准已于 2020 年 7 月 21 日正式公告发布，标准号：GB/T 39053—2020，该标准将于 2021 年 2 月 1 日实施。该标准规定了跨境电子商务平台上的商家信用评价相关术语和定义、缩略语、基本要求、评价要素和指标、评价流程和信用档案管理，适用于在境内注册的跨境电子商务平台上商家的信用评价。

（二）社会信用地方标准编制现状

一些地方根据国家的决策部署并结合当地的实际情况，积极开展社会信用标准的研究和制定工作，业已取得重要的阶段性成果，例如：

辽宁省：《辽宁省重点工程项目招标投标领域企业信用评价规范》《辽宁省公共信用信息征集规范》。

河北省：《公共信用信息资源目录编码规范》《公共信用信息归集规范》。

山西省：《信用信息共享平台》《企业信用综合评价指南》。

内蒙古：《信用信息安全管理规范》。

山东省：《企业质量信用信息采集规范》。

安徽省：《公共信用信息第 1 部分：数据元目录》《公共信用信息第 2 部分：数据交换规范》《家政服务人员信用档案规范》。

上海市：《企业质量信用评估机构服务规范》《全过程信用管理要求第 1 部分：数据清单编制指南》《全过程信用管理要求第 2 部分：行为清单编制指南》《全过程信用管理要求第 3 部分：应用清单编制指南》。

江西省：《公共信用信息归集、公示与异议处理管理规范》。

河南省：《企业信用评价规范》。

湖北省：《湖北信用主体编码规范》。

广东省：《广东省商圈商务诚信评价规范》。

深圳市：《电子商务企业信用评价准则》。

宁波市：《企业质量信用分级评价规范》。

成都市：《成都市企业公共信用等级划分地方标准》。

二、加强社会信用标准体系建设

信用标准体系是我国社会信用体系建设的重要技术支撑。进入 21 世纪以来，我国信用标准化事业快速发展，信用标准编制水平持续提升，信用标准应用范围不断扩大，对推动我国社会信用体系建设发挥了积极作用。

尽管全国社会信用标准化技术委员会在社会信用标准化工作方面取得了一定进展和重要成果，但是，距离社会信用体系建设发展的实际需要，尚存在一定差距，仍然有一系列相关问题和困难亟待解决。

社会信用标准体系建设是一项庞大、复杂的系统工程，需要凝聚社会各界力量，共同参与建设，才能实现既定目标。在信用标准制定过程中，要充分发挥各地区、各部门、信用信息中心、行业协会商会、高校院所和信用服务机构的作用，广泛征求吸纳企事业单位和社会公众对信用标准的意见建议，最终形成广泛的社会共识。

全国社会信用标准化技术委员会作为一个专业机构，承担着构建社会信用标准体系的重要社会责任。社会信用体系建设部际联席会议要充分发挥成员单位的示范带动作用，并加强组织指导、统筹协调，充分发挥全国社会信用标准化技术委员会的专业优势。要强化信用标准体系建设的基础工作，加强对委员有关标准法律法规、程序规则和专业知识的指导，为委员等提供优质高效的平台服务，优化信用标准体系的顶层设计，加快完善社会信用标准体系的总体框架和建设规划，大力充实、适时调整信用标准编制人才队伍，以有效方式加强与各位委员的沟通与协调并提供标准相关材料，发挥委员们的积极性、主动性和创造性，保证各位委员对信用标准研制工作的实质参与度，提高信用标准研制工作效率和质量，确保信用标准研制任务的顺利完成。及时总结信用标准编制经验，全力推进信用标准研究制定，推动中国社会信用体系建设朝着更加规范、更加有序、更加精准、更加智慧的方向发展。加大信用标准化工作的宣传和推广力度，争取政府部门和社会公众对信用标准化工作的认识、理解和支持。

要紧密围绕社会信用体系建设的战略目标、重点领域、重要任务、重大工程和关键环节，紧密结合社会信用体系建设实践，攻坚克难、突破瓶颈，不断加快信用标准化进程，积极推动信用标准编制工作，抓紧研究制定一批急需的信用标准，适度增加信用国家强制性标准，不断满足社会信用体系建设的实际需要，防止信用标准编制与社会实践相互脱节。要加强信用法律体系建设、信用目录体系建设和信用标准体系建设的有效衔接，相互匹配。

当前，我国社会信用体系建设正在以前所未有的速率向深度和广度进军，各部门、各地方信用标准化需求旺盛，与之相适应的信用标准建设迫在眉睫，亟待加强。应当坚持以应用为导向，努力适应社会信用体系建设发展需求，设法解决标准立项难度和时间跨度越来越大问题，及时解决部门组织之间信用标准编制的协调问题，有效避免信用标准之间的交叉矛盾。对已颁布的信用标准要加强宣传培训、检查督导、贯彻落实，及时解决信用标准实施过程中发现的问题。应加强和完善标准化需求的反馈机制，进一步主动加强与各主管部门、地方政府的联系和沟通，广泛开展信用标准化需求调研，对标新时代、新发展、新要求，及时编制发布新的信用标准或修订完善现行信用标准。

此外，我国的信用标准化工作应当适应全球化发展趋势，制定信用标准化全球性战略，在信用标准制定和管理过程中采用全球化的视角，努力实现信用标准制定国际化和信用标准运作市场化。面向全球积极参与国际信用标准化活动或组织开展国际信用标准化活动，主动发起信用标准国际合作项目，加强信用标准化国际交流，提高信用标准国际化水平，力求在国际信用标准制定方面提出中国的解决方案，争取在国际信用标准领域的话语权。借鉴国外技术思想和先进经验、整合全球顶尖人才和技术资源，研究制定的信用标准成果服务于国际国内两个市场，帮助国内企业和机构树立良好国际信誉，增强其全球竞争力。

第十章

信用法律体系

法律是治国之重器，良法是善治之前提。社会信用体系是国家治理体系的重要组成部分。而信用法律体系则是社会信用体系建设的根本保障。

第一节 信用法律体系概念

社会信用体系覆盖全部社会主体，涉及每一个社会主体的权利和义务，因此，必须坚持依法治国、依法执政、依法行政理念，将其纳入法制化轨道。而将社会信用体系建设纳入法制化轨道的重要标志之一，则是建立完善的信用法律体系。

一、信用法律体系概念及其内涵

信用法律体系是指由一个国家全部信用法律规范按照不同分类组合而成的有机联系的统一整体。

中国信用法律体系应具备的特征：在宪法统领下，以信用专门法律为主体，信用内容跨越宪法及宪法相关法、民法商法、行政法、经济法、社会法、刑法、诉讼与非诉讼程序法等七个法律部门，包括法律、行政法规、地方性法规三个层次。

信用立法是一项系统工程，必须总体谋划、统筹兼顾、把握重点、协调推进，注重整体性、系统性、配套性、协同性。

信用法律体系的理想状态应该是全面覆盖、层次齐全、体例科学、结构严谨、内部协调、调整有效。

开展社会信用体系建设，必须确立社会信用法治体系，增强法治观念、法律意识，坚持有法可依、有法必依，善于运用法律手段、法治方式推进各项工作，让信用主体在经济和社会活动中都能感受到社会信用管理的公平正义。

二、建立信用法律体系的必要性

践行诚实信用理念，不仅需要社会主体严格自律，而且须要外部力量建立他律机制。而信用法制化是信用他律机制的核心。健全的信用法律体系，是国家信用交易和信用管理行业得以健康发展、国家信用管理体系得以正常运行的根本保证。

党的十八大以来，以习近平同志为核心的党中央提出的一系列全面依法治国新理念、新思想、新战略，是全面依法治国的根本遵循，也是依法开展社会信用体系建设的根本指南。

2018 年 8 月 24 日，习近平总书记在中央全面依法治国委员会第一次会议上的讲话中指出："要推动把社会主义核心价值观贯穿立法、执法、司法、守法各环节，使社会主义法治成为良法善治。""要坚持依法治国和以德治国相结合，实现法治和德治相辅相成、相得益彰。""坚持依法治国、依法执政、依法行政共同推进，法治国家、法治政府、法治社会一体建设，坚持全面推进科学立法、严格执法、公正司法、全民守法。"

2018 年 5 月，中共中央印发《社会主义核心价值观融入法治建设立法修法规划》提出，把社会主义核心价值观融入立法体制，从源头上确保鲜明的价值导向。加强道德领域突出问题专项立法，把一些基本道德要求及时上升为法律规范。要探索完善社会信用体系相关法律制度，研究制定信用方面的法律，健全守法诚信褒奖机制和违法失信行为联合惩戒机制，使诚实守信成为全体人民共同追求和自觉行动。

信用是市场经济的基石。市场经济既是信用经济，也是法治经济。加强和完善信用法制化建设，是构建现代社会信用体系的必由之路。

（1）社会信用体系是国家治理体系的重要组成部分。因此，必须坚持依法治国、依法执政、依法行政理念，将其纳入法制化轨道。而将社会信用体系建设纳入法制化轨道的重要标志之一，则是建立完善的信用法律体系。

（2）建立以信用为基础的新型监管机制需要法律制度保障。在建立以信用为基础的新型监管机制的过程中，必须与之相适应建立相关法律制度，做到有法可依、有法必依。由于信用法律制度不健全，在个别地方或部门出现信用泛化、惩戒滥用的现象，给社会信用体系建设造成负面影响。因此，亟须加快社会信用立法进程，补齐法律短板，完善法律制度。

（3）当前，诚信缺失问题已经成为我国社会治理过程中遇到的关键问题之一。我国社会失信行为长期普遍存在、高发频发，其中最重要、最根本的原因之一就在于我国信用法律体系和信用监管体系不够健全完善。时至今日，在社会信用体系建设过程中，信用法治建设进展仍然相对缓慢，一些信用领域存在立法空白，一些重大信用立法项目进度滞后。信用法律制度的缺失已经成为制约我国社会信用体系建设的一大障碍。为有效治理失信行为，必须建立健全社会信用法律体系。

（4）社会信用体系覆盖全部社会主体，涉及每一个社会主体的权利、义务和责任。信用信息可能涉及国家秘密、商业秘密、个人隐私。为保护国家利益、公众利益和社会主体的合法权益，保障社会主体履行信用义务、承担失信责任，必须建立健全社会信用法律体系。

（5）信用信息流程的各个环节，包括信用信息记录、采集、归集、存储、加工、传递、交换、共享、公开、应用等都需要法律制度提供保障、依法规范相关行为、实现信用信息价值、保护信用信息安全。

（6）为规范信用服务机构及其从业人员行为，保障信用服务市场主体诚实守信、依法经营，促进公平竞争、实现优胜劣汰、优化资源配置，维护信用秩序，防范信用风险，必须颁布相关法律法规，做到有法可依。

（7）由于我国目前尚未以法律形式对信用、信用主体、信用信息、失信行为，失信惩戒、失信联合惩戒等概念作出权威定义，致使一些人士对上述概念的认识产生分歧或者争议，已经对社会信用体系建设顺利进行产生一定影响和干扰。因此，必须通过社会信用立法统一人们的思想认识，为社会信用体系建设创造良好的法律环境和舆论氛围。

三、构建信用法律体系重要意义

信用是市场经济的基石。市场经济既是信用经济，也是法治经济。加强和完善信用法制化建设，是构建现代社会信用体系的必由之路。党的十八大以来，党中央、国务院对加快社会信用体系建设高度重视，作出一系列重大决策部署，社会信用体系建设进入了一个崭新阶段。

加快推进信用立法、完善信用法律体系，使社会信用体系建设有法可依，真正纳入法制化轨道，并以此统一公民的信用观念、规范公民的信用行为，对于保障我国社会信用体系建设具有十分重要的意义。

（一）能够为社会信用体系建设和运行提供法律保障

通过社会信用立法使社会信用体系建设纳入法制化轨道，切实做到有法可依。以法律形式确定社会信用管理机构设置及其职能，定义信用、信用主体、信用信息、失信行为、失信惩戒、失信联合惩戒等概念，明确信用主体的权利、义务，调整社会信用关系，规范社会主体的信用行为，规制社会信用监督管理，确立守信激励、失信惩戒机制，界定失信行为，明确法律责任，规制信用信息目录编制、失信惩戒对象名单认定、失信惩戒措施清单制定，规制信用信息收集、储存、加工、使用行为，规制信用信息公开、信用信息共享，保护信息安全、个人隐私，规定法律救济途径，保护社会主体合法权益并以此统一人们思想和行动，确立信用修复制度，为社会信用体系建设提供法律保障，创造良好舆论环境。加快推进社会信用立法、完善信用法律体系，对于保障我国社会信用体系建设具有十分重要的意义。

（二）有利于将社会主义核心价值观融入法治建设

“德润人心，法安天下”。社会信用体系建设必须遵循治国理政规律，借鉴宝贵历史经验，坚持德治与法治并举，二者不可偏废。

2016 年 12 月 25 日，中共中央办公厅、国务院办公厅印发《关于进一步把社会主义核心价值观融入法治建设的指导意见》，指出：社会主义核心价值观是社会主义法治建设的灵魂。把社会主义核心价值观融入法治建设，是坚持依法治国和以德治国相结合的必然要求，是加强社会主义核心价值观建设的重要途径。推进多层次多领域依法治理。深入开展道德领域突出问题专项教育和治理，依法惩处公德失范、诚信缺失的违法行为，大力整治突破道德底线、丧失道德良知的现象，弘扬真善美、贬斥假恶丑。加强社会信用体系建设，完善守法诚信褒奖激励机制和违法失信行为惩戒机制，加大失信被执行人信用监督、威慑和惩戒力度。

诚信是构成社会主义核心价值观的重要元素。诚信既是一种社会道德规范，也是一种社会文明进步的重要标志。诚信不仅是道德范畴，也是法律范畴。诚信不仅需要德治教化，而且需要法治保障。将诚信纳入信用法律体系，通过设定相应的法定权利、法定义务和法律责任，使其转化为具有权威性、引导性、激励性、约束性、强制性规定，发挥法律的引领性和规范性作用，促使社会主体诚实守信、履约践诺。

（三）有利于推进国家治理体系和治理能力的现代化

2016 年 12 月 9 日，习近平总书记在主持中共中央政治局第三十七次集体学习时强调指出："必须坚持依法治国和以德治国相结合，使法治和德治在国家治理中相互补充、相互促进、相得益彰，推进国家治理体系和治理能力现代化。"

国家治理体系和治理能力现代化的重要标志之一，是建立诚信政府和诚信社会。社会信用体系是国家治理体系的基石。社会信用体系建设是实现国家治理体系和治理能力现代化的重要手段。全面推进依法治国，是实现国家治理体系和治理能力现代化的必然要求。加快信用法律体系建设，对于落实依法治国方略，完善我国法律制度，促进政务诚信、商务诚信、社会诚信和司法公信建设，实现国家治理体系和治理能力现代化具有重大意义。

（四）有利于保障社会主义市场经济健康与持续发展

市场经济是信用经济，同时，也是法制经济。信用经济必然会产生失信行为。在经济利益诱惑面前，道德约束往往显得软弱无力。交易主体一旦突破诚信这一道德底线，就会自发实施失信行为。市场经济的健康发展，离不开良好的信用秩序。良好的信用秩序，是创造良好的营商环境的要件之一。建立完善的信用法律体系和信用监管体系是维护信用秩序的根本保障。健全的信用法律体系和信用监管体系，将会为市场经济的健康发展保驾护航，并能更好地发挥现代信用助推经济发展的作用。

第二节　我国信用立法现状

“诚实信用”，是我国现行法律当中的一项基本原则。“诚实信用”原则在我国诸多法律法规当中均有明确表述。由于“诚实信用”原则适用范围广，对其他法律原则具有指导和统领作用，所以又被称为“帝王规则”。可见“诚实信用”并非一般的道德准则。当诚实信用成为法律规范的时候，违反它将承担相应的法律责任或者不利于自己的法律后果。而这种法律后果可能是财产性的，也可能是人身性的；可能是民事的、也可能是行政的，甚至可能是刑事的。因此，诚实信用又是法律规范的道德，是支撑社会的法律支点。

作为社会信用体系建设部际联席会议的牵头单位之一，国家发展和改革委员会非常重视信用立法工作，正在加快推进《社会信用法》《公共信用信息管理条例》《统一社会信用代码管理办法》等信用立法进程。其中，《社会信用法》已经纳入十三届全国人大立法规划，《公共信用信息管理条例》《统一社会信用代码管理办法》已经列入国务院立法工作计划。同时，鼓励地方先行先试，积极探索信用立法。

一、国家层面信用立法进展情况

总体来看，西方国家的信用立法主要是围绕着经济尤其是金融领域的风险管理展开；中国的信用立法主要是围绕完善社会治理，构建诚信政府和诚信社会展开，涉及范围更加广泛，涵盖政务诚信、商务诚信、社会诚信和司法公信等重点领域。

截至 2019 年 11 月，国家层面已有 50 余部法律和 60 多部行政法规中包含专门的信用条款或条款中含有诚信、诚实守信、诚实信用原则；全国三分之二以上省（区、市）已经出台或正在研究出台信用建设地方性法规。

目前，关于信用法律体系建设，我国国家层面信用立法主要情况如下：

（一）目前国务院已经颁布实施的信用行政法规

（1）2013 年 1 月 21 日，为了规范征信活动，保护当事人合法权益，引导、促进征信业健康发展，推进社会信用体系建设，国务院颁布《征信业管理条例》，2013 年 3 月 15 日施行。

（2）2014 年 8 月 7 日，为了保障公平竞争，促进企业诚信自律，规范企业信息公示，强化企业信用约束，维护交易安全，提高政府监管效能，扩大社会监督，国务院发布《企业信息公示暂行条例》，2014 年 10 月 1 日开始实施。2019 年 6 月 18 日，国家市场监管总局发布《关于〈企业信息公示条例（修订征求意见稿）〉公开征求意见的公告》。

（3）2019 年 10 月 22 日，为了持续优化营商环境，不断解放和发展社会生产力，加快建设现代化经济体系，推动高质量发展，国务院公布《优化营商环境条例》，自 2020 年 1 月 1 日起施行。该《条例》规定：地方各级人民政府及其有关部门应当履行向市场主体依法作出的政策承诺以及依法订立的各类合同，不得以行政区划调整、政府换届、机构或者职能调整以及相关责任人更替等为由违约毁约。因国家利益、社会公共利益需要改变政策承诺、合同约定的，应当依照法定权限和程序进行，并依法对市场主体因此受到的损失予以补偿。国家机关、事业单位不得违约拖欠市场主体的货物、工程、服务等账款，大型企业不得利用优势地位拖欠中小企业账款。

（4）2020 年 7 月 5 日，为了促进机关、事业单位和大型企业及时支付中小企业款项，维护中小企业合法权益，优化营商环境，李克强总理签署中华人民共和国国务院令（第 728 号），公布《保障中小企业款项支付条例》，自 2020 年 9 月 1 日起施行，将政务诚信建设、商务诚信建设、社会诚信建设和司法公信建设融为一体，以信用监管为重要手段，建立市场主体自律、政府依法监管、社会协同监督的预防化解拖欠中小企业款项机制，加强信用监督和服务保障。明确建立支付信息披露制度、投诉处理和失信惩戒制度以及监督评价机制，以维护中小企业合法权益，营造良好营商环境。该《条例》规定："机关、事业单位和大型企业不履行及时支付中小企业款项义务，情节严重的，受理投诉部门可以依法依规将其失信信息纳入全国信用信息共享平台，并将相关涉企信息通过企业信用信息公示系统向社会公示，依法实施失信惩戒。"

（二）我国失信联合惩戒立法已经升至法律层级

目前，我国已在《中华人民共和国广告法》《中华人民共和国慈善法》等 16 部法律中设置了信用记录、信用激励与失信惩戒等条款。

《中华人民共和国外商投资法》第三十八条规定："对外国投资者、外商投资企业违反法律、法规的行为，由有关部门依法查处，并按照国家有关规定纳入信用信息系统。"

《中华人民共和国广告法》第六十七条规定："有本法规定的违法行为

的，由市场监督管理部门记入信用档案，并依照有关法律、行政法规规定予以公示。”

《中华人民共和国消费者权益保护法》第五十六条规定：“经营者有前款规定情形（违法行为）的，除依照法律、法规规定予以处罚外，处罚机关应当记入信用档案，向社会公布。”

《中华人民共和国食品安全法》第一百一十三条规定：“县级以上人民政府食品药品监督管理部门应当建立食品生产经营者食品安全信用档案，记录许可颁发、日常监督检查结果、违法行为查处等情况，依法向社会公布并实时更新；对有不良信用记录的食品生产经营者增加监督检查频次，对违法行为情节严重的食品生产经营者，可以通报投资主管部门、证券监督管理机构和有关的金融机构。”

截至2019年底，我国已有4部法律将失信联合惩戒纳入法律条款规定，具体包括：

《中华人民共和国疫苗管理法》。第七十二条规定：“药品监督管理部门应当建立疫苗上市许可持有人及其相关人员信用记录制度，纳入全国信用信息共享平台，按照规定公示其严重失信信息，实施联合惩戒。”

《中华人民共和国公务员法》。第二十六条规定：“被依法列为失信联合惩戒对象的”的人员，不得录用为公务员。

《中华人民共和国药品管理法》。第一百零五条规定：“药品监督管理部门建立药品上市许可持有人、药品生产企业、药品经营企业、药物非临床安全性评价研究机构、药物临床试验机构和医疗机构药品安全信用档案，记录许可颁发、日常监督检查结果、违法行为查处等情况，依法向社会公布并及时更新；对有不良信用记录的，增加监督检查频次，并可以按照国家规定实施联合惩戒。”

《中华人民共和国个人所得税法》。第十五条规定：“有关部门依法将纳税人、扣缴义务人遵守本法的情况纳入信用信息系统，并实施联合激励或者惩戒。”

上述规定，已将失信联合惩戒立法上升至国家法律层级，具有更高的法律效力。这是开展社会信用体系建设以来，至目前为止，社会信用立法取得的重要进展，具有标志意义。

（三）《社会信用法》立法研究及立法进展情况

2016 年 12 月，为加强信用法律体系建设，国家发展和改革委员会组织召开了《社会信用法》立法座谈会，听取有关地方、部门和信用服务机构的意见建议。在此基础上，国家发展和改革委员会与全国人大财经委法案室就《社会信用法》立法工作进行了沟通。

2017 年 3 月，国家发展和改革委员会组织召开了《社会信用法》课题研讨会，邀请了信用、法学等领域的专家学者，以及部分社会信用体系建设部际联席会议成员单位和地方政府部门的相关负责人对该课题进行了研究讨论，之后合理吸收了与会人员的意见，对课题内容作了进一步完善，并形成专家建议稿。2017 年 6 月初，国家发展和改革委员会召开专家座谈会，充分吸取了相关意见后形成征求意见稿，并在完成委内征求意见之后，开始对外征求有关部门意见。而后，国家发展和改革委员会又通过召开专家座谈会等多种形式，相继就信用立法的基本理念、法律逻辑、立法模式、遵循原则以及失信惩戒的性质广泛征求、充分吸纳各有关方面的意见建议，并形成《社会信用法（部门起草稿）》。

2019 年 8 月 30 日，为贯彻落实党中央、国务院关于加快推进社会信用立法进程的部署，国家发展和改革委员会副主任连维良同志主持召开社会信用立法座谈会，全国人大财经委、全国人大常委会法工委有关负责同志到会指导，司法部、中国人民银行及相关行业部门、地方政府、高校、信用服务机构代表等 60 余人参加。会议研究讨论了《中华人民共和国社会信用法（部门起草稿）》。

（四）《公共信用信息管理条例》立法进展情况

国家发展和改革委员会组织法学专家、信用学专家、业内机构代表等共同参加的《公共信用信息管理条例》课题研究组，开展前期研究工作。梳理参考了一些国家的法律规范，研究借鉴国内的《上海市公共信用信息归集和使用管理试行办法》、《陕西省公共信用信息条例》、《河南省公共信用信息管理暂行办法》和《山西省公共信用信息管理办法（试行）》等法规规章；调研了已经开展信用信息立法的相关省区市和部分部委，就《条例》框架、原则、目标等相关内容进行了深入探讨，并总结提炼了地方条例施行的经验和成效，为《公共信用信息管理条例》起草工作奠定扎实的实践基础；在此基础上，形成了《公共信用信息管理条例（讨论稿）》。

2017 年 3 月，国家发展和改革委员会组织召开了课题研讨会，邀请了信用、法学等领域的专家学者，以及部分社会信用体系建设部际联席会议成员单位和地方政府部门的相关负责人对《公共信用信息管理条例（讨论稿）》进行了研究讨论，之后充分吸纳了与会人员的意见并形成专家建议稿。国家发展和改革委员会于 2017 年 6 月初召开专家座谈会，充分吸纳了相关意见后形成征求意见稿，并已对外征求有关部门意见。

（五）《统一社会信用代码管理办法》制定情况

国家发展和改革委员会与公安部分别草拟了《法人和其他组织统一社会信用代码管理办法》《公民统一社会信用代码管理办法》，根据国务院法制办要求，两个部委已将这两个办法整合为《统一社会信用代码管理办法》，目前已形成初稿。

二、信用地方性法规的颁布情况

为积极稳妥地推进信用法律体系建设，国家层面希望地方能够先行先试，通过地方信用立法来为国家信用立法积累经验，从而推动国家信用立法进程。截至目前，我国已经颁布的信用地方性法规主要包括《广东省企业信用信息公开条例》《陕西省公共信用信息条例》《湖北省社会信用信息管理条例》《上海市社会信用条例》《河北省社会信用信息条例》《浙江省公共信用信息管理条例》《辽宁省公共信用信息管理条例》《河南省社会信用条例》《山东省社会信用条例》。此外，江苏省无锡市、泰州市、宿迁市和浙江省台州市、福建省厦门市也已经出台了有关信用的地方性法规。上述地方先行先试，走在了全国的前列，丰富了信用立法理论、积累了信用立法经验，有力推动了全国信用立法进程，为国家以及其他省、自治区、直辖市的信用立法奠定了坚实的基础。

值得一提的是，在地方信用立法中，失信联合惩戒入法取得重要进展。

失信联合惩戒是社会信用体系建设，特别是社会信用立法领域的重点、焦点、难点问题。目前，经过国家和地方立法机关以及相关部门的共同努力，我国在失信联合惩戒入法方面已经取得重要进展，主要表现在失信联合惩戒立法内容方面有所创新突破。

在地方信用立法当中，除2017年10月1日正式施行的《上海市社会信用条例》和2019年6月1日正式施行的《厦门经济特区社会信用条例》对失信联合惩戒有所涉及外，2020年5月1日起正式施行的《河南省社会信用条例》，在信用建设重点领域和关键环节立法方面实现创新，尤其是对失信联合惩戒作出较为全面、具体、明确的规定：

省人民政府会同同级监察委员会、人民法院、人民检察院制定失信联合惩戒对象认定标准，由省人民政府公布实施。省社会信用工作主管部门会同有关部门依照法律、法规和国家有关规定，编制失信惩戒措施清单并向社会公布。县级以上人民政府应当会同同级监察机关、审判机关、检察机关建立跨部门、跨领域、跨地区的失信联合惩戒机制。

严重危害人民群众身体健康和生命财产安全的行为，严重破坏市场公平竞争秩序和社会正常秩序的行为，严重侵害消费者、投资者合法权益的行为等 9 种行为属于严重失信行为，可以作为列入失信联合惩戒对象名单的依据。

对列入失信联合惩戒对象名单的信用主体，国家机关应当依照法律、行政法规的规定采取限制参加政府采购，政府投资项目招标投标，国有土地招标、拍卖、挂牌等公共资源交易活动；实施市场和行业禁入或者退出措施；限制参与基础设施和公共事业特许经营活动；限制高消费；限制开展相关金融业务；限制相关任职资格；限制享受相关公共服务或者政策性扶持资助政策；撤销相关荣誉称号，以及国家和本省规定的其他惩戒措施。

第三节　信用立法几点思考

2018 年 6 月 6 日，李克强总理主持召开国务院常务会议，明确指出要坚持应用导向、立法先行，进一步加强社会信用体系建设。

目前，我国信用立法已经取得积极进展，但距离建立统一、健全、完善的信用法律体系仍然任重道远。

2019 年 11 月，全国人大财经委建议社会信用体系建设牵头部门积极发挥作用，深入研究论证立法涉及的重点难点问题，加大协调力度，加快立法工作进度，尽早提请全国人大常委会会议审议。

国家发展改革委在部署 2020 年工作时明确提出，加快立法工作步伐。加快起草《社会信用法》。

2020 年 5 月 18 日发布的《中共中央国务院关于新时代加快完善社会主义市场经济体制的意见》明确提出，推动社会信用法律建设，维护公平竞争市场环境。

2020年全国两会上，加快推进社会信用立法进程再度引发代表委员们热议。

目前，《征信管理条例》《企业信息公示暂行条例》等法规、规章和规范性文件的出台为制定社会信用法提供了重要参考，地方信用立法先行先试为国家层面立法积累了实践经验，在国家发展和改革委员会等有关部门、有关地方的共同努力下，社会信用立法研究论证工作深入推进并取得积极进展，加快推动社会信用立法进程的社会共识正在逐渐形成，社会信用法立法时机基本成熟，应当积极推动信用立法工作。

根据我国的基本国情以及社会信用体系建设的实际情况，信用立法应当注重以下几个方面：

一、充分认识社会信用立法的艰巨性、复杂性

信用法律体系建设是一项具有开创意义的庞大的立法工程，具有综合性、系统性、艰巨性、复杂性和困难性。信用立法既涉及公权力与私权利之间的制衡，又涉及法律规范与道德规范之间的重叠；既要符合中国基本国情，又要考虑与国际惯例接轨；既要立足于我国社会信用体系建设实践，又要具有一定的前瞻性和超前性；既要针对信用出台专门的法律法规，又要在各个法律部门的相关法律法规中作出相应的具体规定；既要颁布新的法律法规，又要对现行法律法规进行清理，修改或废止；既要对违法失信行为实施惩戒，又要遵循比例原则，对于信用惩戒的调整范围进行必要的控制，防止失信惩戒导致公民个人权利受到不当限制；社会信用关系调整既涉及公法，又涉及私法，当公权力介入社会信用关系时，应当规制政府滥用公权力，实现公权行使与私权保护之间的平衡。

在保护广大守信社会主体利益的同时，必然触动失信社会主体的利益。

从调整的对象以及调整的范围来看，信用立法绝非制定一两部法律法

规就能完事大吉，而是需要实现信用法律法规的系统集成。由此可见，信用立法难度空前之大，任务非常艰巨，绝不可能一蹴而就，毕其功于一役。目前，我国社会信用立法虽然已经取得积极进展，但距离建立统一、健全、完善的信用法律体系仍然任重道远。因此，社会信用立法应当常抓不懈，久久为功。

二、信用法律问题争论只能靠信用立法来解决

中华人民共和国最高立法机关——全国人民代表大会常务委员会通过并公布《中华人民共和国疫苗管理法》《中华人民共和国公务员法》《中华人民共和国药品管理法》《中华人民共和国个人所得税法》，已经将“失信联合惩戒”上升至国家法律层级，具有更高的法律效力。中华人民共和国省级立法机关——河南省人民代表大会常务委员会通过并公布《河南省社会信用条例》，将“失信联合惩戒”作为单独一章的主要内容写入信用地方性法规。充分说明“失信联合惩戒”是可以名正言顺地步入法律殿堂的。

上述立法实践充分证明，扎扎实实推进社会信用立法进程，是回应和解决有关社会信用体系建设法律争议问题的最佳方式。

三、全面优化完善信用法律体系顶层规划设计

信用法律体系建设是当今中国依法治国面临的极为迫切和十分紧要的任务。在全国开展社会信用体系建设，是国家社会治理领域进行的一场广泛而深刻的革命。社会信用体系建设为完善我国社会主义法制提供了历史契机，同时，也提出了重大挑战。因此，需要做好信用法律体系架构的顶层设计，并制订信用立法总体规划。

在社会信用体系建设领域，要形成完备的信用法律规范体系、高效的信用法治实施体系、严密的信用法治监督体系、有力的信用法治保障体

系，并实现科学立法、严格执法、公正司法、全民守法，促进国家治理体系和治理能力现代化。

坚持法律面前人人平等。平等是社会主义法律的基本属性。因此，社会信用立法的调整对象必须覆盖全部社会主体，包括自然人、法人和非法人组织；不仅要调整民商事主体的信用关系，而且要调整公权力主体的信用关系，应当涵盖政务诚信、商务诚信、社会诚信、司法公信等所有领域的全部信用主体，依法规范其信用行为。

目前，各个领域的专业法律规范中往往也包含了与信用相关的内容，在构建信用法律体系时，应当思考如何将各个领域的专业法律规范中与信用相关的内容协调一致、浑然一体。

四、社会信用立法应当与我国的民法典相衔接

社会信用立法应当与新颁布的《中华人民共和国民法典》相衔接、相一致，将民法典确立的公序良俗原则纳入社会信用立法当中，作为指导和规范信用主体信用行为的基本准则。在社会信用法中应当明确规定，信用主体从事信用活动，不得违反法律，不得违背公序良俗。作为信用行为有效的必要条件，明确规定违背公序良俗的信用法律行为无效。

《中华人民共和国民法典》有关公序良俗的规定，为社会信用立法提供了法律依据，也为社会信用立法指明了前进方向、拓展了立法空间、提供了立法经验。

此外，《中华人民共和国民法典》还对自然人隐私权和个人信息保护作出明确规定，其中，明确了自然人对其个人信息的权益属于民事权益。处理自然人个人信息的主体，包括国家机关、公共信用信息服务机构、市场化信用服务机构等，与自然人之间都属于平等的民事主体。双方之间的权利义务关系属于民事权利义务关系。相关规定对于在《社会信用法》《公共信用信息管理条例》等立法过程中制定信用数据处理活动与个人信

息保护条款具有重要意义。

对于社会信用立法来讲，有关法定义务和约定义务国家已经颁布大量专门的法律法规，拥有完备的法律制度体系，无须社会信用立法赘述，继续拓展的空间十分有限，不应成为信用立法的主要方向。

五、充分汲取地方关于信用立法成功实践经验

最近几年，国家发展和改革委员会加强对地方信用立法工作的指导，主动创造条件，鼓励支持地方积极探索、先行先试。很多地方根据国家关于社会信用体系建设的总体部署和各项有关信用的法律条款与政策规定，立足实际加以落实，开展横向交流合作，进行实施性信用立法，做出衔接性制度安排，并在体制机制上进行探索创新，为国家信用立法积累实践经验。

目前，广东省、陕西省、湖北省、上海市、河北省、浙江省、辽宁省、河南省、山东省及福建省厦门市和江苏省无锡市、泰州市、宿迁市已经出台了信用地方性法规，其中，河南省第十三届人民代表大会常务委员会第十三次会议于2019年11月29日审议通过的《河南省社会信用条例》，属于综合性地方信用法规，内容全面系统，在借鉴其他地方信用立法经验的基础上，结合社会信用体系建设实践创新发展。地方信用立法积累了宝贵的实践经验，为国家层面社会信用立法工作奠定了良好的基础，有助于提高社会信用立法的针对性、有效性和可操作性。国家立法需要认真总结汲取地方信用立法的成功经验，弥补地方信用立法存在的不足，少走弯路，提高信用立法的质量和效率。

六、加快推动我国社会信用法律体系建设进程

加快国家层面信用立法进程，推动信用法律效力提高层级。

随着我国社会信用体系建设实践活动的范围不断扩大、工作持续深

入，加快推进我国信用法律体系建设的迫切性日益凸显。这就需要注重法律的动态调整，通过信用立法对社会信用体系建设遇到的现实问题及时作出反馈。但目前来看，国家层面的信用立法相对滞后。主要表现为：尽管我国在多部法律、法规中设置了涉及信用的条款，但总体来看，我国仍缺少与社会信用体系建设直接相关的立法，特别是信用专门法律至今尚未出台。在国家层面，除了国务院2013年颁布的《征信业管理条例》和2014年颁布的《企业信息公示暂行条例》以外，没有出台新的全国性信用行政法规。

信用法律制度的缺失是制约中国社会信用体系建设的最大问题。在社会信用体系建设过程中，由于无法可依，可能会导致政府有关社会信用管理的一些行政行为面临违法行政的风险，而违法行政行为本身，即是一种严重的政务失信行为。

关于社会信用体系建设，中央层级已经出台的信用规范更多表现为规范性文件；而一些省市则表现为颁布信用地方性法规，其中的若干规定没有上位法作为依据。这种“立法倒挂”现象若长期存在，可能涉嫌违反《立法法》或《行政处罚法》。虽然我国已有一些省市出台了信用地方性法规，但是，由于缺少上位法，导致地方信用立法五花八门，标准不一。

目前，我国尚无一部综合性、系统性、完整性、基础性的专门信用法律来调整社会信用关系。在信用立法方面，总体上存在不系统、层级低、制度供给不足等问题，暴露出信用立法滞后于信用实践、调节能力不足、制度保障不力、奖惩机制不健全等缺陷。

加快推动信用立法，是我国经济和社会发展的客观需要，社会各界对《社会信用法》立法工作高度关注和迫切期待。最近几年，社会信用体系建设实际工作者强烈呼吁加快信用立法进程；全国“两会”期间人大代表、政协委员有关加快信用立法的建议、提案不断增加；越来越多的法律界的学者、专家开始涉足研究信用立法相关问题并公开发表意见和建议；

社会公众对加快推进信用立法的呼声日渐高涨；各地方、各部门基于社会信用体系建设实践活动亟须国家统一制定颁布信用上位法，以健全社会信用法律体系，加强社会信用法律支撑。

要坚持应用导向、立法先行，进一步加强社会信用体系建设。加快推进信用立法，把社会主义核心价值观融入法治建设，运用法律法规和公共政策向社会传导正确价值观念，完善社会信用体系。社会信用体系建设只有纳入法治化轨道加以规制、引导、保障，才能行稳致远。而要推动我国社会信用体系建设迈向一个崭新的阶段，迫切需要加快社会信用立法进程。

七、完善我国社会信用体系建设法律制度保障

加强和完善社会信用体系建设法制保障，需要依法采取以下举措：

应当根据社会信用体系建设需要，依照法定权限和程序及时制定或者修改、废止有关信用的法律、法规、规章、行政规范性文件。

按照国务院颁布的《优化营商环境条例》精神，有利于优化营商环境和提高社会治理水平的守信激励改革措施涉及调整实施现行法律、行政法规等有关规定的，依照法定程序经有权机关授权后，可以先行先试。

制定与市场主体生产经营活动密切相关的信用行政法规、规章、行政规范性文件，应当按照国务院的规定，充分听取市场主体、行业协会商会的意见。

除依法需要保密外，制定与社会主体经济和社会活动密切相关的信用行政法规、规章、行政规范性文件，应当通过报纸、网络等向社会公开征求意见，并建立健全意见采纳情况反馈机制。向社会公开征求意见的期限一般不少于 30 日。

制定与市场主体生产经营活动密切相关的信用行政法规、规章、行政规范性文件，应当按照国务院的规定进行公平竞争审查。

制定涉及市场主体权利义务的信用行政规范性文件，应当按照国务院的规定进行合法性审核。

市场主体认为信用地方性法规同信用行政法规相抵触，或者认为信用规章同法律、行政法规相抵触的，可以向国务院书面提出审查建议，由有关机关按照规定程序处理。

没有法律、法规或者国务院决定和命令依据的，信用行政规范性文件不得减损市场主体合法权益或者增加其义务，不得设置市场准入和退出条件，不得干预市场主体正常生产经营活动。

涉及市场主体权利义务的信用行政规范性文件应当按照法定要求和程序予以公布，未经公布的不得作为有关社会信用的行政管理依据。

制定与社会主体经济和社会活动密切相关的信用行政法规、规章、行政规范性文件，应当结合实际，确定是否为社会主体留出必要的适应调整期。

政府及其有关部门应当统筹协调、合理把握信用规章、信用行政规范性文件等的出台节奏，全面评估政策效果，避免因政策叠加或者相互不协调对社会主体正常经济和社会与活动造成不利影响。

应当完善异议投诉、信用修复、行政复议、诉讼等有机衔接、相互协调的多元化纠纷解决机制，为信用主体提供高效、便捷的纠纷解决途径。

第十一章

失信行为概述

失信行为属于社会信用领域存在的能够对社会造成危害的不良行为，是社会信用治理的客体对象，须要用道德准则和法律手段加以约束和规范。

第一节 失信行为基本概念

社会信用体系建设领域所经常使用的失信行为概念是基于广义信用概念提出来的，因而失信行为的定义与广义信用的定义存在着内在的逻辑联系。所以，对失信行为作出定义，应当与广义信用的定义相互对应。

一、失信行为概念

（一）失信行为概念的内涵

失信行为是指不履行或者违背法定义务、约定义务、道德义务的行为。

根据以上定义，失信行为的种类包括违法行为、违约行为、失德行为。

笔者之所以从法定义务、约定义务、道德义务三个维度定义失信行为概念，主要是因为：

一是“法律是底线的道德”。尊重法律、遵守法律是诚实守信的底线要求。因此，最高人民法院将“具有履行能力而不履行生效法律文书确定义务的被执行人”定义为“失信被执行人”。法律可以视作是民众须要共同信守的最重要的并且无须社会个体签订的“社会契约”，社会主体不履行法定义务，或者实施违法行为，理所应当被视为失信行为。因此，违法行为应当涵摄于失信行为之中。国外征信机构普遍将违法犯罪记录作为负面信息或不良信息纳入信用数据的收集范围。其中蕴含的道理显而易见，即违法犯罪分子属于不遵守规则的人，而不遵守规则的人不值得信任。对于那些作奸犯科、违法犯罪的社会主体，即使不存在不良金融信用记录，也不应该将其与信用良好画等号。

二是因为道德规范是民众理应遵守的并且无须社会个体签订的“公共契约”，社会主体不履行道德义务，或者实施失德行为，应当视为失信行为。

三是因为约定规范（或合同规范）是签约各方之间的“个体契约”，签约主体不履行约定义务，或实施违约行为，当然属于失信行为。

法律规范作为“社会契约”、道德规范作为“公共契约”均无须社会个体签约，便会对其产生约束效力。

（二）界定失信行为的例外情况

社会信用管理制度规范及其调节范围，应当依法、适当、合理、合情地排除若干情形，例如：

1. 不履行法定义务应当排除的情形

按照现行国家有关规定，目前国家信用信息共享平台不归集依照简易程序作出的行政处罚相关信息，也不在“信用中国”网站公示此类信息。简易程序又称当场处罚程序，适用于事实清楚、情节简单、后果轻微的行政违法行为的行政处罚。《中华人民共和国行政处罚法》规定：“违法事实确凿并有法定依据，对公民处以五十元以下、对法人或者其他组织处以一千元以下罚款或者警告的行政处罚的，可以当场作出行政处罚决定。”

《河南省社会信用条例》规定：“适用简易程序对自然人作出的行政处罚信息；自然人违法行为轻微，并主动消除或者减轻违法行为危害后果的行政处罚信息，不向同级信用信息共享平台报送，不得作为失信联合惩戒的依据。法律、行政法规另有规定的除外。”

2. 不履行约定义务应当排除的情形

约定义务是指当事人之间自行约定的义务，但并不是所有的约定义务都应纳入社会信用管理制度规范及其调节范围。纳入社会信用管理制度规范和调节范围的约定义务，应当是根据双方依法订立的合同的约定而产生的约定义务。而在日常生活、学习、工作中，亲朋之间、情侣之间、同事之间、同学之间，约会迟到、办事爽约，说话不算数等，虽然严格来说，都属于违约行为，但只要不属于《中华人民共和国民法典》规范调节的范围，就不应当纳入社会信用管理制度规范及其调节范围，而应由当事人彼此之间自行规范调节。

3. **不履行道德义务应当排除的情形**

在社会信用体系建设过程当中，并不是所有的道德义务都纳入社会信用管理制度规范和调节范围。应当纳入社会信用管理制度规范和调节范围的道德义务，一是已经纳入法治体系，上升为法律规范的道德义务或道德要求；二是虽未纳入法治体系，上升为法律规范调整的范畴，但属于严重失德行为的，应当纳入社会信用管理制度规范和调节范围。

除此之外，不履行道德义务的轻微失德行为，不应记入信用主体的信用记录。

以上观点，只是笔者从学术研究的角度所进行的理论探讨。在社会信用体系建设领域，失信行为概念究竟如何定义，最终应当以法律规定为准。

二、定义失信行为的依据

失信行为，即涉及法律领域，也涉及道德领域。整治失信行为，既需要运用法律武器惩戒，也需要运用道德规范约束，二者缺一不可。

（1）2001 年 9 月 20 日，中共中央印发的《公民道德建设实施纲要》指出：必须在加强社会主义法制建设、依法治国的同时，切实加强社会主义道德建设、以德治国，把法制建设与道德建设、依法治国与以德治国紧密结合起来，通过公民道德建设的不断深化和拓展，逐步形成与发展社会主义市场经济相适应的社会主义道德体系。

2019 年 10 月 27 日，中共中央、国务院发布《新时代公民道德建设实施纲要》，指出“持续推进诚信建设。诚信是社会和谐的基石和重要特征。

要继承发扬中华民族重信守诺的传统美德，弘扬与社会主义市场经济相适应的诚信理念、诚信文化、契约精神，推动各行业各领域制定诚信公约，加快个人诚信、政务诚信、商务诚信、社会诚信和司法公信建设，构建覆盖全社会的征信体系，健全守信联合激励和失信联合惩戒机制，开展诚信缺失突出问题专项治理，提高全社会诚信水平。”

中华民族的传统美德与体现时代要求的新的道德观念相融合，成为我国公民道德建设发展的主流。

目前，我国公民道德建设方面仍然存在着不少问题。如在经济和是社会活动中，道德失范，是非、善恶、美丑界限混淆，拜金主义、享乐主义、极端个人主义有所滋长，见利忘义、损公肥私行为时有发生，不讲信用、欺骗欺诈成为社会公害，以权谋私、腐化堕落现象依然存在。这些问题如果不能得到及时有效解决，必然损害正常的经济和社会秩序，损害改革发展稳定的大局。

要大力倡导以文明礼貌、助人为乐、爱护公物、保护环境、遵纪守法为主要内容的社会公德。要大力倡导以爱岗敬业、诚实守信、办事公道、服务群众、奉献社会为主要内容的职业道德。

（2）2016 年 12 月 9 日，中共中央政治局就我国历史上的法治和德治进行第三十七次集体学习。习近平总书记在主持学习时发表了重要讲话，指出：

法律是准绳，任何时候都必须遵循；道德是基石，任何时候都不可忽视。在新的历史条件下，我们要把依法治国基本方略、依法执政基本方式落实好，把法治中国建设好，必须坚持依法治国和以德治国相结合，使法治和德治在国家治理中相互补充、相互促进、相得益彰，推进国家治理体系和治理能力现代化。

法律是成文的道德，道德是内心的法律。法律和道德都具有规范社会行为、调节社会关系、维护社会秩序的作用，在国家治理中都有其地位和功能。法安天下，德润人心。法律有效实施有赖于道德支持，道德践行也离不开法律约束。法治和德治不可分离、不可偏废，国家治理需要法律和道德协同发力。

要运用法治手段解决道德领域突出问题。法律是底线的道德，也是道德的保障。要加强相关立法工作，明确对失德行为的惩戒措施。要依法加强对群众反映强烈的失德行为的整治。对突出的诚信缺失问题，既要抓紧建立覆盖全社会的征信系统，又要完善守法诚信褒奖机制和违法失信惩戒机制，使人不敢失信、不能失信。对见利忘义、制假售假的违法行为，要加大执法力度，让败德违法者受到惩治、付出代价。

习近平总书记的重要讲话，党中央、国务院的决策部署，为加快社会信用体系建设、整治各类失信行为提供了强大思想武器和行动指南。

（3）2020 年 5 月 28 日，十三届全国人大三次会议表决通过的《中华人民共和国民法典》规定："民事主体从事民事活动，应当遵循诚信原则，秉持诚实，恪守承诺。""民事主体从事民事活动，不得违反法律，不得违背公序良俗。""处理民事纠纷，应当依照法律；法律没有规定的，可以适用习惯，但是不得违背公序良俗。""违反法律、行政法规的强制性规定的民事法律行为无效。但是，该强制性规定不导致该民事法律行为无效的除外。违背公序良俗的民事法律行为无效。"

三、失信行为的社会危害

失信行为导致的后果、造成的危害，可谓有大有小，有轻又重。纵观历史，放眼全球，美国企业特大失信案例都堪称"史诗级别"。国际失信行为典型案例，如 2001 年美国安然公司因财务造假丑闻破产案、美国安达信会计师事务所信用危机案、美国世界通信公司虚报利润案以及美国的房利美、房地美案等，都在国际社会引起轩然大波。美国兰德公司调查报告作出结论：公司责任的崩溃，企业伦理的泯灭、贪婪和欺诈，企业诚信荡然无存，使安然、安达信、世界通信等公司丑闻不断。而美国的房地美和房利美公司的严重失信行为，更是引发了一场全球性金融危机。

仅从以上个别案例观察研究失信行为的社会危害，只能管中窥豹，略见一斑。但若从总体维度分析判断，则可抽象出一般性结论，即失信行为高发频发，破坏市场经济基石和信用关系，损害市场经济规则和运行机制，提高市场交易成本和监管成本，降低市场交易质量和交易效率，增加信用危机风险和经济损失，阻碍市场经济发展和良性循环。失信行为的大量存在，败坏社会风气，阻碍文明进步，损害社会关系，破坏社会秩序，危害社会稳定。同时，失信行为的普遍存在，严重影响一个国家的国际形象和软实力，降低该国企业的国际信誉和国际竞争力。

第二节　失信行为产生根源

失信行为产生的原因错综复杂、多种多样。从社会个体角度观察，有的是因为不可抗力而导致的失信行为；也有的是虽有履约意愿，但无履约能力而造成的失信行为；还有的是出于主观故意而实施的失信行为；再有的是客观原因与主观故意二者共振而产生的失信行为，等等。但从社会整体维度探究，失信行为产生的根本原因，主要在于以下三个方面：

一、失信是由人的自私本性与撒谎本能决定的

“自私”是人的本性。长期以来，“自私”一直是作为贬义词来使用，人人都不愿意被别人扣上“自私”的帽子，殊不知人的本性就具有自私的一面。

撒谎是人的本能。人具有不诚实的先天遗传基因，与生俱来就会撒谎和欺骗。撒谎是不需要学习的。自从产生语言之后，说谎就成为人类逃避

危险和获取利益的一种特殊能力。有的心理学家认为，说谎其实是人的本能，而诚实则是需要学习的。在长期的演化过程中，人类为了生存不得不进行欺骗。比如，利用环境伪装隐藏自己，给猎物制造没有危险的假象，以便获取猎物；在同伴之间掩饰自己的真实意图，或掩盖事实真相，以期达到个人目的。随着语言的诞生，人类便拥有了欺骗的高级利器——说谎。

谎言是不诚实的表现，没有客观、真实地再现事物的本来面貌，没有如实表达自己的内心反应。说谎是人类社会的普遍现象。世界上根本不存在从来不说谎的人。

人说谎的原因很多，不一而足。人不仅仅会对别人说谎，有时甚至对自己也会说谎（自欺），阿 Q 的精神胜利法便是如此。所以，才诞生了“自欺欺人”这一常用成语。人之所以说谎，主要是由于以下两个方面的原因：

第一个原因就是为了娱乐，纯粹的游戏而已。人之所以有这种倾向，是因为许多人耐不住寂寞，所以会想出一些主意和办法来游戏自己，游戏别人，从中寻找欺骗别人的乐趣，而说谎就能达到这样的目的。在中国，有一个家喻户晓的寓言故事——《狼来了》，便是此种情形的经典事例。故事的主人公放羊娃并没有恶意，再说他年纪也不大，即便有些许恶意，也只能算作是恶作剧。他只不过是想通过捉弄大家来寻开心，既没有害人的想法，也没有害人的能力。可是，他万万没想到其行为导致的最终结果却很严重。

第二个原因是趋利避害。这是最普遍、最直接，同时也是最根本原因。趋利避害是人的本能。“善意的谎言”是此类情况的一种特例。

因此，可以认为人类说谎是一种出于本能的利益驱使，也是人性的一个明显特征。人为什么会喋喋不休地经常说谎？简单地说，就在于人有说谎的天然需求，因为谎言既能达到娱乐的效果，也能趋利避害。

自私的天性和撒谎的本能，决定了人生来就不是诚实的动物。诚实是后天教育、学习和修养的结果。

但是，人是具有社会属性的高级动物。人人都自私，人人都说谎，那么，人与人之间就会发生各种矛盾和利益冲突。在私有制条件下，这种现象则更为突出。上述问题的普遍存在，客观上要求社会建立某种行为规范，包括道德规范和法律规范等，用以约束调整人的行为，诚实守信、履约践诺者得到舆论褒扬和社会鼓励；而违约毁诺、欺诈行骗者则会受到舆论谴责和应有惩戒，以期建立良好的社会秩序，维护社会的和谐稳定。

二、传统道德规范对信用的约束能力已经弱化

改革开放之前，我国社会处于公有制条件下，实行计划经济，加之共产主义思想和道德观念教育，在很大程度上抑制了个人的物欲和私利。在此社会背景下，克己奉公、大公无私受到赞扬和表彰；损人利己、损公肥私受到唾弃和惩罚。那时，社会上也存在诚信缺失问题，但其现象并不突出，更不普遍。这与当时的历史背景、社会环境和人们的思想觉悟密切相关。

1978 年中国开始实行改革开放政策，社会主义计划经济开始向社会主义市场经济转变。市场经济对中国传统价值观念造成巨大冲击。

市场经济是功利性经济，以利益为基本导向，引导人们追逐经济利益，强调的是商品意识和金钱观念。由此，便产生了与市场经济相适应的价值观念，如尊重个人利益，主张自由、平等，倡导自由竞争等。这些价值观念有益于人们从事生产、经营和消费等项活动，能够适应市场经济发展的需要。所以，市场经济不仅极大地解放了生产力，也解放了人性，考量并追求经济利益成为人性的实际体现，也是社会赋予个体的基本权利。但是，过分追求经济利益，特别是对金钱的痴迷，会导致“金钱至上”“利欲熏心”“唯利是图”“见利忘义”，可能使人沦为金钱的奴隶。在这

样的社会背景下，市场经济对中国传统价值观念，如“安贫乐道”“重义轻利”“童叟无欺”“君子爱财，取之有道”等义利观，造成巨大的冲击。依靠传统的社会道德规范约束现代社会的失信行为，显得力不从心。拜金主义、物质主义、利己主义、享乐主义滋生蔓延，“人不为己，天诛地灭”“人为财死，鸟为食亡”“天下熙熙，皆为利来；天下攘攘，皆为利往”等糟粕也沉渣泛起，严重腐蚀人们的思想。在市场经济条件下，诚实守信的道德规范遭受诸多挑战。

我国渐进式经济体制改革的重要特征之一，就是增量改革与存量改革相结合。20 世纪 80 年代，我国的所有制开始由单一的公有制形式，向混合所有制形式过渡，即在公有制经济之外，大力培育非公有制经济。经济基础决定上层建筑。由计划经济向市场经济转型，必然引起经济体制的变革。单一的公有制形式开始向以公有制为主体、多种经济形式并存的所有制结构转变，在国有企业和集体企业等公有企业之外，涌现了大量的私营企业。这一变革，克服了单一公有制过于僵化的缺点，释放了民营经济的活力，促进了经济和社会的发展。但与此同时，在单一公有制基础上形成的价值观念和道德规范，如公而忘私、克己奉公、先人后己等也遭遇了前所未有巨大冲击和严峻挑战。

80 年代初，中国向市场经济转轨伊始，面临着改革开放的历史机遇，同时，由于我国社会正处于短缺经济时期，市场上涌现出大量失信行为，主要表现为一些官员利用手中权力，倒买倒卖紧俏物资或计划内平价物资指标，利用平价和议价之间的价差敛财的“官倒”现象和一些个体户在生产和经营活动中通过缺斤短两、以次充好、制假售假，甚至欺行霸市、强买强卖牟利现象。很多人因此在短时期内大发横财，甚至一夜暴富，在社会上形成了广泛的不良示范效应。

中国改革开放的总设计师邓小平同志曾经指出：“打开窗户，新鲜空气会进来，苍蝇也会飞进来。”这句话告诫中国人民要警惕国外不好的东西会像苍蝇一样飞进来。中国对外开放以后，西方敌对势力加紧对我国进行“西化”“分化”，资产阶级和其他剥削阶级的各种腐朽思想借机泛滥，腐蚀人们的思想灵魂。西方资本主义的世界观、价值观和人生观快速传入中国，使我国社会主义世界观、价值观和人生观同时受到国内、国外双重冲击。马克思曾经指出，当利润达到10%时，便有人蠢蠢欲动；当利润达到50%的时候，有人敢于铤而走险；当利润达到100%时，他们敢于践踏人间一切法律；而当利润达到300%时，甚至连上绞刑架都毫不畏惧。

当前，我国社会的经济基础和道德规范发生了历史性的变化，随着计划经济体制的消亡，与其相适应的旧有的一些道德规范也日渐瓦解；而与新兴的市场经济体制相适应的以“信用”为基础的道德规范尚在建设中。在这种时代背景下，旧有的道德规范约束力度日渐减弱，新兴的道德准则尚在确立过程之中，其约束力还不足以填补旧有道德规范淡出留下的空缺。这种状况难以避免地导致信用秩序出现混乱。

三、我国信用领域法律体系和监管体系不完善

诚信观念不是自然而然生成的，必须依靠后天的教育培养和外力规范促其形成。诚信道德规范是软性约束，立足于信用主体的自律，着眼于“劝善抑恶”；而信用法律规范则是硬性约束，立足于社会外界的他律，着眼于“惩恶扬善”。以法律形式固定下来的信用规范、信用制度，具有基础性、关键性、根本性的保障作用。

市场经济既是信用经济，也是法制经济。信用是市场经济的基石，法律是信用秩序的保障。新中国成立以来，尤其是改革开放以来，我国在加强法制建设方面做了大量的工作，取得了重大成就。但是从整体上看，仍然存在法律体系不健全、法制保障不力的问题。如，目前我国尚未颁布与诚信或者信用直接相关的专门的法律。在我国现行的法律体系中，只是在已颁布的《中华人民共和国民法典》、《公司法》、《担保法》、《票据法》

和《反不正当竞争法》等法律当中规定了"诚信"或"诚实信用"的法律原则，而缺乏相应的具体条款规定，指导层面的意义远远大于执行层面的意义。

信用领域法制建设严重滞后，未能在现实经济和社会活动中建立起行之有效的守信激励和失信惩戒机制，致使守信主体未能获得相应的鼓励，失信主体不能受到应有的惩戒，导致失信成本偏低，失信主体有利可图。失信代价过低、违法惩罚过轻、信息扩散不畅、"收益大于风险"，是失信问题高发、频发、复发的重要原因。根据经济学博弈理论，在多次重复互动的小群体当中，失信和不合作时，成本较高；而当群体成员增加或在一次性博弈过程中，失信和不合作的成本会大大降低，尤其是在缺乏对失信主体的强有力惩戒时，更是如此。在失信行为盛行且失信主体获益的社会环境里，诚信主体的合法权益会受到侵害，守信成本相对加大，往往只能获得道德层面的自我安慰。在信用法制建设严重滞后、失信惩戒机制明显缺失的社会里，人们往往会突破道德底线，甚至突破法律底线，不择手段追求利益最大化，致使失信行为高发频发，信用环境日益恶化。

第三节　科学界定失信行为

失信行为是社会信用体系建设领域最为基本、最为核心的概念。在社会信用体系建设领域遇到的所有问题，几乎都与失信行为这一概念的定义有着直接或者间接的联系。

目前，关于失信行为概念，我国并没有形成统一的法律定义或者权威解释。

一、科学界定失信行为的重要意义

在社会信用体系建设过程中，能否对失信行为概念作出定义，事关社会信用体系建设的目标确定、发展方向和最终效果；事关信用法律体系的建立；事关对社会主体信用关系的调整和信用行为的规范；事关依法治国、依法执政、依法行政；事关以信用为基础的新型市场监管体制的确立；事关信用主体的信用记录、信用评价；事关对信用主体是否运用惩戒手段；事关被惩戒对象权利的减损和义务的增加；事关信用主体合法权益的保护；事关社会信用秩序的建立和维护；事关实现国家治理体系和治理能力现代化；事关社会主体的获得感、幸福感和安全感；事关维护社会的和谐与稳定。因此，如何定义失信行为概念，利害攸关、兹事体大。

二、界定失信行为方面的现行方式

关于“失信行为”这一概念，国家目前没有统一的法律定义。现行有关信用的法规、规章、规范性文件通常也不对失信行为作出定义，而只是对失信行为表现形式进行非穷尽列举。

如《上海市社会信用条例》第九条规定，市社会信用管理部门应当遵循合法、审慎、必要的原则，组织编制本市公共信用信息目录。并规定列入目录的六项失信信息。

又如《中华人民共和国海关企业信用管理办法》列举了企业走私犯罪或者走私行为等九种失信行为。

再如，在新型冠状病毒感染肺炎疫情防控期间，“信用中国（重庆）”网站根据重庆市社会信用体系建设联席会议办公室要求，开通“疫情失信曝光台”，将2020年2月8日重庆市高级人民法院、重庆市人民检察院、重庆市公安局、重庆市司法局发布的《关于依法严惩妨害新型冠状病毒感染肺炎疫情防控违法犯罪的通告》（渝检通〔2020〕1号）所列举的妨害新型冠状病毒感染肺炎疫情防控的违法犯罪行为视为失信行为，及时归集和公开相关失信信息并将其纳入当事人信用档案，有关部门依法实施跨地区、跨部门失信联合惩戒。

此外，2020年3月16日，北京新冠肺炎疫情防控工作领导小组第四十三次会议暨首都严格进京管理联防联控协调机制第十一次会议指出，入境谎报瞒报者必须受到法律制裁，并纳入信用体系。2020年2月7日，上海市十五届人大常委会第十七次会议表决通过的《上海市人民代表大会常务委员会关于全力做好当前新型冠状病毒感染肺炎疫情防控工作的决定》指出，个人有隐瞒病史、重点地区旅行史、与患者或疑似患者接触史、逃避隔离医学观察等行为，除依法严格追究相应法律责任外，有关部门还应当按照国家和上海市规定，将其失信信息向上海市公共信用信息平台归集，并依法采取惩戒措施。2020年2月7日，浙江省十三届人大常委会第十八次会议表决通过的《关于依法全力做好当前新型冠状病毒感染肺炎疫情防控工作的决定》明确，个人有隐瞒疫病史、重点地区旅行史、与患者或者疑似患者接触史、逃避隔离医学观察等行为，除依法严格追究相应法律责任，有关部门还应按国家和本省规定，将其失信信息向省公共信用信息平台归集，并依法采取惩戒措施。

三、失信行为概念缺乏权威的定义

（一）社会信用理论和信用立法理论研究明显滞后

截至目前，理论界未能对“失信行为”概念作出科学的定义，致使社会信用体系建设理论研究停滞不前，不能为社会信用体系建设实践活动提供科学的理论指导；社会信用立法进程严重受阻，未能为社会信用体系建设提供法律保障；社会信用体系建设某些实践活动广受非议，严重影响社会信用体系建设的顺利进行。

由于对失信行为概念缺乏法律定义和权威解释，社会公众难以就此达成广泛共识，无法形成统一认识，个别地方将上访、闯红灯、遛狗不拴绳、地铁上吃东西、工作跳槽等行为纳入信用记录，引发社会公众广泛争议。

（二）界定失信行为的规定政出多门，标准不统一

从横向维度来看，社会信用行为规范的制定主体横跨几十个党政部门、司法机关、社团组织；从纵向维度看，上至国家，下至省、市、区县乃至乡镇各级党委政府及其职能部门，都在制定信用行为规范。

（三）现行信用法律法规几乎未对失信行为下定义

目前，在现行的信用法规当中，无论是行政性法规如《征信业管理条例》《企业信息公示暂行条例》，还是地方性法规如《上海市社会信用条例》《湖北省社会信用信息管理条例》《河北省社会信用信息条例》《浙江省公共信用信息管理条例》《广东省企业信用信息公开条例》《陕西省公共信用信息条例》《河南省社会信用条例》等，均未对失信行为概念作出明确定义。

（四）信用建设社会实践远超理论研究和法制建设

当前，我国社会信用体系建设实践活动蓬勃兴起、方兴未艾。但是，由于未能及时对失信行为概念作出科学的定义，导致信用基础理论研究和信用法律体系建设的进展速度远远落后于社会信用体系建设实践活动。致使我国社会信用体系建设实践活动孤军深入，缺乏科学理论支撑和法律制度保障。

四、界定失信行为方面的几点考量

（一）依法界定失信行为

加强信用立法研究，加快信用立法进程，通过信用立法科学定义失信行为概念，做到有法可依，有法必依。

可以将失信程度划分为轻微、一般、严重、特别严重四个级别，作为实施信用分级分类监管、制定失信惩戒对象名单、采取失信惩戒措施、开展信用修复的依据。

（二）依法梳理失信行为

目前，虽然国家研究起草的《社会信用法》《公共信用信息管理条例》尚未颁布，但伴随社会信用体系建设的广泛深入开展，在其他领域已颁布施行的法律法规当中，涉及失信行为的章节条款逐渐增多。例如《优化营商环境条例》第六十九条规定：政府和有关部门及其工作人员不履行向市场主体依法作出的政策承诺以及依法订立的各类合同，或者违约拖欠市场主体的货物、工程、服务等账款，依法依规追究责任。

上述条款既是对政府及其工作人员的自我约束性规定，也是政府对市场主体公开作出的自律承诺，若违反上述规定，当属政务失信行为。

所以应当组织力量对全国现行法律法规涉及失信行为的规定进行梳理，并分门别类列出失信行为清单，用以指导社会信用体系建设，特别是失信行为惩戒。

（三）审慎出台新的规定

目前，应当将社会信用体系建设领域失信行为的认定权力限制在省部一级，避免失信行为概念被泛化滥用，造成不良社会影响。发现个别部门、个别地方存在违法违规将失信行为概念泛化滥用的问题，应当及时予以纠正。在国家颁布《社会信用法》《公共信用信息管理条例》等信用法律法规之前，应当审慎出台新的有关失信行为的规定。

第十二章

社会信用监管

调整信用关系、规范信用行为，须要依法对信用主体及其信用行为进行监督管理。

第一节　依法加强社会信用监管

一、信用监管模式的创造性提出及重要依据

信用监管是以信用为基础的新型监管制度的简称。2015 年以来，党中央、国务院创造性提出建立以信用为核心的新型监管机制，并且不断完善信用监管制度设计。

2015 年 9 月 26 日发布的《国务院关于加快构建大众创业万众创新支撑平台的指导意见》（国发〔2015〕53 号）指出，建立以信用为核心的新型市场监管机制，加强跨部门、跨地区协同监管。充分发挥全国统一的信用信息共享交换平台等的作用，利用大数据、信用评价等手段加强监督检查和对违法违规行为的处置。

2015 年 11 月 3 日发布的《国务院关于“先照后证”改革后加强事中事后监管的意见》（国发〔2015〕62 号）要求加快推进全国统一的信用信息共享交换平台建设，推进信用信息共享共用，强化信用对市场主体的约束作用，构建以信息归集共享为基础、以信息公示为手段、以信用监管为核心的监管制度。

2016 年 5 月 9 日，李克强总理在国务院召开的全国推进简政放权放管结合优化服务改革电视电话会议上指出，要实施公正监管。“双随机、一公开”是监管体制的重大改革，充分体现了监管的公平性、规范性和简约性，国内外实践都证明是行之有效的科学监管方式。同时，要与信用监管、智能监管联动，积极运用大数据、云计算、物联网等信息技术，强化线上线下一体化监管，加快建设企业信用信息“全国一张网”。

2016 年 11 月 1 日，习近平总书记主持召开中央全面深化改革领导小组第二十九次会议。会议强调，加强政务诚信、个人诚信体系和电子商务领域诚信建设，是社会信用体系建设的重要内容。要加强电子商务全流程

信用建设，完善市场化评价体系，强化信用监管，营造诚实守信的电子商务发展环境。

2019 年 10 月 22 日，国务院总理李克强签署国务院令，公布《优化营商环境条例》，自 2020 年 1 月 1 日起施行。《条例》规定，政府及其有关部门应当按照国家关于加快构建以信用为基础的新型监管机制的要求，创新和完善信用监管，强化信用监管的支撑保障，加强信用监管的组织实施，不断提升信用监管效能。

2020 年 5 月 18 日发布的《中共中央 国务院关于新时代加快完善社会主义市场经济体制的意见》指出，构建适应高质量发展要求的社会信用体系和新型监管机制。完善诚信建设长效机制，推进信用信息共享，建立政府部门信用信息向市场主体有序开放机制。

二、以信用为基础的新型监管机制运行模式

2019 年 7 月 9 日，为加强社会信用体系建设，深入推进“放管服”改革，进一步发挥信用在创新监管机制、提高监管能力和水平方面的基础性作用，更好激发市场主体活力，推动高质量发展，经国务院同意，国务院办公厅印发《关于加快推进社会信用体系建设构建以信用为基础的新型监管机制的指导意见》（国办发〔2019〕35 号），指出：

以习近平新时代中国特色社会主义思想为指导，按照依法依规、改革创新、协同共治的基本原则，以加强信用监管为着力点，创新监管理念、监管制度和监管方式，建立健全贯穿市场主体全生命周期，衔接事前、事中、事后全监管环节的新型监管机制，不断提升监管能力和水平，进一步规范市场秩序，优化营商环境，推动高质量发展。《意见》提出事前、事中、事后监管环节的主要措施：

（一）创新事前环节信用监管

建立健全信用承诺制度，在办理适用信用承诺制的行政许可事项时，

申请人承诺符合审批条件并提交有关材料的，应予即时办理。鼓励市场主体主动向社会作出信用承诺。支持行业协会商会建立健全行业内信用承诺制度，加强行业自律。

探索开展经营者准入前诚信教育。充分利用各级各类政务服务窗口，探索开展经营者准入前守法诚信教育，提高经营者依法诚信经营意识。开展诚信教育不得收费也不得作为市场准入的必要条件。

积极拓展信用报告应用。鼓励各类市场主体在生产经营活动中更广泛、主动地应用信用报告。在政府采购、招标投标、行政审批、市场准入、资质审核等事项中，充分发挥公共信用服务机构和第三方信用服务机构出具的信用报告作用。探索建立全国统一的信用报告标准，推动信用报告结果实现异地互认。

（二）加强事中环节信用监管

全面建立市场主体信用记录。根据权责清单建立信用信息采集目录，在办理注册登记、资质审核、日常监管、公共服务等过程中，及时、准确、全面记录市场主体信用行为，特别是将失信记录建档留痕，做到可查可核可溯。以法人和非法人组织统一社会信用代码为标识，整合形成完整的市场主体信用记录，并通过“信用中国”网站、国家企业信用信息公示系统或中国政府网及相关部门门户网站等渠道依法依规向社会公开。

建立健全信用信息自愿注册机制，鼓励市场主体在“信用中国”网站或其他渠道上自愿注册信用信息，并对信息真实性公开作出信用承诺。

深入开展公共信用综合评价。全国信用信息共享平台要依法依规整合各类信用信息，对市场主体开展全覆盖、标准化、公益性的公共信用综合评价，为信用监管提供更精准的依据。

大力推进信用分级分类监管。在充分掌握信用信息、综合研判信用状况的基础上，以公共信用综合评价结果、行业信用评价结果等为依据，对监管对象进行分级分类，根据信用等级高低采取差异化的监管措施。“双随机、一公开”监管要与信用等级相结合，对信用较好、风险较低的市场主体，可合理降低抽查比例和频次，减少对正常生产经营的影响；对信用风险一般的市场主体，按常规比例和频次抽查；对违法失信、风险较高的市场主体，适当提高抽查比例和频次，依法依规实行严管和惩戒。

（三）完善事后环节信用监管

健全失信联合惩戒对象认定机制。督促失信市场主体限期整改，深入开展失信联合惩戒，坚决依法依规实施市场和行业禁入措施，依法追究违法失信责任，探索建立信用修复机制。

（四）强化信用监管支撑保障

着力提升信用监管信息化建设水平。充分发挥全国信用信息共享平台和国家“互联网+监管”系统信息归集共享作用，形成全面覆盖各地区各部门、各类市场主体的信用信息“一张网”，对信用信息做到“应归尽归”“按需共享”，在信用监管等过程中加以应用，支撑形成数据同步、措施统一、标准一致的信用监管协同机制。大力推进信用监管信息公开公示，做到“应公开、尽公开”。

充分发挥“互联网+”、大数据对信用监管的支撑作用。依托国家“互联网+监管”等系统，有效整合公共信用信息、市场信用信息、投诉举报信息和互联网及第三方相关信息，充分运用物联网、视联网、大数据、人工智能等新一代信息技术，提升执法监管效率，实现监管规范化、精准化、智能化，实现信用监管数据可比对、过程可追溯、问题可监测。

切实加大信用信息安全和市场主体合法权益保护力度，建立健全信用信息异议投诉制度，积极引导行业组织和信用服务机构协同监管。

三、信用监管是新时代监管模式的重大创新

党中央、国务院将加快社会信用体系建设作为全面深化“放管服”改

革的一项重要任务着力部署推进。在加快社会信用体系建设和深化“放管服”改革实践的基础上，党中央、国务院创造性提出“信用监管”概念，并对加强信用监管作出决策部署，是我国监管模式的一次革命性创新。其中包括监管理念创新、监管制度创新、监管方式创新和监管机制创新，将为“放管服”改革提供最直接、最有力、最可靠、最有效的保障。

传统监管模式表现为监管部门在所辖领域“各自为战”，正如俗话所说“铁路警察，各管一段儿”，突出的是监管个性；信用监管模式是监管部门在不同监管领域“协同作战”，如信用信息共享须要协同，失信联合惩戒更城要协同，突出的是监管共性，即所有监管部门履行监管职责都须以“信用”为基础，“信用”成为不同监管部门之间的“最大公约数”，并且强调监管个性与监管共性的有机统一。在信用监管模式下，负有市场监管、行业监管职责的部门须要切实承担所辖领域信用建设和信用监管的主体责任。此类“一岗双责”成为不同监管部门之间的共性特征。各个不同的监管部门围绕社会信用体系建设的总体目标开展监管活动，本身就属于大规模的“协同作战”。

信用经济时代，应当注重加强信用监管。信用监管是健全国家市场监管体系的关键。通过建立健全贯穿市场主体全生命周期，衔接事前、事中、事后全监管环节的新型监管机制，使监管能量连绵不断释放，监管部门持续追踪监测、全面了解掌握被监管对象的整体生产经营和社会信用状况，并通过运用大数据对市场总体信用状况进行评估，采取对策防范化解各类信用风险，不断提升监管能力和水平，进一步规范市场秩序，优化营商环境，推动高质量发展。

通过在监管部门之间建立协同监管机制，将信用监管的手段嵌入到市场经济的各个领域、各个环节中去，形成覆盖监管对象经济和社会活动范围的巨型监管网络，凝聚汇集国家监管体系的巨大能量，使监管威力和监管效能呈几何级数增长。一方面对当事失信主体依法实施惩戒，大幅提升其失信成本；另一方面对潜在失信主体产生巨大震慑作用。

传统的监管模式是有病没病都得吃药，监管部门普遍巡查、多头检查、重复检查，企业应接不暇、不堪重负、怨声载道，其结果是监管成本过高、工作效率低下、实际效果不佳。新型监管模式通过依据信用状况开展分类分级监管，可以将有限的监管力量向信用状况不良的监管对象集中，做到有的放矢、精准监管，对违法失信者利剑高悬；对守法诚信者无事不扰，有效利用监管资源，提高监管效率，降低监管成本。

由于信用监管能够实现分类分级精准监管，有利于按照鼓励创新的原则，对新技术、新产业、新业态、新模式等实行包容审慎监管，针对其性质、特点分类制定和实行相应的监管规则和标准，为其留足发展空间，同时确保质量和安全，避免简单化予以禁止或者不予监管现象发生。在监管过程中，通过运用经营者准入前诚信教育、推广信用承诺、诚信典型示范、信用行政指导等非强制性手段预防失信行为发生，依法慎重实施行政强制，达到行政管理目的。对失信行为情节轻微或者社会危害较小的，可以采取信用修复方式达到监管目的，不实施行政强制；确需实施行政强制的，应当尽可能减少对市场主体正常生产经营活动的影响。

建立以信用为基础的新型监管机制，可以实现对市场主体进行协同监管、分类监管、精准监管。建立以信用为基础的新型监管机制，通过对失信行为主体的惩戒、对守信行为主体的激励，建立社会信用秩序，营造良好信用环境，维护市场公平竞争，防范控制信用风险，减少化解交易纠纷、降低节约交易成本、提高交易活动效率、激发市场运行动力。

通过建立信用档案制度，以统一社会信用代码为标识记录信用主体的信用信息，加快各类市场主体信用信息归集与交换共享，利用大数据手段全面刻画市场主体信用状况，为开展信用监管提供基础支撑。运用信用记录、信用报告、信用评价，依据信用状况实施分类分级监管，能够形成监管的长效机制，保持监管的连续性，长期释放监管动能；同时，依托信用信息共享，建立健全跨部门、跨区域行政执法联动响应和协作机制，对违法失信者持续保持高压态势，解决违法失信行为高发、频发、复发问题。

信用监管的前提条件和基础支撑是实现信用信息化、网络化、数据化、智慧化，同时须要法治化、标准化、规范化予以保障。信用监管是充分体现以“互联网+”为特征的运用大数据等新一代信息技术的监管机制。政府及其有关部门充分运用互联网、大数据等技术手段，依托国家统一建立的在线监管系统，加强监管信息归集共享和关联整合，推行以远程监管、移动监管、监测预警、风险防控为特征的跨时空、非现场、超视距、智慧化监管，有利于促进国家治理体系和治理能力现代化。

开展信用监管，有利于国务院有关部门分领域制定全国统一、简明易行的监管规则和标准，健全国家公开透明的监管规则和标准体系，并依法向社会公开发布。健全国家行政执法自由裁量基准制度，合理界定自由裁量的范围、种类和幅度，规范行政执法自由裁量权的行使。通过依法依规充分公开公示和交换共享信息，信用监管更加公开透明，更加公平公正，更加有利于推动社会信用体系建设，规范经济社会秩序，维护市场公平竞争，有效防止滥用行政权力，保护市场主体的合法权益。

信用监管须要以信用信息共享为基础支撑。信用信息共享是“信用监管”模式得以建立的理论前提和实践基础，是信用监管机制真正确立并正常运行的必要条件。建立健全贯穿市场主体全生命周期，衔接事前、事中、事后全监管环节的新型监管机制，监管部门须要全程掌握市场主体整个生命周期的信用信息。而要全程掌握市场主体整个生命周期的信用信息，就必须依靠信用信息共享平台为其归集相关信用信息，并提供信用信息共享服务。因此，以信用为基础的新型监管机制，从某种意义上说就是以信用信息及其共享为基础支撑的新型监管机制。如果没有信用信息共享支撑，那么，以信用为基础的新型监管机制将无法真正确立并正常运行。

在信用监管过程中，保护国家秘密、商业秘密、个人隐私，保障信用信息安全至关重要。

信用监管是提升现代化治理能力和治理水平的重要手段，社会信用体系建设是国家治理现代化的重要支撑。建立以信用为基础的新型监管机制，是实现科学监管、有效监管、精准监管，提高政府监管效能，促进市场主体诚实守信的重大举措。

四、创造创新开展信用监管模式的实践活动

各部门、各地方创造创新开展信用监管实践活动，并取得积极进展。

（一）浙江省信用体系建设和信用监管工作

浙江省认真贯彻落实党中央、国务院全面深化改革和信用建设决策部署，在浙江省委省政府的统一领导下，将信用建设作为浙江省“放管服”和“最多跑一次”改革的核心工程，部署实施信用“531X”工程，探索构建以信用为基础的新型监管机制，全面提高政府服务和监管水平，提升人民满意度，激发社会活力。

全面实施“531X”工程，夯实信用监管基石。2016 年底，浙江省委省政府提出信用“531X”工程，“5”是指聚焦企业、自然人、社会组织、事业单位和政府机构 5 类主体，“3”是指构建公共信用指标体系、信用综合监管责任体系、公共信用评价及信用联合奖惩体系 3 大体系，“1”是指完善全省统一的公共信用信息平台，“X”是指推进信用体系在若干重点领域创新应用。信用“531X”工程的实施，使浙江省信用建设走上了标准化、体系化、数字化道路。

一是信用制度创新。制定出台《浙江省公共信用信息管理条例》《浙江省公共信用修复管理暂行办法》《浙江省公共信用信息目录》《浙江省五类主体公共信用评价指引》等法规和系列规范性文件，涵盖信用建设的信用信息归集、评价、应用、修复等全过程。2020 年 4 月 20 日，浙江省委省政府办公厅印发《关于加快推进信用“531X”工程 构建以信用为基础

的新型监管机制的实施意见》，进一步明确新时期浙江省信用建设的目标任务。

二是信用评价创新。在全国率先建立企业、自然人、社会组织、事业单位和政府机构五类主体公共信用评价体系，覆盖243万家企业、18周岁以上自然人4241万人，3.4万家事业单位，100个地方政府和4753个政府部门，基本实现公共信用评价“全覆盖，无死角”。按照主体信用特征，从五个维度构建信用评价模型，设定5个信用等级。同时，研发了信用档案等信用产品，为信用分级分类监管创造了条件。

三是信用应用场景创新。信用深入应用于审批服务、执法监管、公共服务、公共资源交易、政务事务等行政领域，助力长三角区域“信用+政务服务”机制构建。同时，积极拓展便民服务、金融服务、风险监控等社会、市场领域信用应用，从单一应用向多维应用转变。将省公共信用评价分融入城市信用分，在医疗卫生、交通出行、住房租赁等公共服务及便民生活领域开展守信激励。与省金融综合服务平台对接，将公共信用评价及数据融入银行风控产品模型，为企业提供更优融资服务。与金融风险监测防控系统对接，将信用数据融入金融风险预警模型，及时预警主体金融风险，采取针对性监管措施。

（二）江苏省以行业性示范为载体，构建全流程信用监管新机制

在协调组织省级部门积极申报的基础上，选定20家省级部门参与全省行业信用监管示范工程，围绕深入推进信用承诺、信用信息应用、信用修复等工作，建立健全覆盖事前、事中和事后全监管环节的信用管理机制，共同编制“1+20”实施方案，通过示范创建进一步发挥信用在创新监管机制、提高监管能力和水平方面的基础性作用。

创新事前环节信用监管。全省各地各部门推进企业投资项目信用承诺替代审批制度改革、证明事项告知承诺制试点等工作，在近400个行政管理事项中实行信用承诺。在“信用江苏”网站集中公示信用承诺。省人社

厅积极开展证明事项告知承诺制试点，2019 年下半年试点后，共取消各类证明材料 104 项。全省市场监管部门办理简易注销信用承诺 171393 件；住所登记信用承诺 373091 件；前置改后置信用承诺 2031311 件；远离非法集资活动信用承诺 24524 件。组织全省 8282 家企业签订环保信用承诺书。工程建设招标投标活动中累计提交了 4 万多份信用承诺书并接受公开。全省民政社会救助领域，个人申请低保等各类社会救助过程中全面实行诚信承诺制度，全省共签订信用承诺书 104. 33 万；在居民办理婚姻登记过程中，要求其对提供材料的真实性负责，并作出信用承诺声明。宿迁市积极探索沿街商铺“信用承诺+契约管理”模式，通过建立沿街商铺信用评价标准、搭建城市管理信用信息系统、实施沿街商户信用积分管理和联动惩戒等，促进了城市管理向城市治理转变。

加强事中环节信用监管。在行政管理中全面推广信用审查，依托江苏省公共信用信息一体化服务平台全面推广信用审查机制，为各级政府部门在财政资金奖补、评优评先等事项中开展市场主体信用审查，出具审查报告 6574 份，涉及企业 46. 15 万家企业，查得失信占比 5. 34%，基本实现“逢办必查”。全省 20 个左右行业已建立信息支撑、模型评价、分级分类、动态调整的行业信用评价机制。2019 年全年，全省公安系统共认定文明交通失信人员 103. 03 万余名（其中：一般失信 52. 71 万余名，较重失信 49. 93 万余名，严重失信 3847 名），并实行差异化监管，对 37. 26 万余名驾驶人实施临界失信告知。省住建厅深入开展对从事建筑、市政工程施工的企业进行信用综合评价工作，累计评价企业 28943 家次；同时，不断完善建筑企业信用评价机制，各市出台了相应细则，适时对信用分值进行浮动调整，逐步引导企业从重资质、资格向重信用、重诚信转变。省交通运输厅修订《江苏省公路水运建设市场信用信息管理办法》，2019 年对 4095 家施工单位，2507 家设计、监理、造价审计、咨询、材料采购单位开展了信用试评价工作。省自然资源厅开展土地市场信用体系建设试点，制定评价标准体系和评价规则，探索综合评分、直接判定等形式的土地市场信用评价办法。省卫生健康委运用信息化、大数据等新技术对公共卫生、医疗卫生等全行业的多领域、多专业、多类别的管理相对人开展信用评价，对10740 家法人或非法人组织实施五级评价。

完善事后环节信用监管。人社、交通运输、生态环境、民政、医疗保障、商务等领域出台了对市场主体的守信联合激励和失信联合惩戒制度。省民政厅对2019 年评估的46 家的3A 级以上省级社会组织，列入守信激励名单，在年度检查、资金支持、承接政府转移职能等方面予以激励。南京海关完成新申请高级认证企业 63 家、64 家重新认证高级认证企业，全关共有高级认证企业 260 家，对高信用企业履行优惠便利。建立统计领域信用联合奖惩机制，对 2 家企业因统计严重失信实施联合惩戒，对 9 名自然人实施守信激励。

（三）贵州省加快推进“贵州信用云”建设，为加强信用监管提供关键信用信息基础设施和信用数据支撑

依托“云上贵州”建成的全国第一朵“信用云”上线运行，通过对信用主体进行精准画像，实现信用舆情监测、区域信用指标监测、数据可视化，探索以应用为核心，以数据为驱动，以联合奖惩为抓手的“互联网+信用”的“征信–管信–用信”模式。贵州信用云将信用信息查询等服务功能嵌入信用中国（贵州）、贵州政务服务网等网站向社会公众提供信用档案查询。建成大数据信用主题库，实现了大数据信用信息采集和查询。信用云完成信用主体数据采集入库总计 1546 万条，建成贵州省个人、企业、机关事业单位法人、社会组织法人四个主体信用信息基础数据库，分别归集 915 万、625 万、3. 2 万、2. 7 万条主体基础数据。信用云累计查询次数超过 2. 57 亿次。在 2019 年数博会上，“贵州信用云”荣获“2019 中国政府信息化管理创新奖”。

（四）国家能源局加强能源领域信用监管

为加强能源领域信用监管，国家能源局电力业务资质管理中心持续强化日常信用预警，并发布月度分析报告。该中心依托能源行业信用信息平台归集的信用信息，每月编制印发《能源行业失信联合惩戒对象统计分析报告》，对能源行业失信联合惩戒对象信息（包括失信被执行人、安全生产黑名单、重大税收违法案件当事人、统计上严重失信企业、拖欠农民工工资等类别）进行统计分析，平均每月超过10000条、涉及企业2600家以上，报告发送局专业司、派出机构、重点能源企业和行业协会，以及全国35家电力交易机构，预警信用风险，开展联合惩戒。目前，已编制月度分析报告22份。

建立信用评价指标体系，实施信用分级分类监管。（1）建立公共信用评价指标体系。初步建立电力行业市场主体信用评价指标体系，通过能源行业信用信息平台自动评价生成市场主体的信用等级，为监管部门实施差别化、精准化监管提供重要保障。目前，已在电力业务许可信用监管工作中进行评价应用。（2）信用分级分类监管实现常态化。实时对能源行业信用信息平台归集的市场主体进行公共信用评价，推进信用分级分类监管常态化。目前，对47619家电力企业进行信用评价显示，电力行业总体信用状况良好，信用良好、守信企业达到46250家，占电力企业总数的97.13%；严重失信企业999家，占电力企业总数的2.10%。对不同信用等级的企业名单，通过能源行业信用信息平台提供国家能源局相关司、派出机构、重点集团企业和行业协会等信源单位共享。国家能源局派出机构在日常工作中，实时查询市场主体的信用分类状况，对信用好的实行容缺受理、告知承诺，对信用差的从严审查、重点监管，提高了许可信用监管的精准性和靶向性。

（五）广州市全面实施信用分级分类监管

建立贯穿市场主体全生命周期，衔接事前、事中、事后全监管环节的新型监管机制，在社会诚信、商务诚信的29个行业细分领域以及平台经济等6个新业态领域推行信用分级分类监管。市住房城乡建设局在全国率先建立建筑市场诚信评价体系，对承包、监理、造价咨询等13980余家企业实施针对性监管措施。市交通运输局对道路运输、机动车驾驶员培训、交通建设工程等领域2389家企业开展信用评价，加大差级企业的检查力度。市生态环境局评定环保诚信等级企业（绿牌）51家、环保不良等级企业（红牌）349家。市港务局为年度诚信优秀企业开通“绿色通道”，减少日常检查频次。市文化广电旅游局对酒店、旅游景区进行评星、评级，加大C等级企业的抽查比例。市卫生健康委对住宿、游泳、美容美发、沐浴等公共场所开展量化分级管理，获得等级越低，卫生监督频次越高。市农业农村局将存在质量安全风险隐患的生产主体分为A、B、C、D四级，根据级别采取差异化抽检频次。市市场监管局出台针对餐饮服务企业、食品生产企业、工业产品生产企业的分级分类监管制度文件，研究建立企业信用风险分级管理指标体系、风险模型。市城市管理综合执法局对运输企业和车辆的失信行为实行记分处理，2019年共形成建筑废弃物运输车辆诚信计分记录1096条。市商务局推动家政服务业信用体系建设，搭建实名制公益服务平台，全量归集150家家政企业、25万家政从业人员信用信息，不断完善家政服务机构信用记录、跟踪评价和管理制度。

（六）北京市加强信用监管体系建设

一是在事前环节，开展信用核验，为发展改革委、人力社保局、商务局、中关村管委会、科委等多个部门的专家资质、企业享受缓交社保费用及项目支持等提供了近5万次涉及企业、个人信用核验服务。二是在事中监管环节，制定了《北京市开展信用分级分类监管工作的实施意见》和实施指南，提出了公共信用评价4等（ABCD）9级标准，通过市大数据平台向各部门推送了146万家企业公共信用评价结果。支持交通、税务、水务、住建等12个领域建立了基于信用的分类监管体系。三是在事后监管环节，联合奖惩信息管理系统与市行政服务中心审批平台和23个部门的29个业务系统实现嵌入式对接，完成红黑名单查询服务500余万次，上报奖惩执行结果5.2万条。37.74万人次列入失信被执行人“黑名单”（含个人24.48万），限制失信被执行人乘坐飞机242.16万人次，限制乘坐高铁13.54万人次，累计限制8万人次参加小客车摇号。约有5.5万名失信被执行人自动履行义务。在全市形成了“区区有培训，月月有场次”公益性信用修复培训机制，已召开30多场次，参与企业2500多家，经国家信用中心审定、实现信用修复并退出“信用中国”网站失信公示的企业3300家。配合国家信用中心开展了200多家失信企业核查和100多家企业的信用信息异议处理工作。

（七）江西省运用信用监管手段治理货运车辆超限超载

江西省交通运输厅率先在全省“治超”工作中推行全环节信用监管。全面推行信用“治超”工作，在全省货运车辆超限超载治理工作中形成信用信息归集、信用信息公开共享、涉嫌违法抄告、信用评价、联合奖惩、信用修复全环节闭环监管模式，规范黑名单的认定、奖惩、修复和退出，进一步创新治超监管方式，规范监管行为，为破解治超难题提供新的思路。一是落实货运信用信息归集全覆盖，按照交通运输信用信息目录，全量归集道路货运企业、车辆和从业人员信用信息，确保有效并实时更新，2018年以来已归集货运企业393134家、货运车辆806251辆、货运从业人员464913人的信用信息。二是实现信用信息公开共享，通过“信用交通·江西”等平台，对交通运输行业各领域相关数据进行公开，同时实现信用数据纵向与部、省“横纵”互联互通和信息共享。三是实施涉嫌违法抄告精准打击失信主体，对涉嫌违法货运主体严格落实超限超载信息抄告制度，加强违法超限超载行为跟踪处理，依法对道路货物运输失信主体实施联合惩戒，对失信运输企业、失信从业人员、失信营运车辆形成强烈震慑。四是依法依规开展联合惩戒，每年对货物运输企业、运输车辆和从业人员开展信用评价，并将评价结果在“信用交通·江西”等平台进行公布的同时推送至部省信用平台，将涉及严重违法超限超载的道路运输失信主体列入严重违法失信超限超载名单，并积极开展联合惩戒，2018 年以来被列入严重失信货运车辆 165 起、公示期结束移除 81 起，驾驶员 60 人、公示期结束移除 28 人，货运企业 130 家，暴力抗法 23 起，公示期结束移除 17 起。五是依法依规开展信用修复，按照《江西省交通运输厅信用信息异议处理及信用修复管理办法（试行）》，主动联系符合修复条件的严重违法失信主体开展信用修复，目前已对 5 家被列入严重违法超限超载失信企业完成信用修复。

五、有关信用监管的制度设计尚需优化完善

（一）信用监管应该覆盖信用建设四大领域

社会信用体系建设包括信用法律体系建设和信用监管体系建设。而信用监管是信用监管体系的核心。社会信用体系建设包括政务诚信建设、商务诚信建设、社会诚信建设和司法公信建设。但是，目前信用监管主要是针对市场主体设计的，涉及的领域主要是商务领域以及部分社会领域，基本未涵盖政务领域和司法领域。社会信用体系建设的目标是构建诚信政府和诚信社会。信用监管只有全面覆盖政务诚信、商务诚信、社会诚信和司法公信等四大领域，才能实现社会信用体系建设的预期目标。

（二）失信惩戒措施应当瞄准失信责任主体

无论是自然人，还是法人或非法人组织实施的失信行为，从本质上来看都是人作出的行为。人的价值观念、思想意识、心理动机决定或者影响人的行为。建立信用监管制度应当牢牢抓住主要矛盾以及矛盾的主要方面，即建立健全责任追究机制，将失信惩戒措施最终落实到失信行为责任人。对被列入失信联合惩戒对象名单的市场主体的法定代表人或主要负责人、实际控制人等依法追究其严重失信责任，实施相应失信联合惩戒措施，并将相关失信行为记入其个人信用记录。机关事业单位、国有企业出

现严重失信行为的，要通报上级主管单位和审计部门；工作人员出现严重失信行为的，要通报所在单位及相关纪检监察、组织人事部门。只有如此，才能收到事半功倍的效果。

从国家经济和社会发展的大局来看，除直接涉及公共安全和人民群众生命健康等特殊行业、重点领域市场主体之外，失信惩戒应当尽可能减少对市场主体特别是国有企业、上市公司等正常生产经营活动的影响。在令严重失信责任人付出更加沉重的代价的同时，避免因个别人的严重失信行为给国家和社会造成不必要、不应有损失。

（三）信用监管相关文件法律效力有待提升

信用监管必须遵循依法行政原则。为避免行政机关滥用权力侵害行政相对人合法权益，信用监管首要的一点就是必须遵循合法原则。信用监管涉及减损市场主体合法权益或者增加其义务、涉及市场准入和退出条件、涉及干预市场主体正常生产经营活动，应当通过颁布法律、法规或者国务院决定和命令等形式予以规制，而不适宜采用发布指导意见的形式加以指示引导。

第二节　依法建立失信惩戒制度

截至目前，我国对于失信惩戒这一概念并没有作出明确的官方解读或者学术定义。在我国已经出台的法律、法规、规章、规范性文件当中，并没有对失信惩戒概念的内涵作出科学阐释，也没有对失信惩戒概念的外延给出合理界定。而失信惩戒概念的内涵不明确，外延不清晰，理论上难免引起争议，实践中容易失之偏颇。

一、失信惩戒概念及其内涵

惩戒就是惩治过错，警戒将来，或者通过惩罚，使人警诫。

失信惩戒就是惩罚失信，以示警诫，旨在预防和制止信用主体失信行为的发生。应当正确理解失信惩戒机制的内在含义，“惩罚”只是手段，“警戒”才是目的。警戒的意思是提醒人注意，警告其改正。

在社会信用体系建设的实践过程中，失信惩戒的重要表现形式为失信联合惩戒。

失信联合惩戒是指两个或两个以上行政机关和法律法规授权的具有管理社会公共事务职能的组织，依法对被列入失信联合惩戒对象名单的信用主体及其特定失信行为，协同实施失信惩戒措施的一种信用监管方式。

失信联合惩戒的实质是通过施加某种制裁措施，以减损被联合惩戒失信主体的权利或者增加被联合惩戒失信主体的义务。失信联合惩戒措施的主要部分，多为限制性或约束类措施。

通过失信联合惩戒，将单一部门在单一领域的惩戒延伸扩展到多个部门在多个领域协同实施惩戒，让失信主体“一次失信，处处受限”，一次失信所带来的负面效应变得严重而持久，大幅增加失信成本，使之深感得不偿失，真正体会到因失信导致的“切肤之痛”，从而达到“警戒”的目的。失信联合惩戒机制是建立和维护良好的信用秩序，保障社会信用体系正常运行的核心机制之一。失信联合惩戒直接作用于失信主体，强化对失信主体的约束，是惩治失信行为的最为关键、最为有效的手段，对于社会信用体系建设来讲至关重要。失信联合惩戒应当以减少失信行为，建立和维护社会信用秩序为功能目标，进而推动诚信政府与诚信社会建设。

二、实施失信惩戒的必要性

任何社会的存在与发展，都需要建立和维护应有的社会秩序。为了建立和维护社会秩序，任何社会均需要依靠法律制度、道德准则来规范约束人们的行为。若要规范约束人们的行为，就须要依法对违法、违约和失德行为进行相应的惩戒。

现代社会治理的重要标靶，就是治理违法、违约和失德行为。信用秩序是一个国家社会秩序的基石。市场经济是信用经济。在市场经济条件下，失信惩戒机制是规范社会秩序的有力武器。加强市场主体信用建设，维护市场公平竞争规则，降低交易风险和交易成本，保护诚实守信经营者和消费者的合法权益，为实现经济高质量发展创造良好信用环境，需要发挥失信惩戒的作用，遏制各类失信行为的发生。

国务院印发的《社会信用体系建设规划纲要（2014—2020 年）》指出：目前，我国“守信激励和失信惩戒机制尚不健全，守信激励不足，失信成本偏低；社会诚信意识和信用水平偏低，履约践诺、诚实守信的社会氛围尚未形成，重特大生产安全事故、食品药品安全事件时有发生，商业欺诈、制假售假、偷逃骗税、虚报冒领、学术不端等现象屡禁不止，政务诚信度、司法公信度离人民群众的期待还有一定差距等”。而社会信用体系建设就是“以守信激励和失信约束为奖惩机制”，“以提高全社会诚信意识和信用水平、改善经济社会运行环境为目的，以人为本，在全社会广泛形成守信光荣、失信可耻的浓厚氛围，使诚实守信成为全民的自觉行为规范”。

由于在全社会尚未广泛形成守信光荣、失信可耻的浓厚氛围，对失信行为进行道德约束和舆论谴责显得苍白无力。长期以来，社会上存在大量违背公序良俗的恶劣行为，令人深恶痛绝，但够不上法律惩处的标准，过去往往“拿他（她）们没办法”，任其逍遥自在；对此类社会影响恶劣的行为，如今可以用信用惩戒手段对其进行约束和限制，并且效果十分明显。

失信惩戒不仅能有效治理违背公序良俗的社会陋习，还能有效解决行政执法难以解决的棘手问题和长期困扰司法领域的“执行难问题”。尤其是，“人民法院执行工作是依靠国家强制力确保法律全面正确实施的重要手段，是维护人民群众合法权益、实现社会公平正义的关键环节。做好执行工作、切实解决长期存在的执行难问题，事关全面依法治国基本方略实施，事关社会公平正义实现，具有十分重要的意义”。生效裁判法律文书的执行成效，是全面依法治国水平的直接体现，是国家治理体系和治理能力现代化状况的综合反映。

习近平总书记指出：“法律的生命力在于实施，法律的权威也在于实施。‘天下之事，不难于立法，而难于法之必行。’如果有了法律而不实施、束之高阁，或者实施不力、做表面文章，那制定再多法律也无济于事。全面推进依法治国的重点应该是保证法律严格实施，做到‘法立，有犯而必施；令出，唯行而不返’。”

司法是维护社会公平正义的最后一道防线。当道德约束对失信行为已经基本失效的形势下，司法作为维护社会公平正义的最后一道防线的功能愈发凸显。依据现有的法律、法规追究违法、违约、失德者的行政、民事甚至刑事责任是十分必要的。在一般情况下，相应的法律处罚是能够起到一定的威慑作用的。但是，由于我国社会普遍存在大量诚信缺失的现象，面对违法行为、违约行为、失德行为高发、频发、复发问题，现行法律制度，包括法律体系和监管体系存在缺陷，调节社会信用关系、规范社会信用行为功能部分失灵，最后一道防线局部失守，甚至连裁判法律文书都失去效力，致使失信行为屡屡发生。长期以来，我国社会存在大量“失信被执行人”就是最为典型的例证，足以证明此类荒诞问题的严重程度。

所谓失信被执行人，是指具有履行能力而不履行生效法律文书确定义务的被执行人。俗称“老赖”。在我国，国内欠人钱财却赖着拒不履行法院生效判决的债务人广泛存在，已经成为当今经济和社会的一种恶性毒瘤，严重影响国家法治的权威性、国家法律的强制力、司法机关的公信力，阻碍国家法制化进程；同时，也严重破坏社会的公平正义与和谐稳定。而要彻底切除这一恶性毒瘤，单纯依靠现行的法律制度已经力不从心，难以有效根治，必须进行法律制度创新。针对上述问题，迫切需要研究对违法、违约、失德者的延伸惩戒，以此倒逼社会公众诚信意识和信用水平的提高。

最近几年，为深入贯彻落实党的十八届四中全会提出的“切实解决执行难”“依法保障胜诉当事人及时实现权益”的重大决策部署，坚决打击恶意挑战国家法律权威性、国家法律强制力和司法机关公信力的行为，切实解决长期存在的执行难问题，国家采取了一系列重要措施，其中的一条重要措施便是对失信被执行人实施联合惩戒。失信联合惩戒也因为治理“老赖”典型案例的广泛传播而家喻户晓，对推广失信联合惩戒机制产生示范效应，许多社会主体已经尝到了因严重失信行为而受到联合惩戒的苦涩滋味。

2019 年 3 月 12 日，十三届全国人大二次会议举行第三次全体会议，听取最高人民法院院长周强关于最高人民法院工作的报告。周强指出：为贯彻落实党的十八届四中全会关于“切实解决执行难”的部署，最高人民法院 2016 年 3 月提出“用两到三年时间基本解决执行难问题”。三年来，人民法院全力攻坚，共受理执行案件 2043. 5 万件，执结 1936. 1 万件，执行到位金额 4. 4 万亿元，同比分别增长 98. 5%、105. 1% 和 71. 2%，解决了一批群众反映强烈的突出问题，有效维护了人民群众合法权益，促进了法治建设和社会诚信建设。着力遏制规避执行行为，完善联合惩戒体系，会同国家发改委等 60 家单位推进失信惩戒机制建设，采取 11 类 150 项惩戒措施，让失信被执行人“一处失信、处处受限”，366 万人迫于压力自动履行义务。

有鉴于失信联合惩戒措施对从源头切实解决执行难问题效果十分明显，2019 年 7 月 14 日，中央全面依法治国委员会《关于发布〈关于加强综合治理从源头切实解决执行难问题的意见〉的通知》（中法委发〔2019〕1号），强调指出：完善失信被执行人联合惩戒机制。各有关部门尽快完成与国家“互联网+监管”系统及全国信用信息共享平台联合惩戒系统的联通对接和信息共享，做好失信被执行人身份证、护照等所有法定有效证件全部关联捆绑制度，将人民法院发布的失信被执行人名单信息嵌入本单位“互联网+监管”系统以及管理、审批工作系统中，实现对失信被执行人名单信息的自动比对、自动监督，自动采取拦截、惩戒措施，推动完善一处失信、处处受限的信用监督、警示和惩戒体系。建立执行联动工作考核机制，对失信被执行人信用监督、警示和惩戒机制落实情况开展专项检查，加大考核和问责力度。

为有效治理违法行为、违约行为和失德行为，须要完善现有的法律惩罚制度，增强法律惩戒力度，提高违法、违约、失德风险成本；同时，应当在政府的主导下进行社会治理制度创新和治理手段创新，以加强我国社会信用法治建设。开展信用监管，建立以信用为基础的新型监管机制就属于社会治理制度的重大创新。通过开展信用监管，实现依法治国与以德治国的高度统一。失信惩戒特别是失信联合惩戒之所以能够达到单纯依靠法律手段无法实现的目标或效果，关键在于其具有全面治理、系统治理、综合治理三大鲜明特征，惩戒力度、威慑力度十分强大。失信惩戒特别是失信联合惩戒作为重要的新型监管手段，使信用监管成为有“牙齿”的监管，是信用监管体系不可或缺的一部分。

三、失信惩戒制度顶层设计

党中央、国务院高度重视社会信用体系建设以及守信激励、失信惩戒制度机制建立，并作出一系列重大决策部署。

2016年4月18日，习近平总书记主持召开中央全面深化改革领导小组第二十三次会议。会议指出，建立和完善守信联合激励和失信联合惩戒制度，加快推进社会诚信建设，要充分运用信用激励和约束手段，建立跨地区、跨部门、跨领域联合激励与惩戒机制，推动信用信息公开和共享，着力解决当前危害公共利益和公共安全、人民群众反映强烈、对经济社会发展造成重大负面影响的重点领域失信问题，加大对诚实守信主体激励和对严重失信主体惩戒力度，形成褒扬诚信、惩戒失信的制度机制和社会风尚。

2016 年 6 月 27 日，习近平总书记主持召开中央全面深化改革领导小组第二十五次会议。会议强调，要建立健全跨部门协同监管和联合惩戒机制，构建“一处失信、处处受限”的信用惩戒大格局，让失信者寸步难行。

2016 年 12 月 9 日，习近平总书记在中共中央政治局第三十七次集体学习时强调，要运用法治手段解决道德领域突出问题。法律是底线的道德，也是道德的保障。要加强相关立法工作，明确对失德行为的惩戒措施。要依法加强对群众反映强烈的失德行为的整治。对突出的诚信缺失问题，既要抓紧建立覆盖全社会的征信系统，又要完善守法诚信褒奖机制和违法失信惩戒机制，使人不敢失信、不能失信。对见利忘义、制假售假的违法行为，要加大执法力度，让败德违法者受到惩治、付出代价。

2019 年 6 月 12 日，李克强总理在国务院常务会议上强调，要用好失信联合惩戒这把“利剑”，规范认定并设立市场主体信用“黑名单”，强化跨行业、跨领域、跨部门联合惩戒，对失信主体要坚决依法依规惩治直至逐出市场。

2020 年 9 月 9 日，习近平总书记在主持召开中央财经委员会第八次会议时强调，要完善社会信用体系，建立健全以信用为基础的新型监管机制。

近年来，党中央、国务院出台了一系列有关失信联合惩戒制度建设顶层设计的重要文件，主要包括《国务院关于建立完善守信联合激励和失信联合惩戒制度加快推进社会诚信建设的指导意见》（国发〔2016〕33号）、《中共中央办公厅、国务院办公厅关于加快推进失信被执行人信用监督、警示和惩戒机制建设的意见》（中办发〔2016〕64号）、《国务院办公厅关于加快推进社会信用体系建设构建以信用为基础的新型监管机制的指导意见》（国办发〔2019〕35号）等，为建立和完善失信联合惩戒机制指明了方向。

四、实施失信惩戒基本要求

（一）惩戒法定

失信惩戒措施必然涉及减损失信主体的权利，增加失信主体的义务。为保证行政机关依法行政，维护信用主体合法权益，凡涉及失信惩戒的重大事项，必须由法律、法规作出明确规定，包括实施主体法定、惩戒对象法定、惩戒措施法定、惩戒程序法定和救济方式法定等，实现制度合法性与管制有效性之间的平衡。

（二）标准统一

制定全国统一、科学合理、切实可行、行之有效的失信惩戒相关标准，包括失信奖惩对象名单认定标准、失信惩戒相关信用信息标准等。

（三）程序规范

应当严格规范失信惩戒对象名单的认定程序、失信惩戒措施清单制定程序、失信惩戒措施实施程序等。

（四）信息共享

失信惩戒，关键在于“协同”，而协同的纽带是信用信息共享。信用信息共享，是失信惩戒的前提条件和技术支撑，是保障失信惩戒机制协调有效运行的关键所在。

（五）公开透明

凡涉及失信联合惩戒对象、失信联合惩戒措施、失信联合惩戒措施实施主体等的法律依据、标准规范、程序规定、异议投诉等均应依法公开。有关失信惩戒的法律、法规、规章、规范性文件的制定，应当公开征求社会公众意见。

（六）范围可控

严格将失信联合惩戒当事人限制在失信联合惩戒对象名单以内，严格将失信联合惩戒措施实施主体限制在法律法规授权以内，严格将失信联合惩戒措施限制在失信联合惩戒措施清单以内，防止失信联合惩戒对象泛化、失信联合惩戒措施滥用。

（七）过惩相当

首先，对失信联合惩戒对象采取限制性措施，令失信主体在一定期限和一定领域内感受到与守信者被差别化对待；其次，坚持对各种失信行为进行分级分类施策治理，对信用主体实施失信联合惩戒措施，应当与信用主体失信行为的事实、性质、情节和社会危害程度相适应，避免畸轻畸重。

（八）明确期限

国家应当统一规定对各类严重失信行为实施失信联合惩戒的期限。失信联合惩戒实施部门应当按照国家有关规定，明确告知被实施失信联合惩戒的当事失信主体对其实施失信联合惩戒措施的期限。

（九）权责明确

明确相关部门在失信联合惩戒对象名单的认定，失信联合惩戒措施清单的制定、失信联合惩戒措施实施等失信联合惩戒相关事项方面的权利、义务，厘清职责边界，落实主体责任，使其各负其责、各司其职、协调一致，避免互相扯皮推诿、敷衍塞责。

（十）退出机制

失信联合惩戒期满，且在失信联合惩戒期内未再发生严重失信行为；或者根据有关部门依法作出的准予信用修复的决定；或者符合其他移出失信联合惩戒对象名单条件，将相关信用主体移出失信联合惩戒对象名单，并予以公示，停止对其实施失信联合惩戒措施。

（十一）法律救济

法律救济是指法律关系主体的合法权益受到侵犯并造成损害时，获得恢复和补救的法律制度。被实施失信联合惩戒的信用主体认为自己的人身权、财产权因行政机关的失信联合惩戒行政行为而受到侵害，依照法律规定向有权受理的国家机关告诉并要求解决，予以补救，有关国家机关受理并作出具有法律效力的决定。法律救济的方式主要有：异议投诉、行政复议、行政诉讼、国家赔偿。建立健全失信联合惩戒异议申请、投诉举报制度，维护信用主体合法权益。

五、失信联合惩戒现行措施

《中共中央关于全面推进依法治国若干重大问题的决定》提出："切实解决执行难，制定强制执行法，规范查封、扣押、冻结、处理涉案财物的司法程序。加快建立失信被执行人信用监督、威慑和惩戒法律制度。依法保障胜诉当事人及时实现权益。"

目前，针对不同类型的失信主体，现行的失信联合惩戒措施主要分为两大部分：

（一）针对失信被执行人实施的联合惩戒措施

目前，对失信被执行人实施联合惩戒的措施主要包括：

（1）根据2015年7月22日起正式施行的《最高人民法院关于限制被执行人高消费及有关消费的若干规定》，被执行人未按执行通知书指定的期间履行生效法律文书确定的给付义务的，人民法院可以采取限制消费措施，限制其高消费及非生活或者经营必需的有关消费。纳入失信被执行人名单的被执行人，人民法院应当对其采取限制消费措施。

（2）根据2016年9月25日中共中央办公厅、国务院办公厅印发《关于加快推进失信被执行人信用监督、警示和惩戒机制建设的意见》，人民法院通过司法程序认定的被执行人失信信息是社会信用信息重要组成部分。对失信被执行人进行信用监督、警示和惩戒，有利于促进被执行人自觉履行生效法律文书确定的义务，提高司法公信力，推进社会信用体系建设。对失信被执行人要加强联合惩戒，惩戒措施包括以下几个方面：①从事特定行业或项目限制；②政府支持或补贴限制；③任职资格限制；④准入资格限制；⑤荣誉和授信限制；⑥特殊市场交易限制；⑦限制高消费及有关消费；⑧协助查询、控制及出境限制；⑨加强日常监管检查；⑩加大刑事惩戒力度；⑪鼓励其他方面限制。

（二）对非失信被执行人实施的联合惩戒措施

根据《国务院关于建立完善守信联合激励和失信联合惩戒制度加快推进社会诚信建设的指导意见》的相关规定，应将在重点领域作出严重失信行为的信用主体纳入失信惩戒对象名单。对纳入失信惩戒对象名单的信用主体实施的联合惩戒措施主要包括：依法依规加强对失信行为的行政性约束和惩戒、加强对失信行为的市场性约束和惩戒、加强对失信行为的行业性约束和惩戒、加强对失信行为的社会性约束和惩戒、完善个人信用记录，推动失信联合惩戒措施落实到人。

第三节 澄清失信惩戒模糊认识

一、“拒绝交易”“拒绝合作”并非“失信惩戒”

对于失信行为主体，市场主体可以选择“拒绝交易”或者“拒绝合作”（执行法律、法规和党中央、国务院有关失信惩戒或失信联合惩戒规定的除外）。在经济和社会活动中，拒绝与有不良信用记录的个人或组织进行交易或者开展合作，是一种普遍现象。市场主体出于维护自身合法权益、防范信用风险，或者为维护社会公序良俗、抵制失信行为等原因，基于公开公示的信用信息或者信用服务机构提供的信用报告、信用评分等，对于信用不良的个人或组织自主作出“拒绝交易”或“拒绝合作”的决定，应当视为“交易自由”权利的正常行使，而非实施失信惩戒或失信联合惩戒措施。虽然“拒绝交易”或者“拒绝合作”能达到社会共治的效果，但“拒绝交易”或“拒绝合作”只是权利行使，并非“失信惩戒”，彼此不能混为一谈。否则，将人为造成失信惩戒或者失信联合惩戒的泛化或者滥用的假象。

二、“失信惩戒”不能简单界定为“行政处罚”

“守信激励、失信惩戒”或“守信联合激励、失信联合惩戒”是社会信用体系建设的核心机制之一。“失信惩戒”或“失信联合惩戒”是我国社会信用体系建设过程中出现的新生事物，情况比较复杂、制度有待完善，需要实事求是观察、认真细致研究、科学理性分析、客观公正定性。可是，理论界一些人士却引用“信用惩戒”概念，并认为“信用惩戒”性质上属于“行政处罚”，由此带来两个问题：一是“信用惩戒”提法模糊不清，容易产生歧义。“信用惩戒”概念出自《最高人民法院关于公布失信被执行人名单信息的若干规定》（法释〔2013〕17号）中的相关表述：被执行人具有履行能力而不履行生效法律文书确定的义务，……人民法院应当将其纳入失信被执行人名单，依法对其进行信用惩戒……二是理论界一些人士将“信用惩戒”界定为“行政处罚”，出于主观臆断不免失之偏颇。基于“信用惩戒”性质上属于“行政处罚”观点而对“失信惩戒”展开的批评，缺乏法律基础和事实根据，难以令人信服并形成错误舆论导向。

《中华人民共和国行政处罚法》第三条规定：“公民、法人或者其他组织违反行政管理秩序的行为，应当给予行政处罚的，依照本法由法律、法规或者规章规定，并由行政机关依照本法规定的程序实施。”依据上述法律规定，“行政处罚”是由行政机关依照《中华人民共和国行政处罚法》规定的程序实施的。可是，“失信惩戒”的实施主体却是多元化的，并非都由行政机关主导和实施。如对“失信被执行人”实施联合惩戒，堪称手段最多、措施最严、范围最广、力度最强、影响最大，就是由司法机关主导，并由企业单位、事业单位、党政机关、社团组织等协同实施的。因此，将“失信惩戒”硬性纳入“行政处罚”范畴不免显得牵强，难以自圆其说。

另外，从实际情况来看，为纯洁队伍，中国共产党限制失信被执行人申请加入中国共产党、预备党员转为正式党员以及党员评先、评优、晋职晋级；限制招录（聘）失信被执行人为公务员或事业单位工作人员，在职公务员或事业单位工作人员被确定为失信被执行人的，限制其评先、评优、晋职晋级；限制失信被执行人担任党代表、人大代表和政协委员。失信被执行人为个人的，不作为组织推荐的各级党代会代表、各级人大代表和政协委员候选人；中国人民解放军限制失信被执行人入伍服役和现役、预备役军官评先、评优、晋职晋级等等，均不应定性为“行政处罚”。

第四节　失信联合惩戒实施情况

2018 年 6 月 6 日，国务院常务会议指出，贯彻党中央、国务院决策部署，近几年按照社会主义市场经济要求，社会信用体系建设取得重要进展，统一社会信用代码基本实现全覆盖，守信联合激励和失信联合惩戒机制初步显威。

一、失信惩戒探索实践取得显著成效

失信联合惩戒是深化“放管服”改革，建立以信用为基础的新型监管机制的重要手段；是有效解决失信行为高发频发、反复发生、易地实施问题，建立和维护社会信用秩序、改善经济和社会环境的有力武器；是实现建设诚信政府、诚信社会目标的制度保障。失信联合惩戒犹如一柄高悬在实施严重失信行为主体或潜在严重失信行为主体头上的达摩克利斯之剑，令其产生畏惧，心存忌惮。

在社会信用体系建设实践过程中，各部门、各地方充分发挥失信联合惩戒这柄利剑的作用，通过建立跨地区、跨部门、跨领域、跨机构失信联合惩戒协同联动机制，逐步形成了共同治理失信行为的信用监管格局，初步构建起约束限制失信主体，谴责抵制失信行为的社会环境。对严重失信行为果断“亮剑”、依法惩戒、惩戒到位、追责到人，加大对严重失信主体的惩戒力度，直至将其逐出市场，令失信主体为自己的严重失信行为付出了沉重代价，有效增加了失信主体的失信成本；通过对严重失信主体实施联合惩戒措施，一方面，迫使其实现自我整改，履行相关义务、消除不良影响，并在今后的经济和社会活动中吸取教训、引以为戒；另一方面，对广大社会主体起到以儆效尤、警示震慑作用，令潜在的失信主体望而生畏感受到强烈威慑，从而达到遏制和预防失信行为发生的目的。通过对失信行为的惩治持续保持高压态势，已经对信用主体产生强大震慑威力，使其不愿失信、不敢失信、不能失信，切实维护了社会信用秩序、有效净化了市场营商环境，大幅降低了经济和社会活动中的信用风险。

随着社会信用体系建设广泛深入开展，整个社会对失信联合惩戒的关注程度和重视程度越来越高；通过公布失信联合惩戒对象名单以及对其实施失信联合惩戒措施，引发社会广泛关注和强烈反响，有效遏制了失信行为高发、频发、多发、复发的势头，削减了失信行为存量，抑制了失信行为增量，促使全社会诚信意识和信用水平持续提升。在治理严重失信行为过程当中，一些部门、地方在失信联合惩戒方面先行先试、探索前进，积累了丰富的实践经验。

如贵州省建成“贵州信用联合奖惩平台”，实现“奖惩 7 自动”。贵州信用联合奖惩平台通过信息化手段，实现“自动推送、自动比对、自动拦截、自动惩戒、自动激励、自动监督、自动反馈”的“奖惩 7 自动”功能。贵州信用联合奖惩平台率先在政务服务、公共资源交易等领域对法院失信被执行人开展信用联合惩戒工作。奖惩平台功能已嵌入省大数据局、省政务服务中心、省公共资源交易中心等多部门内部审批系统，在 2000 多个行政事项和服务事项中实现信用核查，初步建立以信用联合奖惩为核心的社会信用体系运行机制和多部门、跨地区的“发起–响应–反馈”的信用联合奖惩在线协同联动机制，使守信者处处受益、失信者寸步难行。截至 2020 年 9 月，累计提供信用核查 230.8 万次，实施联合惩戒 6371 次，其中：政务服务领域信用核查 194.2 万次、联合惩戒 3013 次；公共资源交易领域信用核查 36.6 万次、联合惩戒 3358 次。

又如威海推行“清单式、模块化、嵌入型”联合奖惩模式，仅需 4 个步骤，即可完成从查询到反馈的全流程操作，并嵌入至 40 个市直部门和各区市的 870 多个行政办公电脑。同时，全国 700 多万失信被执行人信息和本市发布的“红黑名单”信息，将全部实现自动实时查询和部门联动奖惩。截至2020年8月底，威海共发布5批次红黑名单信息，为1572家企业发放信用贷款33.04亿元，对3472个严重失信主体实施了联合惩戒，对4061个守信主体实施了联合激励。

特别值得关注的是，失信联合惩戒立法取得重大突破，失信联合惩戒法律制度不断完善。截至2019年底，我国已有《中华人民共和国疫苗管理法》《中华人民共和国公务员法》《中华人民共和国药品管理法》《中华人民共和国个人所得税法》等4部法律将失信联合惩戒纳入法律条款并作出明确规定，使失信联合惩戒措施上升至国家法律层级，具有更高的法律效力和更大的震慑威力。此举堪称自开展社会信用体系建设以来，在社会信用立法领域取得的重要突破，对于实现社会信用管理法制化具有重大意义。除此之外，有关失信联合惩戒的地方信用立法也取得积极进展。如《河南省社会信用条例》第四章守信激励与失信惩戒，对守信联合激励和失信联合惩戒作出全面、具体、明确的规定，在失信联合惩戒立法章节设置及内容规定方面，实现重大创新性、系统性突破，值得研究借鉴。

二、正确认识失信联合惩戒核心机制

当前，针对失信联合惩戒有两种倾向值得高度重视：一是急于求成，泛化滥用；二是抵制阻挠，全盘否定。

（1）建立失信联合惩戒机制，是社会信用体系建设领域的一项重大制度创新。任何一项新生事物在其产生和发展的过程中，都会遇到这样那样的问题，失信联合惩戒制度也不例外。实践证明，失信联合惩戒是保障社会信用体系建设，实现社会治理现代化目标的一种切实有效的手段。通过运用失信联合惩戒手段，使许多长期困扰各级政府及其部门、司法机关的棘手问题、老大难问题得到有效解决或在解决问题方面取得突破性进展。但也正是因为失信联合惩戒手段有用管用，在一些部门、地方开始出现失信联合惩戒被泛化滥用的苗头。建立失信惩戒制度的初衷是为了震慑、遏制失信行为，但在实践中，由于失信联合惩戒手段行之有效，从而引发了一些地方、部门运用这一手段解决各类问题的强烈冲动，致使该制度的核心功能的作用方向在一定程度上发生偏离，成为一些地方、部门快速顺畅地实现其管理目标的一种常规性多用途手段。因此，失信联合惩戒手段在发挥积极作用并取得阶段性成果的同时，也暴露出一些不容忽视的矛盾和问题，如失信联合惩戒相关法律法规尚不健全，某些失信联合惩戒措施引起法律层面的争议和舆论层面的反弹。

关于急于求成、泛化滥用问题，应当清醒地认识到，社会信用体系建设是一个长期的过程，不可能毕其功于一役，欲速则不达；只能按照事物发展的客观规律积极稳妥推进，而不能急于求成、揠苗助长、一哄而上。否则，必将事与愿违、适得其反，还可能会给法治环境造成一定损害。为根本解决失信联合惩戒在一些地方、部门被泛化滥用问题，必须尽快将失信联合惩戒纳入法治轨道，并与现存的法治化框架紧密衔接，加快失信联合惩戒立法进程。

（2）关于抵制阻挠、全盘否定问题，应当深刻地认识到，由于失信联合惩戒的实质是减损被联合惩戒失信主体的权利，增加被联合惩戒失信主体的义务。而失信联合惩戒措施的主要部分，多为限制性或约束类措施。上述特征，从一方面来看，正是失信联合惩戒的剑锋所在、绝招所在、威力所在、效能所在；但从另一方面来看，也是严重失信主体的痛处所在、代价所在、忌惮所在、恐惧所在。因此，必然遭到一部分失信联合惩戒对象及其代言人的坚决反对和猛烈抨击，他们肯定会利用各种场合及手段制造不利于失信联合惩戒机制施行的社会舆论，企图“带偏风向”。对此，我们必须坚决贯彻党中央、国务院关于社会信用体系建设的决策部署，认真学习贯彻习近平总书记和李克强总理关于社会信用体系建设的重要论述，始终端正认识、明确方向、坚定信心，持续凝聚合力、增强动力、加大威力，坚决顶住压力、克服阻力、保持定力。同时，应当保持清醒认识和高度警惕，加强正确舆论引导、抵制各种错误观点，防止社会信用体系建设进程遭受蓄意干扰。

三、依法规范严格实施失信惩戒行为

（1）法律是治国之重器，良法是善治之前提。建设中国社会信用法治体系，必须坚持立法先行，发挥立法的引领作用。国家应当增强信用立法的及时性、系统性、针对性、有效性，围绕构建更加科学、统一、协调的信用法律体系的要求，在信用法律体系框架下加快构建完善失信联合惩戒法律制度，包括针对失信联合惩戒开展专项立法，依法规范失信联合惩戒行为。对已经颁布的与失信联合惩戒相关的法律法规要坚决严格执行。对行之有效、已经成熟的失信惩戒政策措施，应当尽快上升为法律规范。坚持立改废释并举，对现行法律、法规、规章和规范性文件进行清理，对其中存在的明显不适应、不协调、不衔接、不一致等问题进行一次集中梳理，该修正的修正，该废止的废止，以满足社会信用体系建设的客观需要。

（2）依法加快制定出台全国统一的失信联合惩戒措施清单，并面向社会公开。制定全国统一的失信联合惩戒措施清单，关键是要对其合法性、合理性、科学性、必要性、可行性进行充分论证和风险评估，并达成广泛社会共识。对《失信联合惩戒措施清单》实行动态管理，适时更新。划定“清单之外无失信联合惩戒”红线，防止失信联合惩戒措施被泛化和滥用。

（3）以食品药品、生态环境、工程质量、安全生产、养老托幼、城市运行安全等与人民群众生命财产安全直接相关领域的严重失信行为为重点，制定失信惩戒对象名单。对失信惩戒对象及其失信行为实行分类分级管理，坚持区别对待原则，针对不同性质、不同情节、不同社会危害程度的失信行为，分别匹配适用相应力度的惩戒措施，实现“靶向治理”“对症下药”，体现失信惩戒的公正性、公平性、精准性。建立刚性失信联合惩戒协同机制，防止彼此扯皮、相互推诿、敷衍塞责，保障失信联合惩戒措施贯彻执行、落实生效。

（4）将失信联合惩戒对象名单、失信联合惩戒实施主体名单、失信联合惩戒措施清单纳入信用目录化管理，完善社会信用目录体系架构并及时向社会公开，维护信用主体的知情权、异议权、申诉权等合法权益；另一方面，向社会公众发出信用风险提示信号，帮助社会公众及早发现识别严重失信行为主体，并在经济和社会活动中慎重选择交易对象或者合作伙伴，切实防范信用风险。加快建立健全社会信用标准体系，严格失信联合惩戒标准，不断提升失信联合惩戒规范化水平。

（5）积极做好信用法律法规和政策措施的宣传解释，增加失信联合惩戒的透明度，强化社会舆论的正面引导，努力消除对失信联合惩戒的误解、误读和误导，坚决纠正各种错误观点，加强对失信联合惩戒相关舆情的动态追踪、监测、分析、预警，发现问题及时采取有效策略和方法加以解决。营造社会信用体系建设良好舆论氛围，排除前进道路上的各种障碍和干扰。

综上所述，守信激励、失信惩戒作为社会信用体系建设的核心机制，在加快推动社会信用体系建设进程中发挥了重大积极作用，并取得了显著成效。但是，在创造创新、探索实践的过程中也出现了一定偏差，必须采取切实有效举措尽快加以解决。

第十三章

社会信用修复

在社会信用体系比较成熟完善的国家，信用主体如果存在大量不良信用记录或者负面信用记录，其在经济和社会活动中将处处受限，举步维艰。

但是，必须指出的是，信用主体的不良信用记录和负面信用评价并非都是一成不变、伴随终生的。失信惩戒是手段，而不是目的。建立信用修复机制，既是借鉴国际通行做法，也是基于我国国情进行的制度设计。

在完善的社会信用体系框架下，除了建立失信惩戒机制以外，还应当高度重视不良信用记录和负面信用评价产生的原因，在科学分析研究的基础上提出恰当的应对策略，并在法律制度的保障下，为信用主体提供一个纠正错误、重塑信用的机会与途径。由此一来，信用修复制度便应运而生。依法建立科学、合理、适用、高效的信用修复机制，作为失信惩戒制度的相应配套制度，有助于形成完善的社会信用管理制度体系。

第一节　信用修复制度的基本概述

一、信用修复的概念及其内涵

信用修复是指国家机关以及法律法规授权的具有公共事务管理职能的组织或信用服务机构依照法定条件、法定内容、法定形式和法定程序等，改善信用主体的不良信用记录、负面信用评价（或信用评分），维护信用主体合法权益的法律救济措施及其行为。

信用修复不仅包括对已经实际发生的信用损害的修补，还包括以改善信用状况、提高信用评价或信用评分为目标的其他一系列措施。

对因失信行为造成的信用损害的信用修复，其核心或其本质应当是对失信行为人的心灵和精神层面实施修复，即对失信行为人的诚信价值观念受损情况进行修复。因此，应当“发现病根”“精准施药”“标本兼治”“增强免疫”，全面矫正失信行为人偏离诚信价值观的错误价值取向。

二、建立信用修复制度的目的

建立信用修复制度的主要目的在于：建立异议投诉、更正纠错，自我改过、主动自新，政府鼓励、社会关爱机制，确保信用信息的真实性、准确性、时效性，维护信用主体的合法权益；为失信主体重构良好信用创造机会与途径，有效激发信用主体提高信誉的动能，从而提高自身诚信意识和信用水平；向社会释放包容性和正能量，为失信主体更好地融入社会提供制度保障。通过对大量个别社会主体的信用修复，最终实现对已经遭受破坏的整个社会信用生态系统的修复。

三、信用修复是通行国际惯例

一般来讲，社会信用体系比较完善的国家，其信用服务市场比较成熟，信用服务机构相对发达，信用信息及信用信息产品应用广泛，在经济和社会活动中发挥着重要作用。如果在信用报告中存在不良信用记录或者因负面因素导致信用评分较低等，就会严重影响信用主体的正常金融交易、商品交易、服务交易行为以及其他经济和社会活动。因此，市场上自然而然地出现了信用修复需求，专门从事信用修复的机构便应运而生。

四、信用修复的主要类型划分

（1）按照实施主体划分，可分为国家机关修复和市场机构修复。

国家机关修复是指国家机关以及法律法规授权的具有公共事务管理职能的组织依法开展的信用修复。

市场机构修复是指信用服务机构依法开展的信用修复。

（2）按照信用主体划分，可分为个人信用修复和法人或非法人组织信用修复。

（3）依据信用修复动因划分，信用修复可分为自然修复和依申请（包括异议投诉）修复。

自然修复是指期限届满型修复。依申请修复是指依信用主体主动提出的信用修复申请或异议投诉要求而开展的信用修复。

（4）依据信用修复方式划分，信用修复可分为期限届满型修复、解释标注型修复、异议投诉型修复、履行义务型修复：

期限届满型修复。依据信用信息保存期限规定，当不良信用信息保存期限届满，应当予以删除，不再予以展示或者披露。如《征信业管理条例》规定，征信机构对个人不良信息的保存期限，自不良行为或者事件终止之日起为 5 年；超过 5 年的，应当予以删除。

解释注明型修复。允许信用主体通过对其不良信用记录或失信行为的客观原因作出解释说明或者客观阐明非主观故意违约失信的理由，博取他人的理解、包容和谅解，达到改善不良信用记录的目的。如在个人信用报告中设置“个人声明信息”栏目，为非主观恶意违约的信用主体提供了一定的解释说明机会和空间，以便个人信用报告的阅读者或使用者更加客观地分析和判断其信用水平。

异议投诉型修复。信用主体认为其信用信息存在虚假、错误、遗漏等问题，可通过异议投诉方式进行纠正。如《征信业管理条例》规定，信息主体认为征信机构采集、保存、提供的信息存在错误、遗漏的，有权向征信机构或者信息提供者提出异议，要求更正。经核查，确认相关信息确有错误、遗漏的，信息提供者、征信机构应当予以更正；确认不存在错误、遗漏的，应当取消异议标注；经核查仍不能确认的，对核查情况和异议内容应当予以记载。信息主体认为征信机构或者信息提供者、信息使用者侵害其合法权益的，可以向所在地的国务院征信业监督管理部门派出机构投诉，也可以直接向人民法院起诉。

履行义务型修复。失信主体通过履行相应义务对已发生的信用损害进行修补，履行相应义务后即可屏蔽或删除不良信用信息。比如，失信被执行人全部履行了生效法律文书确定的义务，或与申请执行人达成执行和解协议并经申请执行人确认履行完毕，或案件依法终结执行等，人民法院要在 3 日内屏蔽或撤销其失信名单信息。

五、信用修复制度的顶层设计

（一）建立失信被执行人信用修复制度

根据《中共中央办公厅、国务院办公厅印发关于加快推进失信被执行人信用监督、警示和惩戒机制建设的意见》有关规定，失信被执行人信用修复制度的主要内容包括：

1. **完善名单纳入制度**

各级人民法院要根据执行案件的办理权限，严格按照法定条件和程序决定是否将被执行人纳入失信名单。

2. **确保名单信息准确规范**

人民法院要建立严格的操作规程和审核纠错机制，确保失信被执行人名单信息准确规范。

3. **风险提示与救济**

在将被执行人纳入失信名单前，人民法院应当向被执行人发出风险提示通知。被执行人认为将其纳入失信名单错误的，可以自收到决定之日起10日内向作出决定的人民法院申请纠正，人民法院应当自收到申请之日起3日内审查，理由成立的，予以撤销；理由不成立的，予以驳回。被执行人对驳回不服的，可以向上一级人民法院申请复议。

4. **失信名单退出**

失信被执行人全部履行了生效法律文书确定的义务，或与申请执行人达成执行和解协议并经申请执行人确认履行完毕，或案件依法终结执行等，人民法院要在3日内屏蔽或撤销其失信名单信息。屏蔽、撤销信息要及时向社会公开并通报给已推送单位。

5. **惩戒措施解除**

失信名单被依法屏蔽、撤销的，各信用监督、警示和惩戒单位要及时解除对被执行人的惩戒措施。确需继续保留对被执行人信用监督、警示和惩戒的，必须严格按照法律法规的有关规定实施，并明确继续保留的期限。

7. **责任追究**

进一步完善责任追究制度，对应当纳入而不纳入、违法纳入以及不按规定屏蔽、撤销失信名单等行为，要按照有关规定追究责任。

（二）非失信被执行人信用修复制度

根据国家现行有关规定，非失信被执行人信用修复制度的主要内容包括：

1. 建立健全失信联合惩戒对象名单信用修复机制

失信联合惩戒的发起部门和实施部门应按照法律法规和政策规定明确各类失信行为的联合惩戒期限。在规定期限内纠正失信行为、消除不良影响的，不再作为联合惩戒对象。

2. 建立健全信用信息异议投诉制度

有关部门和单位在执行失信联合惩戒措施时主动发现、经市场主体提出异议申请或投诉指出信用信息不实的，应及时告知信用信息提供单位核实，信用信息提供单位应尽快核实并反馈。经核实有误的信用信息应及时更正或撤销。因错误采取联合惩戒措施损害当事信用主体合法权益的，有关部门和单位应积极采取措施恢复其信誉、消除不良影响。支持当事信用主体通过行政复议、行政诉讼等方式维护自身合法权益。

3. 完善重整企业信用修复机制

国家发展改革委等部门联合发布的《加快完善市场主体退出制度改革方案》要求："完善信用记录与信用修复制度。完善重整企业信用修复机制。进一步健全和完善相关制度，使重整成功的企业不再被纳入金融、税务、市场监管、司法等系统的黑名单，实现企业信用重建。"

4. 现行开展信用修复的主要方式

失信主体在规定期限内可通过纠正失信行为、完成失信整改、履行相关义务、消除不良影响、作出信用承诺、经受专题培训、提交信用报告、参加公益活动、经历信用监管、通过信用核查等方式开展信用修复。

六、开展信用修复的重要意义

随着我国社会信用体系建设不断深入，信用记录状况、信用评价结果的重要性越发凸显，行政处罚公示和信用信息共享的影响日益扩大，特别是跨地区、跨部门、跨领域的失信联合惩戒机制威力显现，失信主体"一处失信，处处受限”正在成为社会现实，结果导致失信主体所付出的失信成本不断增加，由此催生了信用修复的现实需求。尤其是对失信行为的惩戒和曝光力度越大，失信主体对修复自身信用的需求就越强烈。在这种形势下，信用修复制度应运而生。

信用修复是完善失信联合惩戒机制的必要环节，是行政处罚信息公示制度的有益补充，是构建新型市场监管机制的必然要求，是营造良好信用建设氛围的有效模式，是化解失信行为负面影响的实用方法，是恢复失信主体市场活力的重要举措，是恢复社会信用生态系统的有力措施，是处理好规范与发展关系的制度保障，是改善社会主体信任关系的必由之路，是促进社会和谐以及稳定的应有之义，对于顺利开展社会信用体系建设具有十分重要意义。

七、信用修复取得阶段性成果

各部门、各地方为维护信用主体合法权益，依法积极开展信用修复工作。

（一）全国信用信息共享平台积极开展信用修复工作

2020 年 3 月 4 日，为贯彻落实党中央关于统筹推进疫情防控和经济社会发展工作的决策部署，深化“放管服”改革，取消不合理审批，规范审批事项和行为，提供便利服务，精准稳妥推进企业复工复产，国务院办公厅发布《关于进一步精简审批优化服务精准稳妥推进企业复工复产的通知》（国办发明电〔2020〕6 号）明确要求，建立健全企业复工复产诉求响应机制。完善企业信用修复机制，协助受疫情影响出现订单交付不及时、合同逾期等失信行为的企业开展信用修复工作。

为贯彻上述文件精神，2020 年上半年，全国信用信息共享平台共计完成企业信用修复 47770 件，助力企业抗击疫情、复工复产。

（二）广州市建立完善信用修复机制

广州市将行政处罚信息信用修复纳入市公共服务事项，建立完善工作机制，市区各部门累计组织信用修复公益性培训20余期，印发《行政处罚信息修复指南》2万余份。完善行政处罚信息信用修复“一网通办”机制，推动企业行政处罚信息在“信用中国”网站与“国家企业信用信息公示系统”协同修复。在疫情期间，开辟行政处罚信息信用修复绿色通道，协助企业加快重塑信用。自2020年2月疫情以来，累计完成信用修复3341笔，其中重点保障企业250笔，市复工复产重点企业268笔，最快20分钟内为外向型出口企业广州宝昊塑料制品有限公司完成了信用修复，消除了企业ISO 13485（医疗行业ISO标准）证书到期换证和防疫医疗产品出口障碍。市住房城乡建设局、交通运输局、环境保护局、统计局等部门制定了本部门领域信用修复工作指引，明确一般失信、严重失信和特定严重失信处罚信息范畴，规范失信行为认定标准；市中级人民法院、市税务局、广州海关、黄埔海关等单位积极引导严重失信企业及时履行法定义务、修复信用记录、退出黑名单；市生态环境局积极开展企业环境信用修复，2020年累计调整105家企业环境评价信用等级；市市场监管局研发上线经营异常名录、严重违法失信企业信用修复微信小程序，为企业提供全程网办“零跑腿”服务，精简程序、缩减时间，累计5000余家市场主体通过微信小程序申请移出业务；越秀区开展信用修复试点，举行全省首场公益性信用修复培训，取得良好社会效应。

（三）宁波市探索创新信用修复机制

建立完善自动履行正向激励和信用修复两项机制，助推信用宁波建设。自动履行正向激励和信用修复两项机制（以下简称两项机制）是宁波法院系统创新的两项重要机制。自动履行正向激励机制是宁波市镇海区人民法院于2019年8月份在全国率先创建的，具体是指法院生效裁判进入执行程序前，义务人自动履行裁判义务的，有关部门联合给予诚信红利的系统性的激励机制。失信被执行人信用修复机制是宁波市江北区人民法院于2018年创建的，具体是指人民法院对进入执行阶段后被纳入信用修复名单的单位和个人，暂时屏蔽失信被执行人名单库，取消限制高消费和限制出入境；限制政策性帮扶的，法院出具解除限制建议。被执行人申请用查封财产融资的，协助其充分发挥融资功能；申请使用查封财物的，充分使用活查封手段保障其正常的生产经营。两项机制一经诞生，便萌发出强大的生命力，并于2019年9月在宁波全市推广。宁波法院两项机制建设试点以来，受到了社会各界的广泛关注。自动履行正向激励机制被最高人民法院编入《人民法院司法改革案例选编（七）》、《2020年人民法院工作要点》，以及全国两会工作报告；宁波市江北区法院“姚江一号工程”信用修复案例被新华社等多家媒体联合评为2019年度“新华信用杯”全国百家信用案例。新华社、人民日报、人民法院报、法制日报、中国之声广播节目等媒体先后对两项机制进行了采访或报道。从案件执行层面，自动履行正向激励机制推行后，镇海法院2019年下半年自动履行案件数环比增加94.1%，自动履行金额是上半年的8.42倍，执行案件收案数环比下降13.6%。自2018年江北开展信用修复试点自2020年6月，宁波全市法院完成信用修复案件456件。仅2020年上半年，全市法院自动履行案件5059件，发放自动履行证明374份，纳入诚信履行名单主体594个，银行授信总额6344万元，发放贷款总额7234.44万元，涉及自然人35个，法人12个，为14家企业减免罚款或滞纳金共13.6万元。此外，2020年针对新冠肺炎疫情防控和复工复产的迫切需要，建立信用修复“绿色通道”，对符合国家和省信用修复规定的，加急处理修复申请，在1个工作日内完成“信用中国”网站信用修复申请审核、“信用浙江”“信用宁波”网站信用信息修复。疫情期间已累计办结信用修复1000余起，助力企业复工复产、重焕生机。

第二节 信用修复规则的关键因素

目前，一些部门、地方陆续以“指导意见”“通知”“办法”“公告”等形式出台了一批有关信用修复的文件，其中，以下几个方面内容值得关注：

一、信用修复的前提条件

根据现行有关规定，信用修复是有前置条件的。如按照《国家税务总局关于纳税信用修复有关事项的公告》的有关规定，纳入纳税信用管理的企业纳税人，符合下列条件之一的，可在规定期限内向主管税务机关申请纳税信用修复：（1）纳税人发生未按法定期限办理纳税申报、税款缴纳、资料备案等事项且已补办的；（2）未按税务机关处理结论缴纳或者足额缴纳税款、滞纳金和罚款，未构成犯罪，纳税信用级别被直接判为D级的纳税人，在税务机关处理结论明确的期限期满后60日内足额缴纳、补缴的；（3）纳税人履行相应法律义务并由税务机关依法解除非正常户状态的。

二、信用修复的程序规定

信用修复必须制定并严格履行信用修复程序，保证信用修复程序合法。目前，国家尚未制定全国统一的信用修复程序，而一些部门和地方则作出了信用修复程序规定。

如《浙江省公共信用修复管理暂行办法》规定，各省级公共信用信息提供单位在实施本行业（领域）信用修复操作流程时应遵循以下信用修复程序：

不良信息主体应当向作出不良信息认定的公共信用信息提供单位提出

信用修复申请，并按规定提交相关材料。

公共信用信息提供单位应当受理不良信息主体提交的信用修复申请材料，并对材料的齐备性进行检查。提交的材料不齐备的，公共信用信息提供单位应当在 2 个工作日内一次性告知不良信息主体补全材料。

公共信用信息提供单位应当在 15 个工作日内，对不良信息主体提交的完整材料的真实性、准确性予以核对。对于不符合信用修复条件的，不予信用修复，并书面告知理由。对于符合信用修复条件的，确认信用修复，并在部门门户网站进行公示，公示期限为 5 个工作日。

公示期间无异议的，省级或市级及以下公共信用信息提供单位制作信用修复确认通知书，分别报送省或设区市公共信用工作机构，同时告知不良信息主体。

省或设区市公共信用工作机构收到信用修复确认通知书后，应当在 2 个工作日内对公共信用信息提供单位确认修复的不良信息予以标注，标注内容为“经×××（公共信用信息提供单位名称）同意修复，不再作为负面信息使用”字样。

省和设区市公共信用工作机构应将被信用修复标注的不良信息统一纳入省公共信用信息库，并共享至全国信用信息共享平台。

三、信用修复的拒绝条款

信用修复并非来者不拒，一律修复，而是明确设置排除性条款，严格划定信用修复的“红线”。其目的在于加大失信成本，提高惩戒震慑力度。反之，如果信用修复并非来者不拒，而是一律修复，那么将无法达到上述目的。

目前，行政处罚信息信用修复是针对涉及一般失信行为的行政处罚信息和涉及严重失信行为的行政处罚信息而言的。但是，涉及特定严重失信行为的行政处罚信息除外。

如《国家发展改革委办公厅关于进一步完善“信用中国”网站及地方信用门户网站行政处罚信息信用修复机制的通知》（发改办财金〔2019〕527 号）规定，对涉及特定严重失信行为的行政处罚信息，包括在食品药品、生态环境、工程质量、安全生产、消防安全、强制性产品认证等领域被处以责令停产停业，或吊销许可证、吊销执照的行政处罚信息；因贿赂、逃税骗税、恶意逃废债务、恶意拖欠货款或服务费、恶意欠薪、非法集资、合同欺诈、传销、无证照经营、制售假冒伪劣产品和故意侵犯知识产权、出借和借用资质投标、围标串标、虚假广告、侵害消费者或证券期货投资者合法权益、严重破坏网络空间传播秩序、聚众扰乱社会秩序等行为被处以责令停产停业，或吊销许可证、吊销执照的行政处罚信息；以及法律、法规、规章另有规定不可修复的行政处罚信息，公示期间不予修复。

四、信用修复的监督管理

信用修复的监督管理，是信用修复过程的必要环节。有些地方、部门对此已经作出明确规定。如国家能源局印发的《能源行业市场主体信用修复管理办法（试行）》规定：

失信信息认定单位应履行信用修复告知义务，在认定失信信息的同时，及时将信用修复的相关规定告知能源行业市场主体。

失信信息认定单位应严格审核信用修复申请，对在申请过程中未真实反映情况、弄虚作假，造成信用修复失当的，应将其作为严重失信信息记入市场主体信用档案。

能源行业信用体系建设领导小组办公室负责对信用修复的全过程进行监督管理，对于符合信用修复条件的市场主体不予信用修复或不按程序和时限办理信用修复的，应予以纠正；涉嫌违法违纪的，依法依规予以处理。

能源行业市场主体对不予信用修复决定存有异议的，可依法申请行政复议或提起行政诉讼。

失信信息认定单位和运行单位应加强信用修复资料管理，将信用修复申请材料、信用修复意见通知书等资料存档备查，资料保存期为5年。

第三节　完善信用修复的几点思考

在社会信用体系建设过程中，建立信用修复机制是一项重要制度建设。目前，我国正在探索建立信用修复机制，信用修复制度建设尚处于初级阶段，一些部门、地方相继出台信用修复相关规定，积极开展信用修复实践活动，取得了良好效果并积累了一定经验。同时，信用修复工作也暴露出一些不容忽视的问题，如全国信用修复法规不完善、信用修复标准不统一、信用修复程序不规范、信用修复机制不健全、信用修复方式不合理、信用修复操作不便利、信用修复监管不到位，难以适应社会信用体系建设深入发展的需要。

关于如何加快完善我国信用修复制度，笔者有如下思考：

一、加快信用修复立法进程

加快建立完善信用修复法律制度，以法律形式界定信用修复定义，明确信用修复机构、主体权利义务、信用修复前提、信用修复范围、信用修复标准、信用修复程序、信用修复方式、信用修复公示、信用信息共享、相关法律责任，为信用修复提供法律依据，保障信用主体信用修复的权利得以实现。

二、确定信用修复基本原则

信用修复应当遵循依法、客观、公正、中立、科学、审慎、公开、监督的原则，建立制度化、规范化、程序化、系统化的信用修复机制，形成一套系统联动、操作便利、运行高效、服务优质的信用修复制度体系。

三、统一制定信用修复目录

建立信用修复目录，以事项清单形式，对可修复或不可修复失信行为、信用修复受理机构、信用修复途径、信用修复方式、信用修复期限、信用修复程度等予以列明，明确修复内容和失信行为的对应关系，并向社会公开发布。

四、统一制定信用修复标准

统一失信行为认定标准、失信行为惩戒标准、行政处罚信息失信严重程度划分标准、失信行为修复标准、信用修复文书格式（修复申请表、信用修复决定书等文书标准格式）、信用修复材料要求、信用修复档案标准。

五、严格规范信用修复程序

制定科学、规范、严谨、便捷的信用修复程序，包括信用信息期限届满自然修复程序和依申请信用修复程序等。依申请信用修复程序应当对修复申请、修复受理、机构联动、实施修复、修复决定、信息反馈、异议投诉、信息更新、信息共享、信息公开、修复监督等环节作出明确规定，以保证信用修复顺利进行，提高信用修复的质量和效率。

六、完善修复信息共享机制

在现实经济和社会活动中，大量信用信息产生、存储于不同的部门或者机构，由于存在信息孤岛和信息壁垒，信用主体很难通过“一站式”查询获知自己在各部门或者机构的信用记录与信用评价状况，也无法实现信用主体的信用记录与信用评价同步修复，此类情况不利于维护信用主体的合法权益。

通过建立信用信息共享机制，保障信用修复后的信用信息在各部门、各地方、各机构以及各网站之间实时联动、同步更新，为实现“一站式”查询信用信息提供技术支撑。

七、发挥中介机构专业优势

在信用修复领域，可引入第三方信用修复机构，为信用主体提供专业化的信用修复服务，提高信用修复的质量与效率。信用修复机构利用专业技能，通过各种方式向客户提供相关服务或者咨询。如通过合法途径消除负面记录，即针对客户信用报告中存在的错误不良信息或超过生命周期的负面信息，指导协助客户准备足够的证据，向相关机构提出异议申请或添加声明信息，纠正错误信息或删除超过生命周期的负面信息，帮助客户改善信用记录。通过改变影响信用评价或评分高低的一些关键因素，进而改善信用评价或提升信用评分。

八、注重寻求社会公众谅解

信用修复应当注重利益关系人或受侵害人乃至社会公众的谅解。失信主体须以真诚悔改的态度和实际有效的行动获得利益关系人或受侵害人乃至社会公众的谅解。已谅解失信主体的利益关系人或受侵害人，需要签署《谅解证明》。《谅解证明》应作为信用修复的必要条件之一。

九、完善信用修复监督体系

依法加强信用修复全程监管。防止利用非法手段“洗白记录”“删除公示”“退出惩戒”等，严厉打击涉及信用修复违法违规行为，对贪赃枉法、徇私舞弊、伪造篡改、弄虚作假、违背承诺的，要依法从严处罚；触犯刑律的，要依法追究刑事责任。依法公开公示信用修复制度、信用修复结果、信用修复承诺，发挥“公示即监管”的威力。建立跟踪反馈机制，对重点信用修复当事信用主体进行信用行为跟踪监测。

十、加强信用修复宣传指导

应当加强有关信用修复的宣传指导，使信用主体知晓信用修复规则，了解信用报告、信用评分的价值与用途，负面信用信息展示期限、免费信用报告获取途径、异议申请和处理流程、添加本人声明方式，告知信用主体的信用修复权利义务，提升信用主体的防范意识，避免被他人误导、上当受骗等。引导信用主体利用信用修复制度趋利避害，维护自身合法权益。

十一、信息删除改为信息标注

目前，根据国家现行规定，“信用中国”网站对行政处罚信息进行信用修复的最终结果是按最短公示期限在网站上屏蔽相对应的信息，结束行政处罚信息公示。今后，应当本着对历史负责、对事实负责的态度，保证信用修复公开透明，防止徇私舞弊、违规操作，变信息屏蔽方式为信息标注方式，即将信用修复的结果标注在原行政处罚信息记录旁，而不再通过屏蔽已发生的信用记录的方式缩短相应信息公示期。标注“信用修复”字样的行政处罚信息，可不再作为负面信息使用。

十二、真正发挥信用修复作用

依法成功实现信用修复的结果，应当与退出失信被执行人名单、失信惩戒对象名单和解除失信惩戒措施或限制措施等相衔接，真正发挥信用修复的积极作用。明确各级信用门户网站按公示期规定自动撤销失信严重程度为“一般”的行政处罚信息公示，减轻企业负担及协同修复办理的工作量。

第十四章

社会信用服务

信用服务市场是社会信用体系的基石。信用服务是社会主体从事经济和社会活动的客观需要，也是保障社会信用体系正常运行的“润滑剂”。

第一节 社会信用服务概念

一、信用服务与信用服务机构概念内涵

信用服务是指从事数据收集、信用报告、信用调查、信用评级、信用评价、信用咨询、信用管理、信用修复、商账追收、信用保险、信用担保、保付代理等业务活动。

信用服务机构是指依法设立的专门从事信用服务活动的专业服务机构。

信用服务机构是信用服务的市场主体，也是社会信用体系建设的基本力量。

目前，我国已经形成公共信用服务与市场信用服务并存，以公共信用服务为基础和主导，以市场信用服务为主体的信用服务体系。

依据实施信用服务的主体的不同性质，信用服务可分为六大类型：（1）以国家公共信用信息中心负责管理的国家信用信息共享平台和“信用中国”网站为核心，地方信用信息共享平台和信用网站为依托的平台体系和网站集群提供的公共信用信息服务；（2）以征信中心负责管理的国家金融信用信息基础数据库为依托提供的金融征信服务；（3）以第三方信用服务机构为主体开展的市场化（商业化）信用服务；（4）以新华信用、人民信用为代表的媒体开展的信用服务；（5）大数据科技公司为代表开展的信用服务；（6）以邓白氏、标准普尔为代表的外资信用服务，等等。

此外，在信用监管领域，还有以市场监管、税务、海关、环保、劳动保障为代表的政务部门依据其行政职能所开展的行业信用评价。

二、信用服务机构与信用服务市场定位

“政府推动，社会共建”，是中国社会信用体系建设的重要特点，即：“充分发挥政府的组织、引导、推动和示范作用。政府负责制定实施发展规划，健全法规和标准，培育和监管信用服务市场。注重发挥市场机制作用，协调并优化资源配置，鼓励和调动社会力量，广泛参与，共同推进，形成社会信用体系建设合力。”“培育和规范信用服务市场。发展各类信用服务机构。逐步建立公共信用服务机构和社会信用服务机构互为补充、信用信息基础服务和增值服务相辅相成的多层次、全方位的信用服务组织体系。”

开展社会信用体系建设，必须同时发挥政府的主导作用与市场的基础作用，二者不可或缺。应当探索出一条既能充分发挥政府的组织、引导、推动和示范作用，又能充分发挥市场优化资源配置、充分竞争、优胜劣汰机制作用，鼓励和调动社会力量，广泛参与，共同推进，形成社会信用体系建设合力，政府与市场共创共建、共享共用、互利共赢的道路，创造出具有中国特色的社会信用体系建设的崭新模式。

三、信用服务机构在信用建设中的作用

信用服务机构是社会信用体系建设的重要力量。信用服务市场是社会信用体系建设的重要基础。社会信用体系建设离不开信用服务机构和信用服务市场的健康发展。

信用服务机构在社会信用体系建设中主要发挥如下重要作用：

一是为市场提供信用产品和信用服务，满足信用市场需求。为市场提供信用产品和信用服务是信用服务机构的主要业务，也是信用服务机构赖以生存的基础。发挥信用服务机构的作用，推动信用产品和信用服务的开发创新和广泛应用，有利于激发信用服务市场活力，培育和发展信用服务

市场。

国家明确要求，各地方、各部门要在政府行政管理、公共服务中查询使用信用信息、试点使用第三方信用报告，在行政审批、项目申报、政府采购、评先评优等活动中要全面查询信用信息和使用信用报告，提高信用信息、信用产品的利用效率。

二是培育发展信用服务机构，充分发挥信用服务机构的作用，有利于加快形成市场化信用服务与公共性信用服务互为补充、市场信用信息与公共信用信息相互交融、信用信息基础服务与增值服务相辅相成的多层次信用服务体系。

三是完善政务诚信评估体系，针对政务诚信建设引入第三方评估机构，发挥信用服务机构外部制衡机制作用，有利于提高评估结果的客观性和公正性。

四是发挥信用服务机构的作用，有利于规范市场经济秩序、防范化解信用风险，提高市场运行效率、降低市场交易成本、改善我国营商环境、维护社会和谐稳定。

五是协助政府开展行业信用监管。政府引入信用服务机构参与重点行业信用建设和信用监管，是一项工作方式创新。发挥信用服务机构的作用，有利于推动“放管服”改革，为构建以信用为核心的新型市场监管体制提供市场化、专业化力量支持。另一方面，政府发挥信用服务机构的作用，有助于提高信用服务机构的公信力和竞争力。

六是参与信用法律体系、信用目录体系和信用标准体系建设。信用服务机构，可以利用自身的专业优势、技术优势、人才优势和经验优势，积极参与信用法律体系、信用目录体系和信用标准体系建设。

七是培育发展信用服务机构，利用信用服务机构的人员、技术、服务优势，有利于促进政府和市场共建共创、共享共用、互利共赢，形成社会信用体系建设强大合力，有利于提高政府行政效率，更好地发挥“守信联合激励，失信联合惩戒”机制作用，约束遏制不良信用行为发生，保障诚实守信者获得更大的利益，营造良好的社会信用环境，维护经济和社会秩序，促进社会文明与进步。

总之，优秀的第三方评估机构具有独立性、专业性、权威性和公信力，能够客观、公正地面对社会信用体系建设中的各种问题，在推动社会信用体系建设过程中发挥不可替代的重要作用。

第二节　市场领域征信活动

“征信”一词，源于我国古代典籍《左传·昭公八年》中的名句：“君子之言，信而有征，故怨远于其身。”意思是说：君子说的话，诚实而有证据可以验证，所以怨恨责怪远离其身。

一、征信业务分类与征信机构设立

《征信业管理条例》所称征信业务，是指对企业、事业单位等组织（以下统称企业）的信用信息和个人的信用信息进行采集、整理、保存、加工，并向信息使用者提供的活动。

（一）征信业务分类

目前，我国按照业务模式将征信业务分为个人征信和企业征信两类。

1. 个人征信

个人征信是指对个人的信用信息进行采集、整理、保存、加工，生产个人信用产品并向使用者提供的业务活动。

2. 企业征信

企业征信是指对企业、事业单位等组织（以下统称企业）的信用信息进行采集、整理、保存、加工，生产企业信用产品并向使用者提供的活动。

对于上述两种业务类型，有些国家由一个征信机构即可完成；也有的国家是由两个或两个以上机构分别完成；还有的国家对此一般不加限制，征信机构既可以单独从事个人征信或企业征信业务，也可以同时从事个人征信和企业征信两种业务，究竟选择何种模式，由征信机构根据实际情况自主决定。

（二）征信机构设立

征信机构是指依法设立，主要经营征信业务的机构。在我国，设立经营个人征信业务的征信机构，应当符合《中华人民共和国公司法》规定的公司设立条件和《征信业管理条例》规定的条件，并经中国人民银行批准。设立经营企业征信业务的征信机构，应当符合《中华人民共和国公司法》规定的设立条件，并自公司登记机关准予登记之日起 30 日内向所在地的中国人民银行派出机构办理备案。

二、征信信息的采集、查询与使用

我国现行的《征信业管理条例》对信息采集、信息保存期限、信息查询、信息使用、征信机构管理、信息跨境限制、国家设立金融信用信息基础数据库等作出了相应规定。其中规定：采集个人信息应当经信息主体本人同意，未经本人同意不得采集。但是，依照法律、行政法规规定公开的信息除外。企业的董事、监事、高级管理人员与其履行职务相关的信息，不作为个人信息。禁止征信机构采集个人的宗教信仰、基因、指纹、血型、疾病和病史信息以及法律、行政法规规定禁止采集的其他个人信息。征信机构不得采集个人的收入、存款、有价证券、商业保险、不动产的信息和纳税数额信息。但是，征信机构明确告知信息主体提供该信息可能产生的不利后果，并取得其书面同意的除外。信息提供者向征信机构提供个人不良信息，应当事先告知信息主体本人。但是，依照法律、行政法规规定公开的不良信息除外。

三、经依法批准或备案的征信机构

目前，全国企业征信机构备案数量为 133 家（截至 2019 年 8 月末）；而我国合法经营个人征信业务的征信机构为中国人民银行征信中心和百行征信有限公司。

（一）中国人民银行征信中心

据中国人民银行征信中心官方网站介绍，2006 年 3 月，经中编办批准，中国人民银行设立中国人民银行征信中心，作为直属事业单位专门负责企业和个人征信系统（即金融信用信息基础数据库，又称企业和个人信用信息基础数据库）的建设、运行和维护。2008 年 5 月，征信中心正式在上海举行了挂牌仪式，注册地为上海市浦东新区。2013 年 3 月 15 日施行的《征信业管理条例》，明确了征信系统是由国家设立的金融信用信息基础数据库定位。目前，征信中心在全国 31 个省份和 5 个计划单列市设有征信分中心。

征信系统全面收集企业和个人的信息。其中，以银行信贷信息为核心，还包括社保、公积金、环保、欠税、民事裁决与执行等公共信息。接入了商业银行、农村信用社、信托公司、财务公司、汽车金融公司、小额贷款公司等各类放贷机构；征信系统的信息查询端口遍布全国各地的金融机构网点，信用信息服务网络覆盖全国。形成了以企业和个人信用报告为核心的征信产品体系。

截至 2019 年 4 月，个人和企业征信系统已采集 9.9 亿自然人、2591.8 万户企业和其他组织的信息，分别接入机构 3564 家和 3465 家，年度查询量分别达到 17.6 亿次和 1.1 亿次。

（二）百行征信有限公司

百行征信有限公司于 2018 年 3 月 19 日在深圳注册成立，注册资本 10

亿元，主要专注于征信、信用评估、信用评级、数据库管理等业务，是一家从事个人征信、企业征信及相关产业链开发的信用信息产品与服务供应商。

百行征信有限公司是在中国人民银行监管指导下，由中国互联网金融协会与芝麻信用管理有限公司、腾讯征信有限公司、深圳前海征信中心股份有限公司、鹏元征信有限公司、中诚信征信有限公司、考拉征信有限公司、中智诚征信有限公司和北京华道征信有限公司等 8 家市场机构按照共商共建共享共赢原则，共同发起组建的一家市场化个人征信机构。其中，中国互联网金融协会持股 36%，其余 8 家机构各持股 8%。

2018 年 1 月 4 日，中国人民银行官网公示受理了百行征信有限公司（筹）的个人征信业务申请。

2018 年 2 月 22 日，央行公布的“设立经营个人征信业务的机构许可信息公示表”显示，百行征信有限公司申请设立个人征信机构已获得许可，有效期 3 年至 2021 年 1 月 31 日。中国人民银行向百行征信有限公司发放个人征信牌照，标志我国个人征信体系建设朝着市场化方向迈出了第一步，旨在将征信中心未能覆盖到的、银行贷款以外的个人金融信用信息归集在一起。

此前，中国能够名正言顺提供个人征信服务的只有央行征信中心及其下属的上海资信有限公司。

百行征信有限公司（以下简称“百行征信”）作为中国重要的金融基础设施企业，是中国第一家也是目前唯一一家经中国人民银行行政许可的持有牌照的市场化个人征信机构。

据百行征信网站介绍，截至 2020 年 5 月 22 日，百行征信已拓展金融机构达 1710 家，签约信贷数据共享机构近 1000 家，百行个人征信系统收录个人信息主体超 8500 万人，信贷记录 22 亿条。累计收录 P2P 借款人

4000 余万，基本实现网络借贷人群全覆盖，有效配合了互联网金融专项整治工作。同时，对接了公安身份信息、运营商手机信息、银行卡信息、航空出行信息、铁路出行信息、失信被执行人信息和互金逃废债信息等 9 类金融替代信息，并与地图地址信息、地方政务信息、生活服务信息等 5 类信息源达成合作意向，数据库建设初具规模。

截至 2020 年 5 月 22 日，百行征信基础征信产品——个人信用报告日均查询 50 万笔，累计使用量超过 1.2 亿笔；特别关注名单、信息核验、反欺诈系列等增值产品，日均查询 25 万笔，累计使用量超 5300 万笔。所有产品使用量每秒 8.7 次。

四、开展市场征信活动的重要作用

征信活动发挥作用基本的逻辑是“以借款主体既往的信用行为来预测借款主体未来的信用行为”。而展示既往的信用行为依赖的是借款主体和信贷机构之间过去借钱还钱的信息。依据借款主体和信贷机构之间过去借钱还钱的信息，评估预测借款主体借钱还钱方面潜在的信用风险。

在市场经济条件下，征信活动对市场交易发挥着重要的基础性作用，包括防范信用交易风险、扩大信用交易范围、提高市场运行效率和维护信用经济秩序。

第三节 市场领域信用评级

一、信用评级概念的内涵

《信用评级业管理暂行办法》所称信用评级，是指信用评级机构对影响经济主体或者债务融资工具的信用风险因素进行分析，就其偿债能力和偿债意愿作出综合评价，并通过预先定义的信用等级符号进行表示。

二、信用评级的主要分类

（一）信用评级按照国际惯例划分

（1）资本市场信用评估，即对国家、银行、证券公司、基金、债券及上市公司进行信用评级。

（2）商业市场信用评估，即在商业企业进行交易或者企业向银行贷款时提供信用调查和评估。

（3）消费者信用评估，即专门提供消费者个人信用调查情况。

（二）信用评级按照评估对象来划分

（1）企业信用评级，包括对工业、商业、交通、旅游、建筑、房地产等企业的信用评级以及商业银行、保险公司、证券公司、信托投资公司等各类金融机构的信用评级。

（2）证券信用评级，包括对长期债券、短期融资券、优先股、基金、各种商业票据等的信用评级。

（3）国家主权信用评级，是指信用评级机构依照一定的程序和方法对主权机构（通常是主权国家中央政府）作为债务人履行偿债责任的偿债意愿和偿债能力进行评价，并用一定的符号来表示评级结果。

（4）其他信用评级，如项目信用评级，即对某一特定项目进行的信用评级。

中国的信用评级行业最初是为企业发行债券和银行发放贷款服务的，随着市场经济的发展，逐步建立起以资本市场评级、信贷评级为主的信用服务体系，主要开展债券评级、借款企业评级和担保机构评级等业务。

信用评级行业对外开放是中国稳步扩大金融市场对外开放的重要组成部分。引入国际信用评级机构，有利于满足国际投资者多元化配置人民币资产的需求，也有利于中国规范信用评级行为、改善信用评级质量，促进金融市场健康发展。

我国坚持在严格监管、完善制度、维护信息安全的前提下，循序渐进、稳步适度地开放信用服务市场，引进国外先进技术和管理经验。根据世界贸易组织关于一般例外及安全例外的原则，基础信用信息数据库建设、信用服务中涉及信息保护要求高的领域不予开放。

近些年来，随着国际资本市场上直接融资活动的增加，要求进行信用评级的国家也日益增多。目前，所有国家或者企业若要到国际资本市场去融资，都必须经两家以上的评级机构评定信用级别方可进行。而信用等级的状况关系到融资成本的高低和融资数量的多寡。按照规则，一个国家的融资企业的信用等级一般不能超过该国家的主权信用级别。这就意味着，如果一个国家的主权信用等级低，那么，在国际资本市场融资的所有该国企业都会加大融资成本。因此，国际专业信用评级机构的评估结果就显得尤为重要。

三、信用评级的监督管理

2019 年 11 月 26 日，为了规范信用评级业务，保护当事人合法权益，促进信用评级业健康发展，中国人民银行、国家发展和改革委员会、财政部、中国证券监督管理委员发布《信用评级业管理暂行办法》，规定：

信用评级，是指信用评级机构对影响经济主体或者债务融资工具的信用风险因素进行分析，就其偿债能力和偿债意愿作出综合评价，并通过预先定义的信用等级符号进行表示。信用评级业务，是指为开展信用评级而进行的信息收集、分析、评估、审核和结果发布等活动。信用评级机构，是指依法设立，主要从事信用评级业务的社会中介机构。评级对象，是指受评经济主体或者受评债务融资工具。债务融资工具，包括：贷款，地方政府债券、金融债券、非金融企业债务融资工具、企业债券、公司债券等债券，资产支持证券等结构化融资产品，其他债务类融资产品。

监管主体包括信用评级行业主管部门和业务管理部门。中国人民银行是信用评级行业主管部门，主管全国的信用评级监督管理工作。发展改革委、财政部、证监会为信用评级业务管理部门，在职责范围内依法对信用评级业务实施监督管理。

此外，《信用评级业管理暂行办法》还对信用评级机构管理、信用评级从业人员管理、独立性要求、信息披露要求、监督管理、法律责任等作出明确规定。

四、信用评级的重要作用

随着市场经济的发展，信用评级在防范信用风险，维护正常的经济秩序方面发挥重要作用：

1. 有利于投资主体降低投资风险

通过评估机构对拟发行的债券还本付息的可靠程度进行客观、公正和权威的评定，可以弱化债券交易双方之间的信息不对称性，保障信息公开透明，有利于投资者优化投资选择，提高证券投资和交易的效率与质量，保障投资安全，控制资金成本、降低投资风险，获得可靠收益。

2. 有利于授信机构防范信贷风险

信用评级是商业银行等授信机构信贷资产风险管理的基础和考量贷款

风险程度的依据。资信评级对企业或者对个人的偿债能力和偿债意愿作出综合评价，有利于银行等授信机构最大限度地防范控制信贷风险，保障信贷资产的安全性和效益性。

3. 有助于企业防范商业信用风险

在市场经济条件下，客户既是企业获取利益的希望所在，也是企业生产经营的风险所在。信用评级有助于企业优化商业信用政策，防范控制商业信用风险，实现经济效益最大化。

此外，信用评级结果还能够影响融资成本、证券投资主体范围和资本市场秩序。

第四节　行业信用评价活动

一、行业信用评价概念内涵

行业信用评价是指行政机关为履行职责，依法对行政相对人，包括自然人、法人、非法人组织的信用信息进行采集、评价、确定、发布和应用等活动。

行业信用评价是推进社会信用体系建设的关键环节，是发挥以信用为核心的新型市场监管机制作用的重要手段，是褒扬诚信、惩戒失信的重要依托，是优化改善市场营商环境的制度保障，是促进公平竞争、实现优胜劣汰的有力推手，是推行“互联网+监管”的具体表现形式，是提高社会现代化治理能力和治理水平的重大步骤。

行业信用评价的特点：行业信用评价的主体为行政机关以及法律、法规授权的具有管理公共事务职能的组织；具有法律、法规、规章赋予的强制力；具有较强的权威性、公信力、影响力；程序规范，公开、公平、公正；不以营利为目的；其评价结果或信用产品在政务部门履行职责过程中直接应用；设置救济措施；具有强大的信息系统以及数据库支撑；系统安全保护等级以及信息安全性较高；数据具有公共信用信息性质；信息须依法公开、共享；可供其他政务部门实施信用联合奖惩过程中使用，也可供其他社会主体应用，等等。

行业信用评价是信用监管的重要手段。目前，在全国行业信用评价领域，以税务、海关、环保、劳动保障等部门为代表的政务部门依据法律赋予的行政职能所开展的行业信用评价起步较早、运作规范、效果显著，具有典型性和代表性。

二、开展纳税领域信用评价

（一）开展纳税领域信用评价制度建设

在构建纳税信用管理制度体系方面，为规范纳税信用管理，促进纳税人诚信自律，提高税法遵从度，推进社会信用体系建设，国家税务总局先后出台了《纳税信用管理办法（试行）》（国家税务总局公告 2014 年第 40 号）等文件，规定：

纳税信用管理，是指税务机关对纳税人的纳税信用信息开展的采集、评价、确定、发布和应用等活动。纳税信用管理适用于已办理税务登记，从事生产、经营并适用查账征收的企业纳税人（以下简称纳税人）。

纳税信用评价采取年度评价指标得分和直接判级方式。纳税信用级别设为 A、B、M、C、D 五级。A 级纳税信用为年度评价指标得分 90 分以上的；B 级纳税信用为年度评价指标得分 70 分以上不满 90 分的；未发生《信用管理办法》第二十条所列失信行为的新设立企业、评价年度内无生产经营业务收入且年度评价指标得分 70 分以上的企业适用 M 级纳税信用；C 级纳税信用为年度评价指标得分 40 分以上不满 70 分的；D 级纳税信用为年度评价指标得分不满 40 分或者直接判级确定的。

关于纳税信用评价结果的应用，税务机关按照守信激励，失信惩戒的原则，对不同信用级别的纳税人实施分类服务和管理。

如对纳税信用评价为A级的纳税人，税务机关予以下列激励措施：（1）主动向社会公告年度A级纳税人名单；（2）一般纳税人可单次领取3个月的增值税发票用量，需要调整增值税发票用量时即时办理；（3）普通发票按需领用；（4）连续3年被评为A级信用级别（简称3连A）的纳税人，除享受以上措施外，还可以由税务机关提供绿色通道或专门人员帮助办理涉税事项；（5）税务机关与相关部门实施的联合激励措施，以及结合当地实际情况采取的其他激励措施。

对纳税信用评价为D级的纳税人，税务机关应采取以下措施：（1）公开D级纳税人及其直接责任人员名单，对直接责任人员注册登记或者负责经营的其他纳税人纳税信用直接判为D级；（2）增值税专用发票领用按辅导期一般纳税人政策办理，普通发票的领用实行交（验）旧供新、严格限量供应；（3）加强出口退税审核；（4）加强纳税评估，严格审核其报送的各种资料；（5）列入重点监控对象，提高监督检查频次，发现税收违法违规行为的，不得适用规定处罚幅度内的最低标准；（6）将纳税信用评价结果通报相关部门，建议在经营、投融资、取得政府供应土地、进出口、出入境、注册新公司、工程招投标、政府采购、获得荣誉、安全许可、生产许可、从业任职资格、资质审核等方面予以限制或禁止；（7）D级评价保留2年，第三年纳税信用不得评价为A级；（8）税务机关与相关部门实施的联合惩戒措施，以及结合实际情况依法采取的其他严格管理措施。

（二）开展纳税信用评价取得重要成果

随着纳税信用体系建设不断推进，纳税信用的社会价值和社会影响力日益提高，成为纳税人参与市场竞争的重要资产。

2018年7月4日，国家税务总局在京召开专题新闻发布会，税务总局相关负责人介绍了税务部门助推社会信用体系建设的相关情况。

国家税务总局持续积极推进纳税信用体系建设，着力营造依法诚信纳税的价值导向，税务部门采取了多种激励措施，努力让诚信经营纳税人有更多“获得感”。

截至 2018 年 6 月底，全国纳税信用评价户数由 2017 年的 882 万户增加至 2018 年的 2388 万户，基本实现了对企业纳税人的全覆盖。

税务部门发布的最新的 2018 年纳税信用评价结果显示，我国 A 级企业 109. 4 万户，占 4. 58%；B 级企业 846. 2 万户，占 35. 43%；M 级企业 1155. 2 万户，占 48. 37%；C 级企业 159. 7 万户，占 6. 69%；D 级企业 117. 5 万户，占 4. 93%。纳税信用级别分布仍保持“两头少、中间多”的橄榄型。从连续 4 年的全国纳税信用评价结果看，守信群体逐年递增、失信群体逐年递减，全国纳税信用状况总体稳中向好。

在统一省级税务机关纳税信用管理系统的基础上，国家税务总局建成了总分有序、全国统一的纳税信用归集分析系统，有效满足了纳税信用信息采集、评价、归集、分析、应用全过程信息化处理要求。比如，通过纳税信用管理系统与税收征管系统实时对接，纳税人在办理涉税事项时，系统会自动提示纳税人信用级别，为在税务系统内部实施以纳税信用评价结果为基础的分类服务和管理提供支撑。

在增强纳税信用评价“含金量”方面，经过多方努力，税务部门建立了纳税信用信息归集共享机制，依托全国信用信息共享平台，将纳税信用信息对接社会信用信息，构筑纳税信用管理大格局。例如，与银保监会创新合作，在全国范围内开展“银税互动”助力小微企业发展活动，截至 2018 年一季度末，全国银行业金融机构已累计向守信企业发放贷款 72. 7 万笔，其中涉及小微企业 58. 4 万笔，成功走出一条缓解小微企业融资难题的新渠道。

在办税服务大厅，A 级纳税人可享受办税“绿色通道”，在发票领用、出口退税、日常办税等多方面享受优惠和便利。国家税务总局已与 29 个社会信用体系建设部际联席会议成员单位签署了首份联合激励合作备忘录，向A级纳税人推出了涵盖项目管理、融资授信等18个领域的41项联合激励措施，使得A级纳税人在市场竞争中获得更多机会。

三、开展企业环境信用评价

（一）开展企业环境信用评价制度建设

环境保护领域信用建设是社会信用体系建设的重要组成部分。

2014年11月27日，国务院办公厅印发的《关于加强环境监管执法的通知》（国办发〔2014〕56号）要求："建立环境信用评价制度，将环境违法企业列入'黑名单'并向社会公开，将其环境违法行为纳入社会信用体系，让失信企业一次违法、处处受限。"

企业环境信用评价，是指生态环境部门根据企业环境行为信息，按照规定的指标、方法和程序，对企业遵守环保法律法规、履行环保社会责任等方面的实际表现，进行环境信用评价，确定其信用等级的环境管理行为。

积极推进企业环境信用评价工作，督促企业持续改进环境行为，自觉履行环境保护法定义务和社会责任。企业环境信用评价结果面向社会公开，供有关部门、金融机构等应用，并引导社会公众参与环境监督。开展企业环境信用评价，是环保部门向社会提供的一项公共服务，通过公开企业环境信用等级这一直观的形式，向公众披露企业环境行为实际表现，方便社会公众参与环境监督；还可以帮助银行等市场主体了解企业的环境信用和环境风险，为其审查信贷等商业决策提供重要参考；同时，促进相关部门和机构协同配合，在行政许可、公共采购、金融支持、评先创优、资质等级评定、安排和拨付有关财政补贴专项资金中，充分应用企业环境信用评价结果，共同构建环境保护"守信激励、失信惩戒"机制，提高企业在环保领域的违法成本，推动环境信用体系建设。

2013 年 12 月 18 日，环境保护部、国家发展改革委、中国人民银行、中国银监会印发《企业环境信用评价办法（试行）》，规定：

企业环境行为，是指企业在生产经营活动中遵守环保法律、法规、规章、规范性文件、环境标准和履行环保社会责任等方面的表现。企业通过合同等方式委托其他机构或者组织实施的具有环境影响的行为，视为该企业的环境行为。污染物排放总量大、环境风险高、生态环境影响大的企业，应当纳入环境信用评价范围。企业环境信用评价内容，包括污染防治、生态保护、环境管理、社会监督四个方面。企业的环境信用，分为环保诚信企业、环保良好企业、环保警示企业、环保不良企业四个等级，依次以绿牌、蓝牌、黄牌、红牌表示。企业环境信用评价，采取评分方式。环保部门根据参评企业的环境行为信息，按照企业环境信用评价指标及评分方法，得出参评企业的评分结果，确定参评企业的环境信用等级。

建立守信激励和失信惩戒机制：建立健全环境保护守信激励机制，对环保诚信企业，可以采取激励性措施；引导环保良好企业持续改进环境行为。环保良好企业应当保持其良好环境行为，并逐步改进其内部环境管理；对环保警示企业实行严格管理。对环保警示企业，可以采取约束性措施；建立健全环境保护失信惩戒机制，对环保不良企业，应当采取惩戒性措施。

（二）企业环境信用评价取得初步成果

《企业环境信用评价办法（试行）》颁布实施以来，各级生态环境部门积极开展企业环境信用评价工作，并取得了阶段性成果。

近年来，我国加快构建环境领域信用监管体系，着力推进企业环境信用评价试点。生态环境部门按照企业的信用等级对企业实施不同的抽查频次、不同的监管方式，对于诚信守法的企业，将“无事不扰”，而对违法失信者，监管将始终“利剑高悬”。2018 年，全国已有近 20 省份、80 多个地市、230 多个县级环保部门开展了环境信用评价实践。江苏等地就以颜色分类企业环境信用，直接与金融信贷、市场准入、价格体系挂钩。工商银行对绿色企业的平均贷款额度，是红色（环境失信）企业的 23 倍。环境保护部门也会将红色、黑色（环境失信）企业的环境违法信息推送给有关部门，这些企业在政府的采购、土地供应、资质许可、税收优惠等领域都会依法受到限制。环保信用越差，企业将承担的环境成本也越高。

四、开展旅游行业诚信评价

云南省积极开展旅游行业诚信评价。旅游业是云南省支柱产业，近年来，云南着力构建旅游行业诚信体系，深入开展涉旅经营户信用评价。营造诚信、规范、理性的旅游经营环境和旅游消费环境，为云南旅游产业高质量发展提供有力支撑，努力实现把云南建设成为世界一流旅游目的地的目标。

云南建立了由规范指数（政府评价）、品质指数（专业评价）、体验指数（游客评价）构成的旅游企业诚信评价体系。由政府有关管理部门对旅游企业的经营行为进行综合评价，重点考评是否合规经营，形成规范指数；通过购买服务委托行业协会或第三方评估机构，对旅游企业的服务质量以暗访体验的方式进行专业评价，形成品质指数；由游客通过网络平台对旅游企业的服务水平进行评价，形成体验指数；3 项指数加权平均形成诚信指数，采用 10 分制记分，诚信分公开发布，作为政府监管依据，并为游客选择旅游企业提供参考。同时，制定了覆盖全省 129 个县（市、区）的《涉旅企业诚信评价工作手册》，包括涉旅企业诚信评价工作实施方案、评价办法、工作规则、重点监管办法等。

2018 年，丽江古城景区在云南率先开展涉旅企业诚信评价工作，制定相关评定标准，经云南省文化和旅游厅审定后在全省推广实施。截至 2020 年 6 月底，云南省完成对 7 类涉旅经营户（旅行社、旅游车公司、租赁车公司、餐饮经营户、住宿经营户、旅游景区、涉旅商品经营户）共 147595

家的诚信评价。对诚信指数得分达标的涉旅经营户，予以宣传、推荐；对诚信指数得分不达标（6分以下）的涉旅经营户列入重点监管名单，截至2020年6月底累计进入重点监管企业566家，以书面形式向涉旅经营户下发整改通知书限期整改。监管整改期结束后重新评价达标的经营户移除监管名单，仍不达标的经营户列入旅游市场“黑名单”，并对实际控制人实施行业禁入，同步被信用管理部门列为失信人员名单，实施联合惩戒。通过近几年来开展的涉旅企业诚信评价工作，云南省旅游市场“守信激励、失信惩戒”的“优胜劣汰”环境正逐步形成。

第五节　公共信用综合评价

公共信用综合评价，是指在遵循公共性、综合性、公益性原则基础上，主要基于公共信用信息，通过运用大数据等先进技术手段对信用主体信用状况进行评价，并形成评价分数、评价等级、评价报告等信用产品的活动。

一、公共信用综合评价行为主体

全国信用信息共享平台是公共信用综合评价的行为主体。全国信用信息共享平台是社会信用体系建设的纽带和桥梁，包括国家级信用信息交换共享的核心枢纽，即国家信用信息共享平台和国家级社会信用体系建设的官方权威门户网站，即“信用中国”网站，同时还拥有海量的信用信息资源。

二、公共信用综合评价国家授权

2019年7月16日，经国务院同意，国务院办公厅印发《关于加快推进社会信用体系建设构建以信用为基础的新型监管机制的指导意见》（国办发〔2019〕35 号），强调指出：

建立健全信用信息自愿注册机制。鼓励市场主体在“信用中国”网站或其他渠道上自愿注册资质证照、市场经营、合同履约、社会公益等信用信息，并对信息真实性公开作出信用承诺，授权网站对相关信息进行整合、共享与应用。经验证的自愿注册信息可作为开展信用评价和生成信用报告的重要依据。

深入开展公共信用综合评价。全国信用信息共享平台要加强与相关部门的协同配合，依法依规整合各类信用信息，对市场主体开展全覆盖、标准化、公益性的公共信用综合评价，定期将评价结果推送至相关政府部门、金融机构、行业协会商会参考使用，并依照有关规定向社会公开。推动相关部门利用公共信用综合评价结果，结合部门行业管理数据，建立行业信用评价模型，为信用监管提供更精准的依据。

大力推进信用分级分类监管。在充分掌握信用信息、综合研判信用状况的基础上，以公共信用综合评价结果、行业信用评价结果等为依据，对监管对象进行分级分类，根据信用等级高低采取差异化的监管措施。

上述文件内容进一步明确了全国信用信息共享平台在社会信用体系建设领域所处的重要地位和肩负的重大职责，赋予全国信用信息共享平台依法公开直接采集信用信息和开展公共信用综合评价与生成信用报告的权利，是国家关于社会信用体系建设顶层设计的完善优化，也是国家关于社会信用体系建设制度安排的创造创新，标志着全国信用信息共享平台从此将正式成为国家级公共信用综合评价主体。

另外，全国信用信息共享平台将加强与相关部门的协同配合，依法依规整合各类信用信息，对市场主体开展全覆盖、标准化、公益性的公共信用综合评价，定期将评价结果推送至相关政府部门、金融机构、行业协会商会参考使用。

三、公共信用综合评价实践活动

自2018年4月以来，全国信用信息共享平台启动并推进公共信用综合评价工作。公共信用综合评价既是公共信用信息应用方式的创新，也是公共信用信息价值实现模式的创新，更是社会信用服务形式的创新。公共信用综合评价在社会信用服务领域开辟了一条崭新的道路。

全国信用信息共享平台与行业主管部门合作探索推进对市场主体进行公共信用综合评价，截至2019年6月，已经组织开展多行业、多领域、多主体、多维度、多批次的公共信用综合评价，并取得了初步成果。

四、公共信用综合评价成果应用

信用评价制度，是促使信用主体加强自身信用建设的一项引导性制度，也是政府部门开展信用监管的一种基本手段。需要指出的是，信用评价主要是服务于政府部门开展的信用监管、服务于市场主体的信用建设、服务于市场客户的实际需求。信用监管一个最重要的特点是实行分级分类监管，如根据不同市场主体的信用差异状况实行差别化监管。而公共信用综合评价和行业信用评价结果，则是对市场主体进行分类的主要依据，同时充分采用市场主体在“信用中国”网站或其他渠道上自愿注册的，并对信息真实性公开作出信用承诺的经验证的资质证照、市场经营、合同履约、社会公益等信用信息，使分级分类监管更加全面、客观、公正、精准。

公共信用综合评价作为基础性的信用风险揭示工具，在探索实验阶段，其评价结果的主要用途包括：一是可供政府部门内部使用，如作为政府内部开展分级分类监管工作的参考；二是可作为银行等放贷机构发放“信易贷”时参考；三是可供行业协会商会参考使用；四是可作为市场化征信机构和评级机构开展相关业务的参考等。

我国开展的公共信用综合评价属于一项新生事物，并且尚处于起步探索阶段，随着工作的推进，实践经验的积累，应当加强相关制度建设，如在广泛征求有关部门和社会公众意见的基础上，制定《公共信用综合评价办法》，并且面向社会公开发布；同时，对公共信用综合评价过程中使用的评价模型、评价程序、评价方法、评价指标等不断进行优化完善、适时调整。今后，逐步实现全国公共信用信息共享平台与金融信用信息基础数据库的互联互通，全面融合公共信用信息与金融信用信息数据资源，对信用主体开展综合信用评价。

第六节　信用服务行业现状

我国开展社会信用体系建设以来，国家高度重视信用服务市场和信用服务机构的培育和发展，并采取一系列重要措施，促使信用服务行业取得长足进步。

一、国内外信用服务机构并存格局

（一）中国的国内信用服务机构及发展历程

1932 年 6 月 6 日，我国首家征信机构——“中国征信所”于上海诞生，正式开启中国征信时代。

然而，中国现代信用服务行业的兴起则始于改革开放初期，最早发端于上海。

1988 年，为适应企业债券发行和管理，中国第一家独立于银行系统的社会专业信用评级机构——上海远东资信评级有限公司成立。同一时期，为满足涉外商贸往来中的企业征信需求，对外经济贸易部计算中心与国际企业征信机构邓白氏公司合作，相互提供中国企业和外国企业的信用报告。

1999 年 7 月，上海资信有限公司成立，主要从事个人信用信息服务，并且建立了中国第一个个人信用征信系统——上海个人信用联合征信系统。

2003 年 10 月，《中共中央关于完善社会主义市场经济体制若干问题的决定》明确要求“加快建设企业和个人信用服务体系”。2003 年，上海市、北京市、广东省等地方率先启动区域社会征信业发展试点，一批地方性征信机构陆续设立并得到迅速发展。

2008 年 5 月，征信中心正式在上海举行了挂牌仪式，注册地为上海市浦东新区。

中国信用服务行业历经 80 多年的发展，目前，在全国市场监管部门登记注册的企业当中，企业名称和经营范围含有信用、信用管理、信用服务、征信字样的共有 50 万多家。但根据 2020 年 1 月 6 日央行发布的短讯，截至 2019 年末，全国仅有 1 家经营个人征信业务的征信机构经中国人民银行批准；全国只有 22 个省（市）的 128 家企业征信机构在人民银行分支行完成备案。

除传统信用服务机构以外，国内又涌现出一批新型信用服务机构。互联网、移动通信、人工智能、大数据、云计算和区块链等技术的快速发展正在引领传统金融行业的空前变革，并对信用市场和信用服务机构产生巨大影响。在此历史背景下，互联网金融以及新型征信等信用服务迎来空前发展机遇，芝麻信用、腾讯征信、京东金融、华道征信等机构应运而生。

（二）在华的外国信用服务机构

西方发达国家信用服务行业起步较早，其理论建设和技术开发相对比较成熟。无论从哪一方面来讲，美国的信用服务都无可争议地在国际市场上占据主导地位。美国建立的是以穆迪、标准普尔、惠誉等评级机构为核心的信用评级体系，垄断了 90% 左右的世界信用评级市场份额，其评级结果对国际金融市场具有深刻而重大的影响力。

目前，在中国登记注册公司并开展信用服务业务的外国信用服务机构为美国邓白氏公司和标准普尔公司。

1. **美国邓白氏公司**

美国邓白氏公司成立于1841年，凭借数据与分析能力，帮助企业在数字化转型中实现业务高效增长。

邓白氏自1994年进入中国以来，与中国市场共同成长，目前拥有华夏邓白氏与微码邓白氏两家子公司。华夏邓白氏和微码邓白氏共同依托邓白氏公司强大的数据云及解决方案，分别专注于企业运营风险管理、数据产品及解决方案等领域，推动数据在商业关系和商业决策中的运用，助力企业实现可持续增长。其中，华夏邓白氏是中国商业信息提供商及风险管理服务机构，由美国邓白氏集团和中国华夏国际信用集团联手打造。

2. **标准普尔**

标准普尔由亨利·瓦纳姆·普尔先生创立于1860年，是普尔出版公司和标准统计公司于1941年合并而成的世界权威金融分析机构，总部位于美国纽约市。

标普信用评级（中国）有限公司成立于2018年6月27日，并以“标普信评”这一品牌在中国运营。作为首家国际评级机构全资子公司获准在中国国内债券市场开展评级业务。

2019年1月28日，中国人民银行营业管理部发布公告称，对美国标普全球公司在北京设立的全资子公司——标普信用评级（中国）有限公司予以备案；同日，中国银行间市场交易商协会公告称，接受标普信用评级（中国）有限公司进入银行间债券市场开展债券评级业务的注册，标志着标普已经获准正式进入中国开展信用评级业务。

国外信用服务机构除了在中国登记注册设立公司开展业务之外，还广泛参股中国信用服务机构，以图对中国信用服务市场施加更大影响。如

2007 年 4 月惠誉评级收购了联合资信 49% 的股权，2018 年 1 月惠誉评级宣布已向新加坡主权财富基金 GIC 以非公开价格出售联合资信评估有限公司 49% 的股权。与此同时，联合资信与 GIC 共同宣布，GIC 入股联合资信。2006 年 4 月，穆迪评级与中诚信签订协议收购中诚信 49% 的股权，2006 年 8 月获商务部正式批准股权收购协议。

二、信用服务领域存在的主要问题

（一）信用服务行业监管体制机制不完善

我国信用服务行业的发展，至今仍处于探索、规范、完善的过程当中，信用服务领域法律制度和监管体制不够健全。由于我国金融行业实行分业经营、分业监管模式，导致长期存在同类业务多头监管的现象，同时也存在法律空白和监管盲区等问题，信用服务机构行为不甚规范，违法失信案件时有发生，信用服务市场秩序相当混乱。

此外，由于存在法律空白和监管盲区，致使信用数据黑市交易泛滥，数据掺杂使假问题严重。

（二）信用服务机构的创新能力有待提升

当前，我国信用服务机构的理念、技术、产品和服务的创新能力明显偏低。

由于我国信用服务行业起步较晚、发展较慢，信用服务理念和相关技术相对落后，信用产品和服务的创新能力不强。在信用服务相关技术领域，国内信用服务机构生搬硬套西方国家的现有技术成果和成功经验，自主创新的意识淡薄，创新动力和资源投入严重不足。有很多信用服务机构所采用的评级技术是从国外直接照搬过来，并没有进行深入学习研究、消化吸收，只知其然，而不知其所以然。殊不知，国外模型的一些假设条件和参数设定并不适合我国国情，因此会导致评级结果产生较大偏差。

国内各信用服务机构采用的评级技术、评级方法五花八门，不同的评级机构之间在业务能力方面依然存在着较大的差异，并没有形成一个能够被广泛认可和采纳的评级体系和评级方法，无形当中会令市场对其评级结果产生怀疑。

（三）信用服务市场和服务机构发展缓慢

长期以来，我国信用服务市场同时存在有效需求与有效供给严重不足的尴尬局面。

国内信用服务有效需求不足，导致信用服务市场规模长期增长缓慢。其主要原因在于：一是我国是个人情社会，在经济和社会活动中，社会关系往往发挥着重要作用，有时甚至起着决定性作用。企业营销网络的背后，往往就是一张社会关系网络。很多企业信用意识不强，宁可投入大量的资源去经营社会关系，也不愿意花钱去购买信用产品和信用服务。二是很多国有企业、上市公司、大型民企信用水平相对较高，往往与银行等金融机构保持着良好的业务合作关系，因此在双方交易过程中对社会信用服务机构提供的信用产品和服务的需求有限。三是以银行为核心的金融机构已经拥有自己的评级系统和评级方法，对外部第三方评级机构提供的信用产品和信用服务难以形成有效需求。四是我国信用服务机构实力较弱，服务能力、服务水平和服务规范存在较大差距，自身的竞争力、影响力和公信力明显不足。以上因素形成共振，最终导致各类市场主体对信用服务机构提供的信用产品和信用服务的需求水平偏低。

国内信用服务市场有效需求不足，严重制约信用服务行业的发展。但与此相对应的是，信用服务市场的真正有效需求，又不能及时得到实际满足，导致我国信用服务市场同时存在有效需求与有效供给严重不足的尴尬局面。当前，我国社会信用体系建设为国内信用服务行业的发展提供了千载难逢的历史机遇，但国内很多信用服务机构并未能及时抓住这一重大契机，面对日益增长的市场需求，却仍然无法优质高效地提供信用产品和信用服务的有效供给，信用服务行业整体发展明显滞后于经济和社会发展的实际需要。

（四）国内信用服务机构社会公信力偏低

我国信用服务机构的业务规模、技术水平、专业能力、管理模式等与发达国家的信用服务机构相比仍然明显落后。由于缺乏公认的信用评价模式、标准和方法，使得不同的信用服务机构对同一信用主体的评级或评分结果差异较大，影响其信用评级或信用评分的可靠性、认可度和公信力。特别是一些信用服务机构及其从业人员诚信严重缺失，公然践踏职业道德、触犯法律法规，实施违法失信行为，性质十分严重、影响非常恶劣，削弱了自身的核心竞争力，严重损害了信用服务行业的信誉和公信力，甚至引爆相关行业的信用危机。

（五）信用服务机构的信用信息来源堪忧

信用信息是信用服务行业赖以生存和发展的物质基础。目前，我国除征信中心的信用信息来源有法规保障，有金融机构源源不断为其提供海量信用信息以外，绝大多数信用服务机构的信用信息来源渠道有限、信用信息资源匮乏、数据归集量明显偏少，远远不能满足信用服务机构的实际需要。

由于缺乏统一的标准规范，数据质量明显偏低，不但有效利用价值不高，而且还产生了大量“垃圾信息”库存，信用服务机构收集的信用信息很难筛选甄别，无法精准匹配到确定的信用主体身上，造成社会投入的严重浪费。

因为存在大量信息孤岛和信息壁垒，所以信用信息难以实现交换共享，信用服务机构收集的信用信息残缺不全，难以客观、真实、准确、全面地反映信用主体的信用状况。

信用信息时效性严重迟滞，难以及时反映信用主体的动态信用状况。

以上问题的存在，最终导致信用服务机构无法为客户提供令其满意的信用产品和信用服务。

（六）我国的新型信用服务人才严重匮乏

成立信用服务机构、开展信用服务业务，需要资金、技术、人才投入，以及收集大量的信用主体的信用数据。目前，我国虽然已有几十所高等院校设置了信用专业、信用学科，但从新型信用人才供给方面来看，仍然远远不能满足信用服务市场、社会信用体系建设乃至经济和社会发展的实际需要。

（七）中国信用服务机构缺乏国际竞争力

国内一些评级机构虽然试图谋求布局海外，进入国际评级市场，但真正要走向世界却面临重重困难。尽管国内评级机构众多，但是，几家具有一定规模和影响力的公司基本上已经被世界评级巨头所控制，在国际上明显缺乏的竞争力、公信力和影响力。其主要原因：一是由于我国的信用评级机构与国际评级机构相比，起步较晚、发展较慢，实践经验积累不够不足。二是我国目前主流评级指导思想和评级缺乏评级思想和评级理念的自主创新，自身尚未形成科学、先进的理论体系。三是跟在西方发达国家后面亦步亦趋，简单模仿甚至照搬国外评级技术，缺乏独立自主的技术创新创造能力，不掌握拥有自主知识产权的先进的核心技术，缺乏科学的指标体系、评级模型和规范程序，无法形成核心竞争力。四是我国一些信用服务机构存在诚信缺失问题，违背契约精神，严重削弱了自身的信誉和公信力。五是国内评级机构缺乏雄厚的经济实力。

总的来看，目前我国信用服务市场发展缓慢，市场规模总量有限。国内信用服务机构实力较弱，服务能力和服务水平存在差距。信用服务机构体量偏小，信用信息采集应用无序、信用服务和产品单一、技术水平相对落后、自主品牌影响力欠缺、市场竞争力不强、业务盈利能力不足，社会认可度不高。政府对公共信用信息的公开不完整、不及时导致第三方征信机构信用信息来源受限，查询困难。个人征信市场开放不足遏制公平竞争，导致难以孕育具有国际竞争力的征信机构。具有一定潜力的信用评级机构大多已被外资参股控股，信用评级的话语权受到影响。大部分国内信用服务机构主要参与国内市场竞争，不具备参与国际市场竞争的资格。

三、解决信用服务领域问题的对策

加快推进社会信用体系建设，为我国信用服务市场和信用服务机构的蓬勃发展，创造了前所未有的历史机遇。为促进信用服务行业健康发展，充分发挥信用服务机构作用，应当强化以下措施：

（一）积极培育和发展信用服务市场

坚持从社会需求出发，积极培育和发展信用服务市场，改善信用服务机构营商环境，建立公平竞争、优胜劣汰机制，鼓励信用服务领域创新发展。积极培育信用服务市场需求，推动信用产品及信用服务广泛应用。要坚持以市场为导向，鼓励信用产品的开发创新，满足全社会多元化、个性化、专业化的信用服务需求。支持和激励依法经营、诚实守信、业务精通、优质服务、有市场公信力的信用服务机构发展壮大。

逐步建立公共信用服务机构和商业信用服务机构互为补充、信用信息基础服务和增值服务相辅相成的业务门类齐全、服务功能互补、全领域、多维度、分层次的信用服务架构体系。

鼓励相关部门与第三方信用服务机构在信用记录归集、信用信息共享、信用大数据分析、信用风险预警、失信行为跟踪监测等方面开展合作。引入具备相关从业资质的信用服务机构参与社会信用体系建设工作，切实发挥第三方信用服务机构的专业优势。

（二）依法加强信用服务市场的监管

完备的信用法律体系和信用标准体系，是信用服务行业健康发展的基本保障。要加快立法进程，健全信用法律体系，依法规范信用服务行为和市场秩序，推动建立与信用服务相关的法律制度，依法建立信用服务机构市场准入与退出机制，实现从业资格认定的公开透明。要加快信用服务行业国家标准化建设，形成科学、合理、完整的信用目录体系和信用标准体系，进一步完善信用服务业务规范，促进信用服务行业健康发展。

透明高效的监管体制是信用服务行业健康发展的重要保障。要加强信用服务市场监管，对信用服务机构及其从业人员的违法违规行为进行公开曝光，依法依规实施市场禁入，并实施失信联合惩戒措施，切实维护信用服务市场秩序，保障信用服务市场健康发展。

（三）加强公共信用信息公开与共享

政府依法施行信用信息公开，是信用服务市场发展的必要条件。国家应当建立健全政务公共信用信息公开制度，制定政务公共信用信息的公开目录，实行政务信用信息分类管理，规范有序地扩大政务信用信息对社会开放。各部门、各地区要在保护国家机密、商业秘密和个人隐私的前提下，依法公开在行政管理中掌握的信用信息。要充分发挥公共信用信息共享平台的作用，加强政府部门与信用服务机构之间的信用信息共享。鼓励信用服务机构与政府部门在充分保护信用主体合法权益的前提下，开展信用信息交换共享，实现公共信用信息与市场信用信息的资源整合。

（四）加强信用服务行业的诚信自律

信用服务机构应当完善法人治理结构，秉持诚信经营、依法执业理念，坚持独立性和公正性，完善自我约束机制，加强科学规范管理，提升信用服务质量和效率，提升社会公信力。鼓励各类信用服务机构设立首席诚信监督官，建立以诚信为核心内涵的行为准则，加强自身诚信管理。

率先开展信用承诺并进行公示。信用服务机构要率先按照现定格式作出信用承诺，有关部门应当对信用服务机构的信用承诺履行情况进行检查，同时开展舆论监督和社会监督，将信用服务机构的信用承诺及践诺情况在“信用中国”网站公开。

加强信用服务从业人员的诚信建设。加强对信用服务从业人员的诚信教育和职业培训。建立信用服务从业人员的信用记录。信用服务从业人员要在“信用中国”网站自主填报系统进行登录认证，主动建立个人信用档案。

建立信用服务机构及其从业人员信用评价机制，委托第三方机构对信用服务机构的信用状况进行评价。

（五）积极参与国际信用市场的竞争

培育发展本土信用服务机构，增强我国信用服务机构的社会公信力和国际影响力，支持鼓励我国信用服务机构参与国际信用市场竞争和国际信用标准制定，加强信用服务机构的国际交流与合作。

第十五章

信用信息应用

“人尽其才、物尽其用”。信用信息应用是实现信用信息价值和使用价值的最终环节。

第一节　信用信息实际应用理论概要

一、信用信息应用概念的内涵

信用信息应用是指社会主体使用信用信息的活动及其信用信息使用价值的实现过程。

信用信息的使用价值主要体现在以下几个方面：信用信息是开展信用服务活动的最基本数据；信用信息是揭示和防范信用风险的有效工具；信用信息是从事经济和社会活动的决策参考；信用信息是信用主体从事经济和社会活动的信誉资本；信用信息是开展信用惠民与利企服务的数据依托；信用信息是以信用为基础的新型监管机制的数据支撑；信用信息是守信激励与失信惩戒的重要依据；信用信息是发展数字经济的大数据资源；信用信息是实现社会治理现代化的数据支持。

二、信用信息应用的重要意义

信用信息应用，是信用信息流程链条上的关键环节，也是社会信用体系建设的重要内容。信用信息应用的广度和深度，决定了会信用体系建设的广度和深度。

信用信息的采集、存储、加工等环节，都是为应用环节服务的，只有经过应用环节，信用信息及信用信息产品的价值才能最终得以实现，信用信息及信用信息产品在社会信用体系建设中的重要作用才能得以发挥。

采集、存储、加工等环节，决定了信用信息及信用信息产品的使用价值，而信用信息及信用信息产品的应用又反作用于信用信息的采集、存储、加工等环节，促进采集、存储、加工等环节的发展和提高。有鉴于此，一方面，应当以信用信息归集促进信用信息应用；另一方面，应当以信用信息应用促进信用信息归集。二者有机结合，互相促进，相得益彰。

信用信息应用，是守信激励、失信惩戒机制得以运行的必要条件，是实现守信褒扬、失信约束的重要媒介，是对诚实守信、履约践诺行为进行褒扬，对欺骗失信、爽约背诺行为进行约束的重要载体。

信用信息应用，是贯彻执行社会信用法律、法规、规章、规范性文件和政策，以及保护信用主体合法权益的关键节点。

信用信息应用应当实现法制化、制度化、机制化、规范化。

三、信用信息应用的社会主体

自然人、法人、非法人组织既是信用信息的生产主体，也是信用信息的使用主体。自然人、法人、非法人组织等社会主体在经济和社会活动当中，随时随地都有可能产生或者使用信用信息。自然人、法人、非法人组织等社会主体在经济和社会活动当中应用的信用信息，既包括使用自身的信用信息，也包括使用其他自然人、法人、非法人组织的信用信息。

四、信用信息应用的制度建设

信用信息的应用关乎信用信息主体权利的减损、义务的增加，是至关重要并且十分严肃的问题。目前，已经颁布的有关信用的法律法规都对信用信息应用作出了明确规定，初步建立了信用信息应用法律制度。

此外，为实现信用信息应用制度化，一些部门和地方还陆续出台了一批信用信息应用的规章制度。如北京出台了《北京市行政机关归集和公布企业信用信息管理办法》，重庆印发了《关于加强公共资源交易领域企业诚信体系建设的实施意见》，云南发布了《云南省加快推进“信易+”守信激励工作方案》，黑龙江制定了《关于在行政管理中实施信用记录核查的意见》《黑龙江省企业失信行为联合惩戒实施暂行办法》，要求在行政管理和政务服务、守信激励和失信惩戒中加强信用信息归集、共享和应用。

为保障信用信息应用，必须建立健全信用信息公开机制、信用信息共享机制、信用状况评价机制。

五、信用信息应用的目录清单

为规范公共信用信息应用行为，应当依法制定公共信用信息应用目录清单。信用信息应用目录清单应当按照“必要性与经常性相结合”的原则，明确信用信息应用部门（机构）、相关行政行为或业务活动事项，将信用承诺、信用核实、信用报告等信用产品嵌入至各部门（机构）评先选优、干部使用、行政审批、行政监督、财政资金安排、公共资源交易、公共服务、银行信贷审批等事项的办事流程，形成“办事先查信用”的工作方式和工作机制。

六、信用信息主体的权益保护

违法使用信用信息会侵犯信用信息主体的合法权益，给信用信息主体造成一定损害。使用信用信息必须以保护信用信息主体的合法权益为前提。在使用信用信息过程中，必须依法保护国家秘密、商业秘密、个人隐私。

七、信用信息应用的客观环境

信用信息及信用信息产品的应用，离不开客观场景，包括网络虚拟环境和现实社会场景。积极探索、创新推进信用信息应用场景建设，营造信用信息应用环境，主动为信用信息及信用信息产品的应用创造条件，将是社会信用体系建设的一项长期任务。

（一）信用信息在国家社会治理领域广泛应用

国家在社会治理领域包括行政管理、信用监管、政务服务、法院执行等领域，积极拓展信用报告应用，并探索建立全国统一的信用报告标准，推动信用报告结果实现异地互认。

一些地方、部门、司法机关，在行政审批、市场准入、资质审核、项目申报、行政许可、资质认定、政府采购、招标投标、信用监管、法院执行等事项中，依托公共信用信息服务平台提供的信用信息查询及核查比对等服务，推进公共信用信息实际应用，同时充分发挥公共信用服务机构和第三方信用服务机构出具的信用报告的作用。

目前，我国各级政府及其部门在履行职能过程中，已经普遍开始应用信用信息及信用信息产品，并取得初步成效。如国家发展和改革委员会、中国人民银行会同60多个部门已签署51个联合奖惩备忘录，为信用信息及信用报告的应用创造了必要的条件。国家发展和改革委员会已将信用信息嵌入行政审批，建立了“逢报必查、逢办必查”新机制，在有关资金申请和企业债券申报过程中，多家“黑名单”企业受到限制。上海、江苏、安徽等省市开通信用信息查询服务大厅，江苏省及部分城市在政府行政服务中心开设窗口，供政府部门、社会公众查询。长三角地区实行信用信息共享、信用报告互认，在交通、建筑、环保、旅游等行业中应用。

很多部门和地方加大信用信息及信用信息产品应用的广度、深度和力度，积极推进其在政府层面的应用。如2019年10月14日，国家公务员局公布2020年国家公务员考试公告及职位表，13849个职位招录24128人。此次“国考”首次明确了被开除党籍人员、被开除公职人员、被依法列为失信联合惩戒对象的人员等不得报考。

又如，有的地方在“两代表、一委员”人选，评先评优荣誉表彰、干部监督任用奖惩、特邀监察员人选、检察系统人事任免等领域广泛应用信用记录和信用报告。

（二）信用信息在经济和社会活动中的广泛应用

国家鼓励各类市场主体在生产经营活动中更广泛、主动地应用信用报告。随着市场经济的发展，每个人参与的经济活动越来越多，在其参与的经济活动过程中，除了需要证明你是谁之外，还需要有一个方便、可靠的工具来验证你作为一个从事经济活动的人，是否可信、可靠，这个工具就是个人信用报告。它记载了你在以前的信用交易中的表现，可以帮助你的交易伙伴更好地了解你，尽快作出是否与你进行交易的决定。个人信用报告应用在欧美等发达国家已经非常普及，几乎每一个参与经济活动的人都有个人信用报告，而个人信用报告的应用更是普遍，几乎渗透到个人每一项重大的经济和社会活动中，包括贷款买房、贷款购车、申请信用卡、购买保险、租赁房屋、求职应聘、享受政府福利等。如果没有个人信用报告，几乎是什么事都难以办成的。

信用信息的应用场景及应用事例不胜枚举、难以归类。本章仅从几个特定维度介绍信用信息的现实应用场景及应用情况。

第二节　在市场监管领域中广泛应用

目前，我国各级政府及其部门在履行行政职能过程中，已经普遍开始应用信用信息及信用信息产品，积极将“建立以信用为基础的新型市场监管机制”付诸实践，探索其运行机理和内在规律，并取得初步成效。

一、市场监管领域的重大改革与创新

政府对市场监管包括事前、事中、事后三个环节。总体来看，从前的传统监管模式及存在的问题是：事前准入门槛过高、前置事项及证明手续繁多。事中以批代管、只批不管或泛泛检查，流于形式等。事后自由裁量权过大，以罚代管，一罚了之；甚至不罚不管，不了了之；违法主体的纠错整改、淘汰退出制度缺失，无法形成监管的长效机制，监管目标难以实

现。而以信用为基础的新型监管机制与传统的市场监管机制相比，最大的优势在于能够形成市场监管的长效机制。信用信息及信用信息产品的应用，尤其是“失信联合惩戒”手段的运用，使事后监管威力凸显并得以持续释放，而且以信用为基础的新型监管机制会将事后监管的结果传导至新一轮的事前、事中监管环节，从而实现事前、事中精准监管态势，使监管的链条实现闭环、监管的能量不断凝聚，对市场主体起到强力震慑和以儆效尤的作用，保障市场监管的长效机制的真正确立，实现市场监管的终极目标。

二、部省共创共建共享“信用交通省”

“信用交通省”创建是我国开展社会信用体系建设工作以来，首次由交通运输部和国家发展改革委联合在全国范围内，以行业信用体系建设为重点开展的省级示范创建工作，具有积极的示范意义、重要的载体作用和较大的品牌效应。2017 年 9 月至今，各地各有关部门深入学习贯彻习近平总书记关于社会信用体系建设的重要指示精神，坚决贯彻党中央、国务院决策部署，坚持问题导向和结果导向，创新使用信用承诺、信用评价、联合奖惩等多种信用手段开展市场监管和公共服务，涌现了一批可复制可推广的典型案例，共同推动“信用交通省”建设在本省落地生根、开花结果，有效提升了行业治理体系和治理能力现代化水平。特别是在信用信息归集共享、推动信用信息和行业业务相结合开展监管方面，取得了显著的成效。具体来看：

一是按照“内容为王”的原则，初步形成了标准化归集、系统化应用的交通运输信用大数据管理模式。建成部省联通的交通运输信用平台，累计归集全行业信用数据 33.7 亿余条，建立 805.2 万家经营业户、2200 万从业人员的“一户式”信用档案，河南、江苏、湖北、黑龙江共享信息超过 1000 万条。建成部省两级“信用交通”网站，对外公示 1.7 亿条信息，提供9320万条信息的一站式查询服务，广东、江苏、山东、浙江、江西发布信息超过300万条。

二是按照“应用是生命力”的要求，推动信用监管与业务工作深度融合。在疫情防控和复工复产中，部署推进告知承诺制和网上业务办理，明确要求不得安排诚信差的驾驶员从事道路客运驾驶服务。河南、浙江等地将伪造通行证和假冒农民工返岗包车等行为纳入信用管理，北京、天津、江苏等地为诚信运输企业提供优惠贷款和保险。在日常监管中，吉林、陕西、河北等27个省份在办理行政许可时应用告知承诺和容缺受理。每年开展工程建设、运输服务等领域的信用评价和分级分类监管。累计公布14批4609条公路治超严重失信名单和2批416家交通工程守信典型企业名单，为超过1亿辆汽车建立43亿条“维修健康档案”。多个省份在信用监管方面也做了些探索创新，比如北京市限制失信被执行人参与小汽车摇号，山西、湖南、青海、新疆生产建设兵团等地加强公路建设市场信用评价和失信惩戒，天津、福建、广东等地建立信用修复机制等。

三、地方积极践行市场监管新型模式

北京、上海、江苏、浙江等地方，打破部门和行业的界限，尝试建立企业信用综合评价标准，利用信用信息对域内所有企业进行信用分类评价，并根据不同的信用积分档次实施不同的监管方式，日常监管各有侧重。

其中，广东省公共信用信息平台坚持“应用至上、以用促建”理念，不断完善平台建设，为信用监管提供优质便捷服务。广东省公共信用信息平台于2014年启动建设，“信用广东”网站于2015年3月对外提供公共信用服务。截至2020年8月底，平台归集累计入库数据20.06亿条，其中双公示数据4875万条，守信激励、失信惩戒名单数据817万条，累计信用查询7.4亿次、核查服务39.8万次、调用服务9747万次。新时代，广东按照“应用至上、以用促建”的理念，努力创建信用应用场景、发挥信用价值，大力推进信用数据在联合奖惩、公示查询、服务专业机构、挖掘分析等方面应用，最大限度发挥信用平台的作用和威力。

如联合奖惩，一键搞定。广东聚焦堵点难点问题，打通关键节点，创造性建立“一键搞定”联合奖惩便捷模式。“一键搞定”是指在不改变原有业务办理流程的情况下，只要点击鼠标一次，就可以实现信用核查信息的自动推送、红黑名单的自动嵌入、奖惩措施的自动匹配、实施情况的自动反馈，彻底解决联合奖惩操作繁、落地难等痛点问题。

“一键搞定”应用情况及成效。广东已在十多个全省业务系统中应用该便捷模式，包括省网上办事大厅公共审批平台、省投资项目在线审批监管平台、省发展改革委外网 OA、省电子招投标行政监管平台、全省网上中介服务超市、省网上办事大厅政府采购系统、广东商务诚信公共服务平台等。此外，对在内网 OA 或是纸质件办理的业务，则通过在“信用广东”网站开设发展改革业务事项、财政性资金使用等核查专栏，提供信息主体守信激励、失信惩戒名单查询及奖惩措施匹配服务，经办人查询后只需下载或打印即可，也基本达到“一键搞定”的效果。

该便捷模式应用成效显著。如省公共审批平台共核查了 37456 个申请主体。在省投资平台备案核准的 528 个行政审批事项、20915 个企业投资项目全部实现自动查询提示，主体核查率 100%。省发展改革委外网 OA 共核查了 578 项具体审批业务。电子招投标行政监管平台累计核查 13321 个投标人、711 家招标代理机构。全省网上中介服务超市自 2020 年 7 月底上线后，累计核查 656 家入驻企业。省政府采购系统试运行 3 个月共进行 34203 次核查，其中核查后同意委托 30084 次、不同意委托 526 次。

第三节　在行政管理事项中普遍应用

在行政管理、公共服务事项中使用信用记录和信用报告是发挥政府在社会信用体系建设中示范带头作用的重要举措。

一、国家有关部门率先应用信用信息

在社会信用体系建设过程中，信用信息为行政管理、公共服务提供了一种正当合理、准确便捷的区分相对人“信用状况”的尺度。但行政机关在行政管理和公共服务过程中应用信用信息，务须在法定权限范围内审慎为之。

为构建守信激励和失信惩戒机制，加强对守信主体的激励和对失信主体的惩戒，发展改革、财政、金融、生态环境、住房城乡建设、交通运输、商务、市场监管、税务、质检、安全监管、海关、知识产权等部门，在行政管理事项和公共服务过程中，针对食品药品安全、环境保护、产品质量、医疗卫生、工程建设、教育科研、电子商务、股权投资、融资担保等关系到人民群众切身利益、经济健康发展和社会和谐稳定的重点领域，率先推广、不断深化信用信息和信用产品的应用，对诚实守信者实行优先办理、简化程序等“绿色通道”和重点支持激励政策；对失信者，结合失信类别和程度，严格落实失信惩戒制度。

二、地方政府积极推进信用信息应用

北京市推动信用平台信用数据归集，对接市行政审批服务大厅。一是推进市公共信用信息服务平台建设，归集了 55 个部门企业信用信息、30 个部门个人信用信息、1.4 万余家社团信用信息、1.2 万家事业单位信用信息，信用信息归集总量突破8亿条，为全市60个部门及16个区开通了使用账户，与市行政审批服务大厅和国家公共信用信息共享平台实现了系统对接。“信用中国（北京）”网站累计公开各类信息3亿余条。二是制定了《北京市公共信用数据归集和共享机制建设实施方案》，提出了基于大数据平台的信用信息新机制。三是开展了信用承诺梳理工作，已有14个区开展信用承诺事项606项，21个部门开展信用承诺事项119项，行业协会商会开展信用承诺281项。四是组织各区启动了信用正向名单归集工作，已归集10个区受到国家、市、区及下属乡镇（街道）、事业单位、社会组织、相关部门授予的奖项表彰信息4692条（法人1878条，个人2814条）。

广州市加强信用大数据建设，在政务领域推广应用。广州市持续推进信用大数据建设，公共信用信息系统累计归集信用数据超50亿条，个人和企业信用主体库数据量分别达5亿条和8亿条，实现全市常住人口和企事业单位信用记录全覆盖，信用信息大数据对经济社会活动的服务功能得到有效发挥。出台《广州市辖区信用监测实施方案》《广州市第一批部门政务诚信和重点领域监测实施方案》，在11个市辖区、10个重点部门和8个重点领域建立信用状况监测评价体系，预警防范重大信用问题。市市场监管局积极推进企业信用风险分类管理试点，构建“5+24+72+N”企业信用风险分类指标体系，建立完善以“双随机、一公开”为基本手段、以重点监管为补充、以信用监管为基础的新型监管机制。市人力资源和社会保障局依托信用大数据，对全市领取稳岗补贴的企业全面进行信用核查，共甄别出348家存在失信惩戒记录的企业，累计为34万家企业发放2020年度稳岗补贴资金12.54亿元。市民政局建立广州市社会救助申请诚信数据库，完成约34.4万人（89.7万人次）的诚信评估，充分发挥居民家庭经济状况核对机制的效能。市公共资源交易中心在全国首创“公共资源交易信用指数”，综合运用信用信息数据，对公共资源交易全过程实行信用闭环管理，该经验做法被国家发展改革委作为典型案例在全国推广。广州互联网法院依托司法信用大数据，推出全国首个互联网司法信用报告制度，“五色信用”评价体系被国家网信办评为2019年中国网络诚信十大新闻。

三、行政机关应当依法使用信用信息

在政府采购、招标投标、行政审批、市场准入、资质审核等行政管理事项中使用信用信息，包括信用记录或信用报告并据此作出决定，涉及市场主体的权利义务，与市场主体生产经营活动密切相关，影响市场主体的生存发展，甚至决定市场主体的生死存亡，关乎优化营商环境、实现高质量发展的大局。因此，行政机关应当根据施政需要，遵循合理行政的原则，明确其履行管理职责或提供公共服务时将查询使用的信用信息范围、种类，并依法向社会公开，防止滥用行政裁量权。对在政府采购、招标投标、行政审批、市场准入、资质审核等行政管理事项中使用信用信息的行为，必须依法作出明确规定加以规范，切实保护市场主体的合法权益。否则，可能会导致政府不依法行政或者不依法平等对待各类市场主体等问题。

为防止违法使用或者泛化滥用信用信息、维护市场公平竞争秩序和市场主体合法权益，根据国务院颁布的《优化营商环境条例》规定精神，政府在制定信用信息应用规范和实际使用信用信息过程中应当注意以下问题：

制定与市场主体生产经营活动密切相关的涉及信用信息应用行政法规、规章、行政规范性文件，应当按照国务院的规定，充分听取市场主体、行业协会商会的意见；除依法需要保密外，还应当通过报纸、网络等向社会公开征求意见，并建立健全意见采纳情况反馈机制。

制定与市场主体生产经营活动密切相关的信用信息应用行政法规、规章、行政规范性文件，应当按照国务院的规定进行公平竞争审查。

制定涉及市场主体权利义务的信用信息应用，包括有关守信激励、失信惩戒行政规范性文件，应当按照国务院的规定进行合法性审核。

没有法律、法规或者国务院决定和命令依据的，信用信息应用行政规范性文件不得减损市场主体合法权益或者增加其义务，不得设置市场准入和退出条件，不得干预市场主体正常生产经营活动。

涉及市场主体权利义务的有关信用信息应用的行政规范性文件应当按照法定要求和程序予以公布，未经公布的不得作为行政管理依据。

政府及其有关部门应当统筹协调，合理把握信用信息应用规章、行政规范性文件等的出台节奏，全面评估守信激励、失信惩戒政策效果，避免因政策叠加或者相互不协调对市场主体正常生产经营活动造成不利影响。

国家应当完善行政复议、司法诉讼等纠纷解决机制，为市场主体提供高效、便捷的纠纷解决途径。

政府和有关部门及其工作人员制定或者实施守信激励、失信惩戒政策措施不依法平等对待各类市场主体的，制定与市场主体生产经营活动密切相关的信用信息应用行政法规、规章、行政规范性文件时不按照规定听取市场主体、行业协会商会的意见的，应当依法依规追究责任。

国家应当加强法治宣传教育，提高国家工作人员依法行政水平和依法履职能力，引导市场主体合法诚信经营、依法维护自身的合法权益，不断增强全民法治意识，为营造法治化营商环境筑牢社会基础。

总之，行政机关在行政管理和公共服务流程的各个环节应用信用信息时，务必在法定权限范围内审慎作为、公平行事。

第四节　在惠民便企领域的创新应用

信用惠民，是社会信用体系建设的根本目的。信用信息在公众服务领域应用，一方面，可以增强广大社会公众在社会信用体系建设过程中的参与感、触及感、获得感、幸福感和安全感；另一方面，可以使社会信用体系建设得到广大社会公众的响应和支持，夯实社会信用体系建设的群众基础，进而推动社会信用体系建设事业不断前进。

一、党和国家关于信用惠民便企决策部署

为建立完善守信联合激励制度，加快推进社会诚信建设，《国务院关于建立完善守信联合激励和失信联合惩戒制度加快推进社会诚信建设的指导意见》（国发〔2016〕33 号）要求健全褒扬和激励诚信行为机制。

1. 多渠道选树诚信典型

将有关部门和社会组织实施信用分类监管确定的信用状况良好的行政相对人、诚信道德模范、优秀青年志愿者，行业协会商会推荐的诚信会员，新闻媒体挖掘的诚信主体等树立为诚信典型。鼓励有关部门和社会组织在监管和服务中建立各类主体信用记录，向社会推介无不良信用记录者和有关诚信典型，联合其他部门和社会组织实施守信激励。引导企业主动发布综合信用承诺或产品服务质量等专项承诺，开展产品服务标准等自我声明公开，接受社会监督，形成企业争做“诚信模范”的良好氛围。

2. 探索建立行政审批“绿色通道”

在办理行政许可过程中，对诚信典型和连续三年无不良信用记录的行政相对人，可根据实际情况实施“绿色通道”和“容缺受理”等便利服务

措施。对符合条件的行政相对人，除法律法规要求提供的材料外，部分申报材料不齐备的，如其书面承诺在规定期限内提供，应先行受理，加快办理进度。

3. **优先提供公共服务便利**

在实施财政性资金项目安排、招商引资配套优惠政策等各类政府优惠政策中，优先考虑诚信市场主体，加大扶持力度。在教育、就业、创业、社会保障等领域对诚信个人给予重点支持和优先便利。在有关公共资源交易活动中，提倡依法依约对诚信市场主体采取信用加分等措施。

4. **优化诚信企业行政监管安排**

各级市场监管部门应根据监管对象的信用记录和信用评价分类，注重运用大数据手段，完善事中事后监管措施，为市场主体提供便利化服务。对符合一定条件的诚信企业，在日常检查、专项检查中优化检查频次。

5. **降低市场交易成本**

鼓励有关部门和单位开发“税易贷”“信易贷”“信易债”等守信激励产品，引导金融机构和商业销售机构等市场服务机构参考使用市场主体信用信息、信用积分和信用评价结果，对诚信市场主体给予优惠和便利，使守信者在市场中获得更多机会和实惠。

7. **大力推介诚信市场主体**

各级人民政府有关部门应将诚信市场主体优良信用信息及时在政府网站和“信用中国”网站进行公示，在会展、银企对接等活动中重点推介诚信企业，让信用成为市场配置资源的重要考量因素。引导征信机构加强对市场主体正面信息的采集，在诚信问题反映较为集中的行业领域，对守信者加大激励性评分比重。推动行业协会商会加强诚信建设和行业自律，表彰诚信会员，讲好行业“诚信故事”。

二、创造创新开展信用惠民便企各项服务

近年来，在我国社会信用体系建设过程中，一些部门、地方和机

构在利用信用信息为社会公众服务方面创新模式、探索前进，并取得可喜的成果。随着5G、物联网、大数据、云计算、区块链、人工智能等技术的创新发展，信用信息应用场景落地迎来了更多机遇。如2020年9月10日，由重庆市发展和改革委员会和重庆市渝北区人民政府联合主办的2020中国国际智能博览会·信用应用场景创投大赛颁奖典礼在重庆市仙桃数据谷举行，获奖的“十佳信用应用场景”涵盖了经济发展、民生服务等各个方面，将在2020线上“智博会”上集中展示。举办此次大赛，旨在让企业和个人创新“信易+”系列场景，让信用更加有感、有价、有用。举办本次信用应用场景创投大赛的初衷，就是要让数据活起来，让大数据和信用交互起来，甄选出更多的创新信用场景服务重庆市社会经济发展。

（一）“信易+”系列惠民便企模式

“信易+”，通俗地讲就是指信用状况好的信用主体容易获得更多的优惠、实惠和便利。“信易+”系列惠民便企模式，是信用信息及信用信息产品创新应用的典型代表。

2018年6月10—11日，由国家发展和改革委员会指导，新华社和福州市政府共同主办的“2018年中国城市信用建设高峰论坛”在福州成功举办。作为推进城市信用建设的全国性高端论坛，本届论坛以“信用让生活更美好”为主题，以信用惠民为重点，旨在不断提升群众获得感、幸福感、安全感。

论坛开幕式活动——启动“信易+”系列项目，举行“守信激励创新行动”联盟成立仪式，发布首批守信激励创新试点30个城市名单等。30个城市获得“中国城市信用建设高峰论坛守信激励创新奖”。

上述获奖城市与社会信用体系建设示范城市，作为开展守信联合激励实践活动的先行者、探索者，开拓进取、率先突破，不断完善守信激励机制，不断拓展守信激励领域，不断创新更加贴近市民学习、工作、生活的守信激励产品与服务，为全国各城市信用建设提供可复制、可借鉴、可推广的成熟范式和先进经验，让广大城市居民能够收获信用红利、享受信用便利，通过富有“含金量”的守信激励措施让社会公众拥有更多的获得感、幸福感。

其中，启动“信易+”系列项目，是论坛的一大亮点，其目的是在重点民生领域丰富社会化、市场化守信激励举措，实实在在地增进群众福祉。

“信易+”系列惠民模式，主要包括下列形式：

（1）“信易贷”，主要是指秉持“信用越好，贷款越容易”理念，让信用好的小微企业能够获得贷款，享受更优惠的贷款利率，享受更便捷的贷款审批通道等，有效缓解小微企业融资难、融资贵问题。

（2）“信易租”，主要是指秉持“信用越好，租赁越容易”理念，让信用好的创业企业享受更优惠的租金折扣，享受更长久的租赁期限，享受更低的租赁押金或免押金，享受更便捷的租赁手续办理等。

（3）“信易行”，主要是指秉持“信用越好，出行越容易”理念，让信用好的个人享受更优惠的出行服务价格，享受更低的押金或免押金，优先享受最新的出行服务，优先参与出行的优惠活动等。

（4）“信易游”，主要是指秉持“信用越好，旅游越容易”理念，让信用好的游客享受更优惠的旅游服务价格，享受更便利的购票、检票通道，享受免押金、免查房、免排队退房的住宿服务等。

（5）“信易批”，主要是指秉持“信用越好，审批越容易”理念，让信用好的市场主体或办事群众享受“容缺受理”，享受绿色通道，优先享受“只进一扇门”“最多跑一次”“一网通办”等更便捷的审批服务。

“信易+”是一种开放型模式。“信易+”系列并不只是局限于上述几种形式，“信易+”活动永远在前进的路上，永远处于“正在进行时”。在民生领域创造出更加形式多样、丰富多彩的信用信息惠民便企应用模式，让诚实守信者的信用价值得以实现，让守信的信用价值变成使用价值，让信用无形资产化作有形资产。让诚实守信者受到社会普遍尊重，并获得越来越多的社会福祉。此举应当成为一种时代风尚和社会导向。

如贵州省“信易扶”助力脱贫攻坚。贵州信用云与“贵州省精准扶贫平台”建立信息共享机制，畅通信息交换渠道，加强信用中国（贵州）网站与中国社会扶贫网（贵州）网站内容关联性和信息协同性。依托贵州信用云和国家建档立卡数据库，创新构建“互联网+信用+精准扶贫”模式，将诚信建设贯穿建档立卡贫困人口采集、标识、核查、核对、复核、调整、修改等工作全过程，实现信用监督对建档立卡贫困户、同步小康驻村干部和第一书记、贫困户帮扶责任人、产业结对帮扶企业等主体全覆盖。全省共创建农村金融信用市 1 个，农村金融信用县（市、区）21 个，信用乡（镇）986 个，信用村 12866 个，信用组 123657 个。对全省 783. 45 万户农户进行了建档、评级、授信工作，其中评定信用农户 705. 73 万户，并对信用农户实行贷款优先、服务优良、利率优惠等激励措施。全省信用授信总额达 4359. 71 亿元，有贷款余额农户数为 272. 48 万户，农户贷款余额 2241. 36 亿元，为农民脱贫增收提供资金保障。

信用信息及信用信息产品应用，是“信易+”系列惠民便企模式得以实现的必要条件；而“信易+”系列惠民便企模式的创新推广，又为信用信息及信用信息产品的广泛应用提供了丰富多样的真实场景。

“信易贷”是信用信息应用的典型模式。2019 年 9 月 24 日，在济南开幕的 2019 中国城市信用建设高峰论坛上，全国“信易贷”平台——全国中小企业融资综合信用服务平台启动上线，助力解决中小企业融资难、融资贵问题。融资难、融资贵问题是制约和阻碍中小企业发展的拦路虎。充分挖掘企业信用信息价值，大力推动企业信用资产变现，是解决这一难题的良方。

国家公共信用信息中心建设“信易贷”平台，是充分发挥信用信息共享应用价值、提升中小企业融资信用信息支撑，帮助守信主体便利获得信贷支持的具体手段；是创新信用应用和金融服务、充分发挥政府和市场合力，助力解决中小企业融资难融资贵问题的重要举措，为更多的中小企业纾困解忧，真正体现“守信有益、信用有价”。

南京市创新家政服务业信用建设。南京斑马云家政服务公司在市相关部门的大力支持下，上线“家服 e”信用管理服务平台。建立家政企业及服务人员信用档案，家政企业“一企一证一码”持证经营、服务人员“一人一卡一码”接受在线信用评价；实施平台内部“红黑名单”管理制度，优先为诚信企业和人员匹配平台服务和客户资源、拦截有严重失信记录的注册用户；让相关企业和从业人员主动珍惜信用记录、消费者选择家政企业及服务人员时心中有数。2020 年 3 月 21 日优化更新上线以来，平台已有 58 家家政企业入驻、7000 多位家政服务人员注册。通过诚信激励和失信惩戒并举，推动全市家政行业规范快速发展，解决市民烦心事。

广州市着力增强信用服务实体经济功能。围绕信用便企惠民，广泛开展“信易+”守信激励和信用创新服务，推动形成税融通、信易招标、信易融、信易医、信易住、信易商、信易贷等 15 项信用创新应用案例，守信激励的正向引导显著增强。疫情期间，围绕落实“六稳”“六保”任务，制定落实《信用助企打赢疫情防控阻击战的若干措施》，从倡导善意文明执法、提供增信支持、优化融资环境、审慎实施联合惩戒、加强失信约束、加大诚信宣传等多个方面为企业解难纾困，助力企业应对新冠肺炎疫情带来的不利影响，助推企业有序复工复产。将经省认定的 86 家防疫物资重点生产企业参与防疫工作信息作为守信信息纳入企业信用档案，为企业申请融资贷款、财政补贴等提供增信支持。广州海关为 9 家高级认证企业实施了免担保措施，对关区 15921 家企业进行信用画像标识，对 217 家重点企业开展针对性培育辅导，新增培育 24 家 AEO 企业。市司法局会同市交通运输局，编制全国首个面向交通运输领域的免处罚免强制清单，对交通运输领域依法可以免处罚或者免强制的轻微违法经营行为进行了明确，加大对市场主体的法治关怀。

（二）建立市民信用积分激励机制应用场景

守信联合激励机制直接惠及守信主体，是社会信用体系运行的核心机制之一。对诚实守信主体联合给予褒奖激励，使其因自身的守信行为而获得更多的便利和实惠，形成崇尚诚实守信、履约践诺的正确导向。

城市是社会信用体系建设的重点区域。信用既是一座城市的软实力，也是一座城市经济和社会发展的硬支撑。当前，城市信用建设正迎来全面发力的崭新阶段，政府推动、社会共建的大格局正在形成。信用信息应用需要现实的应用场景，而城市为信用信息的应用提供了最佳的舞台。

众所周知，城市的基础设施比较完备，公共服务体系比较健全，人口高度集中，市民对信用的认识比较到位，社会主体的经济和社会活动比较频繁，人们的学习、工作和生活需要融入现实的社会场景。因此，在信用信息应用方面，城市具有得天独厚的优越条件。目前，一些城市的地方政府、公共部门和相关单位，在信用信息应用领域先行先试，已取得先发优势。如部分城市为了让守信者处处受益，已推出具有地方特色的个人信用分和市民诚信卡，守信者可享受乘坐公交地铁优惠，享受信贷服务“绿色通道”待遇，享受先诊疗后付费服务，享受参观文博场馆费用减免，享受图书借阅免押金服务，享受公益奖励、社会福利和更多便利等。

许多城市政府和广大居民认为城市个人信用分是直观展现市民诚实守信状况的数据载体，也是推进城市个人诚信体系建设，打造信用城市的有效举措。通过采用科学、合理、适用的评分指标对个人信用状况进行量化评分，可以直观展现个人的社会信用水平，揭示个人信用风险，有利于节约市场参与者的交易成本，提高市场资源配置的效率。但是，也有一些人持反对的态度。目前，国内一些城市已经建立了个人信用评分制度，如威海的“海贝分”、苏州的“桂花分”、江苏宿迁的“西楚分”、杭州“钱江分”、福州的“茉莉分”、厦门的“白鹭分”、宁波的“天一分”等个人信用分业已落地应用。

其中，威海市的“海贝分”特色鲜明，对市民的诚信建设发挥着重要作用。威海信用建设重在突出个人信用积分、信用惠民便企、信用信息应用等项重点工作，推动信用建设实现信用信息评级化、信用应用产品化。为此，威海市出台了《关于在全市开展“海贝分”个人信用积分的试行意见》，从表彰奖励、道德公益、守法履约、社会责任、公共服务等 5 个维度，运用 193 个守信指标和 1492 个失信指标，依据千分制六级评价指标体系，对个人进行综合信用画像，并将 5 类表彰信息和 8 类不文明信息，纳入个人信用积分指标体系，有效引导良好的社会秩序。个人获得市级以上荣誉可以信用加分，而且还能享受信用惠民政策。企业进入信用“红榜”可以获得信用贷款。突出个人信用积分，推动信用信息评级化。基于个人信用积分应用，编制了《威海市信用积分惠民政策清单》，启动信易贷、信易批、信易游等 35 类信用惠民政策，让市民真正体验信用生活带来的便利化和获得感。

城市推出的个人信用分制度，有利于弘扬中华优秀诚信文化，帮助市民树立诚信观念，培养市民诚实守信、履约践诺良好习惯，自觉约束自身的信用行为，并通过信用惠民政策，包括行政管理、政务服务、公共交通、医疗服务、金融服务、旅游消费、图书借阅、商场购物、公用缴费、住房租赁、文化娱乐、体育健身、社区服务等领域的信用惠民措施，帮助市民实现自身的信用价值，节约市民的时间成本和金钱成本，为市民的学习、工作、生活提供优质便捷服务。与此同时，提升了城市治理能力和治理水平以及城市形象。

从城市个人信用分制度实际运行总体情况来看，除城市个人信用分设计本身可能存在的缺欠以外，城市个人信用分制度具有明显的局限性：

首先是信用信息来源有限，公共信用信息、市场信用信息本身以及公共信用信息与市场信用信息二者之间交换共享缺乏法律制度保障和体制机制障碍，无法实现融通整合，结果导致市民的信用信息归集不完整。而零散的、碎片的、残缺的信用信息，是无法全面、准确、及时反映信用主体的信用状况的。这是一座城市的政府及其社会信用体系建设牵头部门以及公共信用服务机构仅凭自身的权力、能力无法逾越的障碍。

其次是城市个人信用分制度的地域性。目前，各个城市推行的“信用分”在内容事项、评价指标、适用范围、应用场景等方面，都具有明显的“地域性”。如果换个地方，“信用分”就会失去效力。例如苏州的“桂花分”到了杭州就会因不被认可而失去价值。“信用分”的“地域性”，决定了自身的局限性。各个城市推行的“信用分”又如硬币一般具有两面性，即一方面促进了社会信用体系建设，另一方面，也限制了社会信用体系的发展。因为社会信用体系应当具有完整性、统一性、协调性。为突破信用分的局限性，有学者提出信用分异地互认的构想。但目前来看，这种构想缺乏可操作性。其主要原因是：一方面城市之间缺乏相应协调机制，另一方面不同城市之间如果信用分评价标准存在明显差异，则难以实现信用分互认。例如 2020 年 5 月，杭州、厦门两地联合发布市民城市信用分跨城市互认机制，但市民只能跨城市享受两地共享自行车免押金、信用游玩等个别信用应用场景的守信福利，实现城市信用共享、守信联合激励。

最后是与城市个人信用分相对应的守信激励、失信约束措施具有差异性。守信激励须要动用、消耗当地的资源；而失信约束措施乃至失信惩戒措施则涉及合法性以及管辖权等复杂问题。这两个问题对于当地政府以及相关机构来讲，都是难以解决的棘手问题。

个人信用分是我国社会信用体系建设过程中的一项积极探索和制度创新。对待城市个人信用分，应当坚持“实践是检验真理的唯一标准”的基本原则，秉持开放、包容、审慎的态度，实事求是地进行科学评估、全面论证、权衡利弊、决定取舍。

第十六章

信用信息安全

当前，网络攻击威胁日益突出，网络信息安全风险不断向政治、经济、文化、社会、生态、国防等领域传导渗透，信息安全形势日趋严峻。网络攻击者发起网络攻击的针对性越来越强，有特殊目的的攻击行动频发。近年来，有些攻击团伙长期以我国政府部门、事业单位、科研院所的网站为主要目标实施攻击。

此外，自然人、法人、非法人组织的信用信息也成为不法分子觊觎的重点目标。尤其是，近年来侵犯自然人信用信息犯罪高发频发、日益猖獗，令自然人信用信息安全面临空前严峻的风险，对其个人隐私、人身安全和财产安全构成严重威胁。

由此可见，如何保护信用信息安全，已经成为社会信用体系建设面临的一个亟待解决的重大问题。信用信息安全不是一个孤立的问题。信用信息安全不能脱离我国整体网络和数据安全体系。

第一节　保护信息安全具有重要现实意义

一、信息安全基本概念及其主要内涵

信息安全是指保护信息系统及信息，包括硬件、软件、数据、物理环境及其基础设施免受意外或者故意的非授权进入、使用、泄漏、传递、修改或破坏，保障系统连续可靠正常地运行，信息服务不致中断，最终实现业务连续性。

二、保障信息安全应实现的重要目标

保障信息安全涉及计算机技术、网络技术、通信技术、密码技术、信息安全技术等多种门类的综合性技术。使用信息安全技术是为了达到一定的安全目标。信息安全的五项核心目标包括：

保密性是指阻止非授权的主体阅读信息，或者说保证信息不泄漏给未经授权的人。

完整性是指防止信息被未经授权蓄意地篡改，即信息在传输、交换、存储和处理过程保持着非破坏、非修改、非插入、非删除和非丢失的特性，即保护信息的原始状态，使信息保持其真实性。

可用性是指保证信息以及信息系统确实为授权使用者所用，授权主体在需要信息时能及时得到服务。

可控性是指对信息和信息系统实施安全监控管理，防止非法利用信息和信息系统。

不可否认性是指在网络环境中，信息交换的双方不能否认其在交换过程中发送信息或接收信息的行为。

信息安全涉及网络安全和数据安全，网络安全和数据安全是并行的概念，一个是通信链路的安全，一个是数据生命周期安全。网络环境下的信息安全体系是保证信息安全的关键，只要存在安全漏洞便可以威胁全局安全。

三、保障国家信息安全具有重要意义

在信息化、网络化时代背景下，社会信息已经实现数字化，全球数据已经呈现爆发式增长、海量集聚的特点，由此推动大数据等信息产业以及数字经济的飞速发展。目前，数据已经逐渐成为各个国家的基础性战略资源和生产要素，其价值日益突显，对国家管理、经济和社会发展、社会治理、人民生活都产生了广泛而巨大影响。而其中的个人信息，更是一座取之不尽、用之不竭的巨大宝库，成为世界各国以及各行各业攫取、争夺、挖掘的战略资源。

数字时代，信息作为一种战略资源，对于人类具有特别重要的意义。世界各国围绕信息的获取、控制和使用的争夺日趋激烈，信息安全由此成为维护国家安全、保障经济和社会发展的一个核心焦点，对此，世界各国均予以极大关注并投入巨量资源。

信息安全问题全方位影响一个国家的政治、经济、军事、文化、社会等各个领域，一个国家的信息安全防线一旦失守，将会使这个国家面临严重安全威胁，从而陷入政治动荡、金融风暴，经济危机、社会动乱，甚至军事冲突等重大的危机之中。

随着网络及信息技术的高速发展，信息安全已变得至关重要。信息安全既是一个事关国家安全的战略问题，也是一个事关信息主体合法权益保护的现实问题，任何国家、政府、部门、行业、机构和个人都必须予以高度重视。

在信息社会，随着计算机及网络技术的飞速发展，网络作为国家的重大基础设施，成为经济和社会发展的重要保障。网络信息系统在政治、军事、通信、金融、能源、交通、科技、文教、商业、医疗等领域发挥越来越大的作用。加之现代经济和社会运行与发展以及居民的学习、工作和生活对网络的高度依赖，因此，网络信息安全事件造成的损失特别巨大。如何确保网络信息安全已成为全世界普遍关注的问题。我国是网络使用大国，网络安全已经提升到国家安全的战略高度。但当前我国的信息安全形势仍然不容乐观。

信用信息系统是国家关键网络基础设施，信用信息是国家的重要信息资源。加强信用信息安全基础设施和安全防护能力建设，依法实施信用信息系统及信用信息安全防护，切实加大信用主体合法权益保护力度，具有重大意义。

习近平总书记指出，网络安全和信息化是事关国家安全和国家发展、事关广大人民群众工作生活的重大战略问题，要从国际国内大势出发，总体布局，统筹各方，创新发展，努力把我国建设成为网络强国。没有网络安全就没有国家安全，没有信息化就没有现代化。要切实保障国家数据安全。要加强关键信息基础设施安全保护，强化国家关键数据资源保护能力，增强数据安全预警和溯源能力。要加大对技术专利、数字版权、数字内容产品及个人隐私等的保护力度，维护广大人民群众利益、社会稳定、国家安全。

第二节　运用一切法律手段保障信息安全

习近平总书记指出，要切实保障国家数据安全。要加强政策、监管、法律的统筹协调，加快法规制度建设。

当前，我国信息安全风险和隐患相当突出，尤其是侵害个人信息安全违法问题十分严重。尤其令人震惊的是，在一些地方，非法采集、窃取、贩卖和利用公民个人信息犯罪及从事其他犯罪活动已形成黑色产业链并且不断成熟壮大，呈现出专业化、产业化、集团化、跨境化、智能化的趋势。上述违法犯罪行为严重侵犯了公民个人信息安全与合法权益，降低人民群众的安全感，破坏社会安定，群众反响十分强烈。因此，必须依法坚决打击侵害自然人信用信息犯罪行为，严厉惩治侵害自然人信用信息犯罪分子，有效遏制侵害自然人信用信息犯罪及其下游犯罪的势头，切实保障广大人民群众的信用信息安全和合法权益，维护社会的和谐稳定。

在信息安全特别是信用信息安全领域，个人信息安全问题最为突出，个人信息安全保护立法需求最为迫切，并且个人信息安全与社会信用体系建设以及信用信息安全关系最为密切。因此，关于个人信息安全保护的立法与执法，对于社会信用体系建设以及信用信息安全来讲至关重要。

但是，截至目前，我国关于个人信息保护尚未形成一部统一的综合性法律规范，现有的针对个人信息保护的原则性规定、指导意见或具体规定散见于民事、行政、刑事等多项法律、法规、规章、规范性文件等多领域、多层次的规范当中，形成了一个体系庞杂、条款分散的个人信息保护立法模式。

一、我国个人信息安全保护立法情况

目前，我国涉及个人信息安全保护的法律规范主要包括：《中华人民

共和国网络安全法》、《中华人民共和国民法典》、《电子商务法》、《中华人民共和国消费者权益保护法》、《中华人民共和国居民身份证法》、《中华人民共和国护照法》、《中华人民共和国社会保险法》以及《中华人民共和国刑法》及司法解释等。

（一）《中华人民共和国刑法》及司法解释

（1）《中华人民共和国刑法修正案（九）》决定，将刑法第二百五十三条之一【侵犯公民个人信息罪】修改为："违反国家有关规定，向他人出售或者提供公民个人信息，情节严重的，处三年以下有期徒刑或者拘役，并处或者单处罚金；情节特别严重的，处三年以上七年以下有期徒刑，并处罚金。

"违反国家有关规定，将在履行职责或者提供服务过程中获得的公民个人信息，出售或者提供给他人的，依照前款的规定从重处罚。

"窃取或者以其他方法非法获取公民个人信息的，依照第一款的规定处罚。

"单位犯前三款罪的，对单位判处罚金，并对其直接负责的主管人员和其他直接责任人员，依照各该款的规定处罚。"

（2）最高人民法院、最高人民检察院公布的《关于办理侵犯公民个人信息刑事案件适用法律若干问题的解释》明确规定：

非法获取、出售或者提供公民个人信息，具有下列情形之一的，应当认定为刑法第二百五十三条之一规定的"情节严重"：①出售或者提供行踪轨迹信息，被他人用于犯罪的；②知道或者应当知道他人利用公民个人信息实施犯罪，向其出售或者提供的；③非法获取、出售或者提供行踪轨迹信息、通信内容、征信信息、财产信息五十条以上的；④非法获取、出售或者提供住宿信息、通信记录、健康生理信息、交易信息等其他可能影响人身、财产安全的公民个人信息五百条以上的；⑤非法获取、出售或者提供第三项、第四项规定以外的公民个人信息五千条以上的；⑥数量未达到第三项至第五项规定标准，但是按相应比例合计达到有关数量标准的；⑦违法所得五千元以上的；⑧将在履行职责或者提供服务过程中获得的公民个人信息出售或者提供给他人，数量或者数额达到第三项至第七项规定标准一半以上的；⑨曾因侵犯公民个人信息受过刑事处罚或者二年内受过行政处罚，又非法获取、出售或者提供公民个人信息的；⑩其他情节严重的情形。

实施前款规定的行为，具有下列情形之一的，应当认定为刑法第二百五十三条之一第一款规定的“情节特别严重”：①造成被害人死亡、重伤、精神失常或者被绑架等严重后果的；②造成重大经济损失或者恶劣社会影响的；③数量或者数额达到前款第三项至第八项规定标准十倍以上的；④其他情节特别严重的情形。

对于侵犯公民个人信息犯罪，应当综合考虑犯罪的危害程度、犯罪的违法所得数额以及被告人的前科情况、认罪悔罪态度等，依法判处罚金。罚金数额一般在违法所得的一倍以上五倍以下。

（二）《中华人民共和国民法典》

《中华人民共和国民法典》第四编人格权第六章隐私权和个人信息保护规定：

自然人享有隐私权。任何组织或者个人不得以刺探、侵扰、泄露、公开等方式侵害他人的隐私权。隐私是自然人的私人生活安宁和不愿为他人知晓的私密空间、私密活动、私密信息。

除法律另有规定或者权利人明确同意外，任何组织或者个人不得实施下列行为：（1）以电话、短信、即时通信工具、电子邮件、传单等方式侵扰他人的私人生活安宁；（2）进入、拍摄、窥视他人的住宅、宾馆房间等私密空间；（3）拍摄、窥视、窃听、公开他人的私密活动；（4）拍摄、窥视他人身体的私密部位；（5）处理他人的私密信息；（6）以其他方式侵害他人的隐私权。

自然人的个人信息受法律保护。个人信息是以电子或者其他方式记录的能够单独或者与其他信息结合识别特定自然人的各种信息，包括自然人的姓名、出生日期、身份证件号码、生物识别信息、住址、电话号码、电子邮箱、健康信息、行踪信息等。个人信息中的私密信息，适用有关隐私权的规定；没有规定的，适用有关个人信息保护的规定。

处理个人信息的，应当遵循合法、正当、必要原则，不得过度处理，并符合下列条件：（1）征得该自然人或者其监护人同意，但是法律、行政法规另有规定的除外；（2）公开处理信息的规则；（3）明示处理信息的目的、方式和范围；（4）不违反法律、行政法规的规定和双方的约定。个人信息的处理包括个人信息的收集、存储、使用、加工、传输、提供、公开等。

处理个人信息，有下列情形之一的，行为人不承担民事责任：（1）在该自然人或者其监护人同意的范围内合理实施的行为；（2）合理处理该自然人自行公开的或者其他已经合法公开的信息，但是该自然人明确拒绝或者处理该信息侵害其重大利益的除外；（3）为维护公共利益或者该自然人合法权益，合理实施的其他行为。

自然人可以依法向信息处理者查阅或者复制其个人信息；发现信息有错误的，有权提出异议并请求及时采取更正等必要措施。自然人发现信息处理者违反法律、行政法规的规定或者双方的约定处理其个人信息的，有权请求信息处理者及时删除。

信息处理者不得泄露或者篡改其收集、存储的个人信息；未经自然人同意，不得向他人非法提供其个人信息，但是经过加工无法识别特定个人且不能复原的除外。信息处理者应当采取技术措施和其他必要措施，确保其收集、存储的个人信息安全，防止信息泄露、篡改、丢失；发生或者可能发生个人信息泄露、篡改、丢失的，应当及时采取补救措施，按照规定告知自然人并向有关主管部门报告。

国家机关、承担行政职能的法定机构及其工作人员对于履行职责过程中知悉的自然人的隐私和个人信息，应当予以保密，不得泄露或者向他人非法提供。

（三）《中华人民共和国网络安全法》

《中华人民共和国网络安全法》规定：任何个人和组织不得窃取或者以其他非法方式获取个人信息，不得非法出售或者非法向他人提供个人信息。

网络运营者、网络产品或者服务的提供者违反本法规定，侵害个人信息依法得到保护的权利的，由有关主管部门责令改正，可以根据情节单处或者并处警告、没收违法所得、处违法所得一倍以上十倍以下罚款，没有违法所得的，处一百万元以下罚款，对直接负责的主管人员和其他直接责任人员处一万元以上十万元以下罚款；情节严重的，并可以责令暂停相关业务、停业整顿、关闭网站、吊销相关业务许可证或者吊销营业执照。

违反本法规定，窃取或者以其他非法方式获取、非法出售或者非法向他人提供个人信息，尚不构成犯罪的，由公安机关没收违法所得，并处违法所得一倍以上十倍以下罚款，没有违法所得的，处一百万元以下罚款。

有本法规定的违法行为的，依照有关法律、行政法规的规定记入信用档案，并予以公示。

违反本法规定，给他人造成损害的，依法承担民事责任；构成违反治安管理行为的，依法给予治安管理处罚；构成犯罪的，依法追究刑事责任。

前一时期，我国个人信息保护立法呈现出分散立法的趋势。目前来看，对个人信息保护分散立法存在弊端：分散立法缺乏顶层设计，彼此之间缺乏体系上的呼应，对个人信息保护的条款多为原则性规定或指导性意见，相关法律条款呈碎片化分布，难以形成直观的认知，条款的数量相对有限、内容不够集中、阐述不够清晰、适用范围狭窄、法律责任欠缺、处罚不够具体，可操作性较差，执法主体过多，相互推诿扯皮，不利法律适用。

根据上述情况，我国亟须颁布一部统一的个人信息保护法。综合立法有利于建立规范、系统的法律体系。通过统一的立法进程，将涉及宪法、刑法、民法、行政法等多个部门法的相关规定进行梳理、整合、修改、优化和补充，消除其间的矛盾和混乱，破解分散执法的窘境，形成一部中华人民共和国个人信息保护法。

值得关注的消息是，2020 年 6 月 20 日，十三届全国人大常委会第六十三次委员长会议在北京人民大会堂举行，对外公布调整后的全国人大常委会 2020 年度立法工作计划。按照该计划，2020 年全国人大常委会将初次审议数据安全法、个人信息保护法等 29 件法律案。

二、个人信息安全保护领域执法情况

（一）公安机关持续开展大规模集中打击侵害公民个人信息违法犯罪活动

2012 年 1 月，在公安部统一部署指挥下，我国首次开展大规模集中打击侵害公民个人信息违法犯罪活动。此后，各级公安机关对侵犯公民个人信息犯罪一直保持严打高压态势，切实维护人民群众上网安全感。2016 年以来，公安部部署全国公安机关开展打击整治网络侵犯公民个人信息犯罪专项行动、打击整治黑客攻击破坏犯罪和网络侵犯公民个人信息犯罪专项行动、“净网 2018”“净网 2019”“净网 2020”专项行动，持续重拳打击整治侵犯公民个人信息违法犯罪活动，侦破侵犯公民个人信息案件 1.7 万余起，抓获各行业内部人员 3000 余名，发现并通报一大批涉及金融、教育、电信、交通、物流等重点行业信息系统及安全监管漏洞，打掉了一批非法采集、贩卖公民个人信息的公司。新冠肺炎疫情发生以来，公安部部署全国公安机关严厉打击网络传播涉疫情公民个人信息违法犯罪活动。截至目前，全国公安机关共治安处罚网上传播涉疫情公民个人信息违法人员

1522名。

此外，中央网信办、工业和信息化部、公安部、市场监管总局还在全国范围组织开展App违法违规收集使用个人信息专项治理行动。市场监管部门集中开展“守护消费”暨打击侵害消费者个人信息违法行为专项执法行动。

尽管中央网信办、工业和信息化部、公安部、市场监管总局加大了监管力度，也取得了一定进展，但从总体上来看打击侵犯公民个人信息违法犯罪的法律效果和社会效果并不明显。其主要原因在于：（1）个人信息保护法制不健全，个人信息保护立法进程严重滞后，法律空白较多，无法可依现象严重；现行有关量刑处罚标准偏轻，赔偿额度较小，震慑力度有限。（2）个人信息保护执法体制机制不顺。个人信息保护执法存在“九龙治水”现象，即存在多头监管、权责不清、无事争权、遇事推诿、各自为战、协调不畅、速率低下、效果不佳等问题。（3）侵害个人信息违法犯罪案件查处难度较大。对于执法机关来说，由于获取个人信息渠道众多、交易环节隐蔽、利用方式多样、侦破技术复杂，溯源成本高企，查处难度较大。（4）侵害个人信息违法犯罪收益大成本低。对于侵犯个人信息的犯罪分子来说，犯罪行为隐匿、作案手段便捷、获取信息容易、交易链条顺畅、获利空间巨大、犯罪成本较低。总之，有关个人信息保护的立法滞后与执法不力现状，为获取、交易、利用个人信息的黑色产业链的存在和发展留下了巨大的投机获利空间。

第三节 运用先进技术手段保障信息安全

保障网络信息安全，要有高素质的信息化和网络信息安全人才队伍，要有属于自己的先进核心技术，要有完善的信息基础设施。

一、加快网络安全人才队伍的培养与建设

网络安全领域的竞争，归根结底是人才的竞争。要建设网络强国，最为关键的资源是人才，要培养造就具有世界水平的网络技术科学家、工程师、领军人才、创新团队，要把人才资源汇聚起来。要加快网络安全人才培养进程，形成人才培养、技术创新、产业发展的良性生态。要高度重视网络安全人才的培养，不仅要培养精通信息系统使用、运行和维护的技术人才，还要培养大批能够开展网络安全风险监控、应急处置和综合防护的人才，从而满足我国日益增长的网络应用与安全的需求。要进一步改进和创新网络安全人才培养模式，广泛开展网络安全技能培训，培养出更多能满足实践需要的应用型人才。要采取切实有效的措施鼓励网络安全“高、精、尖”等特殊人才培养，广纳人才、人尽其才、留住人才。

二、强力推进网络安全核心技术创造创新

目前，中国信息安全产业与国际先进水平相比差距较大，中国信息安全企业的核心技术与国际先进信息安全企业相比差距较大，致使中国在网络与信息安全领域面临严峻挑战。

习近平总书记指出，互联网核心技术是我们最大的“命门”，核心技术受制于人是我们最大的隐患。我们要掌握我国互联网发展主动权，保障互联网安全、国家安全，就必须突破核心技术这个难题，争取在某些领

域、某些方面实现“弯道超车”。核心技术是国之重器，最关键最核心的技术要立足自主创新、自立自强。网络信息技术是全球技术创新的竞争高地。要紧紧牵住核心技术自主创新这个“牛鼻子”，抓紧突破网络发展的前沿技术和具有国际竞争力的关键核心技术，加快推进国产自主可控替代计划，构建安全可控的信息技术体系。要实施网络信息领域核心技术设备攻坚战略，推动高性能计算、移动通信、量子通信、核心芯片、操作系统等研发和应用取得重大突破。

三、大力促进网络安全产业健康快速发展

加大政策支持力度，优化市场环境，鼓励公平竞争，激发创新活力，保护知识产权，加速推动信息安全领域核心技术突破。贯通基础研究与技术创新，以基础研究带动应用技术突破。积极发展网络安全产业，建立健全产业体系。

大力推进网络安全核心技术创新和国产化替代工程，逐步提高重要信息系统的国产化率，实现我国关键信息基础设施和网络安全设备的自主可控，提升关键信息基础设施和数据安全乃至网络空间安全的防护能力。

四、加强网络基础设施建设保障网络安全

作为事关国家安全、社会稳定和经济发展的战略资源，国家关键信息基础设施的建设与保护工作非常重要。

目前，我国对网络强国建设高度重视。党的十九大报告明确提出，发展数字经济，建设网络强国，抢抓全球新一轮产业竞争制高点，促进实体经济加快转型升级。

网络强国战略对振兴实体经济意义重大，同时还是确保制造强国、数字中国、制造业与互联网融合发展等国家战略顺利推进的关键所在。

由于我国已经确立了网络强国和发展数字经济的国家战略，而网络基

础设施又是我国数字经济发展的“硬件”基础，未来相应的网络基础设施建设，包括网络安全保密装备制造能力、网络安全保密技术保障基础设施建设、网络安全软件开发、网络安全保密保障体系建设等，将会快速推进、不断完善。

第四节　运用科学管理手段保障信息安全

当前，网络安全问题已经演化成基础性、全局性、战略性的国家安全问题，对于国家整体安全来讲，可谓牵一发而动全身。针对我国网络安全面临的错综复杂、十分严峻的态势，必须加强网络安全的科学管理。

一、提高全民对网络安全重要性的认识

网络安全是人类面临的共同挑战之一。必须坚持国家利益至上，以人民安全为宗旨，树立总体国家安全观，统筹发展和安全，增强忧患意识，做到居安思危。

要进一步深化新形势下对网络安全重要性的认识，加大网络安全法治宣传培训力度，不断增强贯彻执行《网络安全法》等法律法规的紧迫感和自觉性。监管部门要让广大网络运营商、关键信息基础设施运营单位及其相关人员知法、懂法、守法。

加强网络安全教育，提高网络安全意识，是保障网络安全的关键。增强全民网络安全意识是保障网络安全的重要基础。通过报刊、电台电视台、门户网站、政务微信微博、专题讲座、专门培训等，对网络安全的核心内容进行宣传解读。尤其要加强对重点行业、重点领域、重点单位、重点人群的宣传教育，使其牢固树立网络安全意识。

要深入开展网络安全知识和技能的宣传普及，让社会公众认识到网络

安全与自身的密切关系，使社会公众进一步认清个人信息泄露可能产生的危害，牢固树立个人信息保护观念和维权意识，并掌握相关安全常识和防范能力，从源头上筑牢个人信息安全防线。

二、加强网络安全治理体系的顶层设计

网络安全攸关国家安全，对于国家安全来讲，可谓牵一发而动全身。因此，在建设网络强国的征程中，必须以国家安全观来统领网络安全建设，通过加强网络安全建设为新时代的国家安全筑牢一道坚固屏障。

我国是网络大国，加强网络安全顶层设计，出台国家网络安全战略，是维护国家网络空间主权、安全和发展利益的必然要求。国家网络安全战略是立足本国所面临的战略安全形势和国家利益需要，从国家总体安全的全局出发所做出的重大谋划与长远部署。国家通过制定并且不断完善网络安全战略，阐明本国关于网络空间发展和安全的重大立场，确立与国家发展战略方向、国家面临的网络安全态势、本国的国情国力相适应的网络安全总体目标，制定指导网络安全建设与保障的战略方针，论述网络安全工作的基本原则和要求，确定国家网络安全领域的重大任务，提出保障网络安全的法律架构和政策措施。

三、平衡网络安全与信息产业发展关系

习近平总书记指出，网络安全和信息化是一体之两翼、驱动之双轮，必须统一谋划、统一部署、统一推进、统一实施。安全是发展的保障，发展是安全的目的。做好网络安全和信息化工作，要处理好安全和发展的关系，做到协调一致、齐头并进，以安全保发展、以发展促安全，努力建久安之势、成长治之业。

信息化、网络化代表着新的生产力和新的发展方向。要依靠信息技术创新驱动，推进数字产业化，加快发展数字经济，不断催生新业态、新模

式，激发经济发展新动能。同时，要利用数字技术、网络技术、智能技术，对传统产业进行系统改造，释放数字对经济发展的倍增作用，提高全要素生产率。

立法初衷及执法目的并不是要限制一个新兴行业的发展，而是要给一个新兴行业的发展创造一个规范有序的公平竞争环境。网络安全的立法和执法应鲜明地体现出适当性原则，注重防止以网络安全为名对数字行业发展加以过度限制。在依法加强监管的同时，又要防止对行业的过度监管，为培育国内数字化市场，发展数字经济保驾护航，以达到对内推动经济增长，提高就业水平，对外提升本国数字产业的竞争力的目的。把握监管尺度，助力产业发展。政府在充分保障网络安全的同时，也应合理把握监管尺度，为数字行业发展留出空间，避免过度监管对数字行业发展造成阻碍，进而影响经济和社会健康发展，最终反过来影响国家的网络安全保障水平。

四、构建全社会网络安全多元共治格局

网络安全不是孤立的问题，而是全社会共同面临的问题。仅仅依靠一方面或几方面的力量，是无法确保实现网络安全目标的。行政执法、司法系统，虽然堪称保障网络安全的最后一道屏障，但如若期望仅凭国家公权力就能全面彻底解决网络安全这一全世界共同面临的棘手难题，只能是不切实际的幻象。因此，针对网络安全问题，需要采取社会共治的模式，建立社会主体自律和他律机制，坚持统筹施治的原则。必须动员全社会的力量，形成网络综合治理大格局，提高网络综合治理能力。要运用经济、法律、技术等多种手段，发挥市场的资源配置作用，促进网络安全产业快速健康发展。

五、构建我国完整的网络安全保障体系

随着网络安全潜在风险和现实威胁的演变以及网络安全技术的进步，“网络安全”概念的内涵日益丰富，外延逐渐扩大。“网络安全”范畴已从过去简单的上网和网络传输方面的安全问题，扩展到整个“网络空间”的安全问题。我们可将网络空间视为一个生态系统，而要保证网络生态系统的良性运行，则需要一个完整的安全管理体系为其提支撑和保障。因此，我国应集合网络安全理念、战略、文化、教育、技术、工具、标准、指南、法律、政策、制度、管理、机构、模式、机制、人员、技能、行动、案例、合作、保障等元素，构建攻防兼备、平战结合、军民融合、用管适度、开放合作的网络安全保障体系，形成主动作为、体系对抗、整体防御、攻防兼备的态势，维护国家网络空间主权、保护国家网络空间安全。

六、强化网络安全工作的统筹协调机制

网络安全涉及范围广阔、领域众多、任务繁重、难度巨大。网络安全工作具有整体性、系统性、协同性特征。为应对错综复杂的网络安全态势和异常严峻的网络安全挑战，必须做到统一谋划、统一部署、统一标准、统一推进，全天候全方位感知网络安全态势，增强网络安全防御能力和威慑能力。因此，要尽快健全适应网络特点的完善的执法体系，强化网信、工信、公安、保密等各部门网络安全执法协调联动机制，形成综合治理格局。

七、进一步完善信息安全管理规章制度

建立健全有关信息安全的各项规章制度，是加强信息安全管理的重要环节。

（一）严格执行国家信息安全等级保护管理制度

2016 年 11 月 17 日，我国颁布的《中华人民共和国网络安全法》第二十一条要求，国家实施网络安全等级保护制度；第二十五条要求，网络运营者应当制定网络安全事件应急预案；第三十一条则要求，关键基础设施，在网络安全等级保护制度的基础上，实行重点保护；第五十九条规定不履行网络安全保护义务的，由有关主管部门责令改正或给予处罚。

2007 年 6 月 22 日，为加快推进信息安全等级保护，规范信息安全等级保护管理，提高信息安全保障能力和水平，维护国家安全、社会稳定和公共利益，保障和促进信息化建设，公安部、国家保密局、国家密码管理局、国务院信息化工作办公室印发《信息安全等级保护管理办法》，建立信息安全等级保护管理制度。信息安全等级保护管理制度，是我国现行的有关信息安全管理的重要基础制度。

按照国家信息安全等级保护管理制度规定，信用信息系统主管部门应当依照《信息安全等级保护管理办法》及相关标准规范，督促、检查、指导本行业、本部门或者本地区信用信息系统运营、使用单位的信用信息安全等级保护工作。

信用信息系统的运营、使用单位应当依照《信息安全等级保护管理办法》及其相关标准规范，履行信用信息安全等级保护的义务和责任。

信息系统运营、使用单位按照国家信息安全等级保护坚持自主定级、自主保护的原则，信用信息系统的安全保护等级应当根据信用信息系统在国家安全、经济建设、社会生活中的重要程度，信用信息系统遭到破坏后对国家安全、社会秩序、公共利益以及公民、法人和其他组织的合法权益的危害程度等因素，对应信息系统安全保护的五个等级加以确定，并依据《信息安全等级保护管理办法》和相关技术标准对信息系统进行保护。

信用信息系统运营、使用单位应当按照《信息安全等级保护管理办法》和《信息系统安全等级保护实施指南》具体实施等级保护工作，确定信息系统的安全保护等级。有主管部门的，应当经主管部门审核批准。跨省或者全国统一联网运行的信息系统可以由主管部门统一确定安全保护等级。

对拟确定为第四级以上信息系统的，运营、使用单位或者主管部门应当请国家信息安全保护等级专家评审委员会评审。

信用信息系统的安全保护等级确定后，运营、使用单位应当按照国家信息安全等级保护管理规范和技术标准，使用符合国家有关规定，满足信息系统安全保护等级需求的信息技术产品，开展信息系统安全建设或者改建工作。

国家有关信息安全监管部门对其信用信息安全等级保护工作进行监督管理。

在信息系统建设过程中，运营、使用单位应当按照《计算机信息系统安全保护等级划分准则》（GB 17859—1999）、《信息系统安全等级保护基本要求》等技术标准，同步建设符合该等级要求的信息安全设施。

运营、使用单位应当参照《信息系统安全等级保护基本要求》等管理规范，制定并落实符合本系统安全保护等级要求的安全管理制度。

信用信息系统建设完成后，运营、使用单位或者其主管部门应当选择符合《信息安全等级保护管理办法》规定条件的测评机构，依据《信息系统安全等级保护测评要求》等技术标准，定期对信息系统安全等级状况开展等级测评。

信用信息系统运营、使用单位及其主管部门应当定期对信息系统安全状况、安全保护制度及措施的落实情况进行自查。

经测评或者自查，信用信息系统安全状况未达到安全保护等级要求的，运营、使用单位应当制定方案进行整改。

信用信息系统运营、使用单位或者主管部门确定或者重新确定信息系统等级后，应当按照《信息安全等级保护管理办法》向公安机关备案。

受理备案的公安机关应当对第三级、第四级信息系统的运营、使用单位的信息安全等级保护工作情况进行检查。对跨省或者全国统一联网运行的信息系统的检查，应当会同其主管部门进行。对第五级信息系统，应当由国家指定的专门部门进行检查。

信用信息系统运营、使用单位应当接受公安机关、国家指定的专门部门的安全监督、检查、指导，如实向公安机关、国家指定的专门部门提供有关信息安全保护的信息资料及数据文件。

公安机关检查发现信用信息系统安全保护状况不符合信息安全等级保护有关管理规范和技术标准的，应当向运营、使用单位发出整改通知。运营、使用单位应当根据整改通知要求，按照管理规范和技术标准进行整改。整改完成后，应当将整改报告向公安机关备案。必要时，公安机关可以对整改情况组织检查。

近些年来，随着各级信用信息共享平台的陆续建成并投入运行，信用信息归集的数量持续增加、信用信息服务的范围不断扩大，信用信息安全愈发引起各级公共信用信息中心的高度重视。为切实保证信用信息安全，贯彻落实国家信息安全等级保护管理制度，各级公共信用信息中心普遍加大了对信用信息基础设施的安全防护和信用信息资源的安全管控。

如江苏省公共信用信息中心聚焦信用信息安全，建设江苏省公共信用信息资源管控平台。据了解，该管控平台按照《信息安全等级保护管理办法》中等保三级标准建设，内容涉及物理安全、网络安全、主机安全、应用系统安全、数据安全等，设计的关键点包括：用户安全（含统一用户管理、三员管理、用户认证）、数据安全、应用审计、代码安全、身份鉴别（含口令策略、弱口令、登录失败处理、双因素认证）、访问控制（含登录用户权限控制、默认口令处理、访问控制策略）、安全审计（含安全审计措施）、入侵防范（含数据有效性检验功能、已知重大漏洞修补、测试发现漏洞修补）、数据完整性、数据保密性（含传输保密性保护、存储保密性保护）、数据备份恢复（含数据备份措施、异地备份措施、数据处理冗余措施、异地灾难备份中心）、剩余信息保护（含鉴别信息释放措施、敏感数据释放措施）、个人信息保护（含个人信息采集、存储、个人信息访问、使用）等。除此之外，结合信用信息资源的安全管控和为社会提供信用信息服务需要，一方面在应用层面进一步强化用户登录认证、权限分配与管理、优化安全审计、细化各环节的审计日志，全面记录用户和系统的各项操作，为系统安全管理和统一业务管理提供支撑；另一方面更加注重数据安全防护，依法保护国家秘密、商业秘密和个人隐私，在信用数据交换共享或者对外提供查询服务时，对涉及法人、自然人相关的敏感信息采用加密方式存储及脱敏方式使用，防止敏感信息在对外应用的时候泄露。

2019 年 5 月，国家颁布了与等保 2.0 相关的《信息安全技术网络安全等级保护基本要求》《信息安全技术网络安全等级保护测评要求》《信息安全技术网络安全等级保护安全设计技术要求》等国家标准。在等保 1.0 基础上，等保 2.0 扩大了保护对象的范围、丰富了保护方法、增加了技术标准，将网络基础设施、重要信息系统、大型互联网站、大数据中心、云计算平台、物联网系统、工业控制系统、公众服务平台等全部纳入等级保护对象，并将风险评估、安全监测、通报预警、案事件调查、数据防护、灾难备份、应急处置、自主可控、供应链安全、效果评价、综治考核、安全员培训等工作措施全部纳入等级保护制度。有国内专业机构表示，等保 2.0 国家标准对比等保 1.0，在保护范围、法律效力、技术标准、安全体系、定级流程、定级指导等方面均发生变化。

（二）国务院要求加强信用信息安全管理

为切实保护信用信息安全，国务院关于《社会信用体系建设规划纲要（2014—2020 年）》要求加强信用信息安全管理：健全信用信息安全管理体制。完善信用信息保护和网络信任体系，建立健全信用信息安全监控体系。加大信用信息安全监督检查力度，开展信用信息安全风险评估，实行信用信息安全等级保护。开展信用信息系统安全认证，加强信用信息服务系统安全管理。建立和完善信用信息安全应急处理机制。加强信用信息安全基础设施建设。加强信用服务机构信用信息安全内部管理。强化信用服务机构信息安全防护能力，加大安全保障、技术研发和资金投入，高起点、高标准建设信用信息安全保障系统。依法制定和实施信用信息采集、整理、加工、保存、使用等方面的规章制度。

为贯彻落实国家信息安全管理有关规定，保障网络系统与信用信息安全，应当研究制定信息安全组织架构及职责、信息系统总体安全策略、数据安全保护管理制度、网络与信息安全事件应急处置方案、信息安全日常运维操作与管理制度、信息系统管理人员岗位责任制度、第三方外包管理规定、信息系统安全有关人员管理制度、病毒检测和网络安全漏洞检测管理制度、密码安全管理制度、信息安全事件管理制度、个人信息及隐私安全保护制度等项制度。

（三）加强征信领域信用信息安全管理

2018 年 4 月 24 日，为加强个人信息保护，做好新时代征信信息安全管理工作，切实保护信息主体合法权益，提升人民群众在征信领域的安全感，进一步加强金融信用信息基础数据库运行机构和接入机构征信信息安全管理，中国人民银行印发《关于进一步加强征信信息安全管理的通知》（银发〔2018〕102 号），要求切实增强征信信息安全管理意识，强化征信信息安全主体责任；完善征信业务操控流程，不断提高征信信息安全管理水平；查漏补缺，补齐短板，完善征信内控制度及问责制度；提高技防能力，防范征信信息泄露风险；建立征信信息安全事件应急处置机制；建立征信合规与信息安全年度考核评级制度；建立征信信息安全巡查制度；从严强化征信监管，确保征信信息安全。

参考文献

习近平，2014. 关于《中共中央关于全面推进依法治国若干重大问题的决定》的说明［EB/OL］.（2014-10-28）［2020-07-04］. http：//www. xinhuanet. com/politics/2014-10/28/c_ 1113015372. htm.

习近平，2016. 主持召开中央全面深化改革领导小组第二十九次会议［EB/OL］.（2016-11-01）［2020-07-03］. http：//www. gov. cn/xinwen/2016-11/01/content_ 5127202. htm.

习近平，2017. 实施国家大数据战略加快建设数字中国［EB/OL］.（2017-12-09）［2020-07-14］. http：//www. xinhuanet. com/2017-12/09/c_ 1122084706. htm.

习近平，2017. 习近平谈互联网发展：核心技术受制于人是最大的隐患［EB/OL］.（2017-06-26）［2020-09-01］. http：//cpc. people. com. cn/xuexi/n1/2017/0626/c385476-29361656. html.

习近平，2018. 习近平谈网络安全：没有网络安全就没有国家安全［EB/OL］.（2018-08-17）［2020-07-14］. http：//cpc. people. com. cn/xuexi/n1/2018/0817/c385476-30234135. html

习近平，2020. 在企业家座谈会上的讲话［EB/OL］.（2020-07-21）［2020-07-28］. http：//www. xinhuanet. com/politics/2020-07/21/c_ 1126267575. htm.

艾媒网，2016. 听马云说诚信，干了这碗鸡汤！［EB/OL］（2016-06-28）［2020-08-31］. https：//www. iimedia. cn/c460/42860. html.

蔡越坤，2018．惠誉悉数出售联合资信股权 新加坡主权财富基金 GIC 入局［EB/OL］．（2018－01－29）［2018－01－29］．http：//www．eeo．com．cn/2018/0129/321707．shtml．

陈文玲，2003．美国信用体系的构架及其特点——关于美国信用体系的考察报告（一）［J］．南京经济学院学报（1）．

池召昌，2005．引入“模块化”概念构建新型信用体系［D/OL］．天津：南开大学，［2020-10-02］．https：//www．taodocs．com/p-49751296-1．html．

付琳娜，2008．基于 Logistic 模型的商业银行信用风险评估［D/OL］．河北：河北工业大学［2020－10－02］．https：//ishare．iask．sina．com．cn/f/12117134．html．

国家质量监督检验检疫总局，中国国家标准化管理委员会，2009．综合标准化工作指南．GB/T 12366—2009［S］．北京：中国标准出版社：5-6．

国家质量监督检验检疫总局，中国国家标准化管理委员会，2017．信用标准体系总体架构．GB/T35431—2017［S］．北京：中国标准出版社：12-29．

郝智慧，2011．资信评级［M］．北京：中央广播电视大学出版社．

洪功翔，2012．政治经济学［M］．合肥：中国科学技术大学出版社．

黄海艳，朱永新，2006．企业诚信文化建设之研究［J］．沿海企业与科技，11：143-145．

黄欢欢，2007．从国外信用评级业的发展历程探讨我国信用评级业的发展［D/OL］．上海：上海财金大学［2020－10－07］．http：//www．doc88．com/p-2935514563092．html．

雷慢，2019．央行解读新征信系统：9．9 亿人取得“经济身份证”［EB/OL］．（2019－04－23）［2020－07－08］．https：//mp．weixin．qq．com/s/RjqzxEU2Dp2M_ HHCvics3Q．

李光明，1996．从商鞅变法先取信于民说起［J］．当代矿工，

12：46.

李克强，2016. 深化简政放权放管结合优化服务 推进行政体制改革转职能提效能——在全国推进简政放权放管结合优化服务改革电视电话会议上的讲话. [EB/OL]. (2016-05-23) [2020-07-08]. http：//www. xinhuanet. com/politics/2016-05/22/c_ 1118910836. htm.

刘恒，2004. 政府信息公开制度 [M]. 北京：中国社会科学出版社.

刘少华，2015. 习近平纵论互联网 [EB/OL]. (2015-12-16) [2020-07-14]. http：//politics. people. com. cn/n1/2015/1216/c1001-27933384. html.

陆雄文，2013. 管理学大辞典 [M]. 上海：上海辞书出版社.

罗培新，2018. 社会信用法 [M]. 北京：北京大学出版社.

人民网，2018. 李克强主持召开国务院常务会议 [EB/OL]. (2018-06-07) [2020-07-04]. http：//finance. people. com. cn/GB/n1/2017/0608/c1004-29325389. html.

人民网，2018. 习近平谈网络安全：没有网络安全就没有国家安全 [EB/OL]. (2018-08-17) [2020-07-14]. http：//cpc. people. com. cn/xuexi/n1/2018/0817/c385476-30234135. html.

施永南，刘东凯，2018. “诚信建设万里行”主题宣传活动启动 [EB/OL]. (2018-06-29) [2020-10-02]. http：//www. xinhuanet. com/politics/2018-06/29/c_ 1123057362. htm.

税务总局，2018. 纳税信用评价助推社会信用体系建设？让守信者更有“获得感”[EB/OL]. (2018-07-04) [2020-07-09]. http：//finance. people. com. cn/n1/2018/0704/c1004-30126116. html.

孙杰贤，2015. “一照一码”迈出政务信息共享关键一步 [J]. 中国信息化，7：37-41.

孙莉，2010. 企业经营诚信为本 [J]. 产业与科技论坛，4：206-208.

王晨，2020. 关于《中华人民共和国民法典（草案）》的说明——

2020 年 5 月 22 日在第十三届全国人民代表大会第三次会议上 [EB/OL]. (2020-05-22) [2020-07-07]. http://www. xinhuanet. com/politics/2020-05/22/c_ 1126021017. htm.

王川，2017. 周强率团出席第 17 届亚太地区首席大法官会议并发表演讲 [N]. 人民法院报 2017-09-21.

王子晖，2020. 看习近平这几次重要讲话，弄懂“大循环”“双循环” [EB/OL]. (2020-09-05 08) [2020-10-04]. http://www. xinhuanet. com/politics/xxjxs/2020-09/05/c_ 1126455277. htm.

吴晓林，2015. 治理研究的中国图景及其“中国化”路径 [J]. 湖南师范大学社会科学学报，4：22-32.

吴小雁，王淼，2019. 信用承诺制度 [M] //厦门国信信用大数据创新研究院. 信用蓝皮书：社会信用体系建设年度报告 2019. 北京：中国市场出版社.

夏征农，陈至立，2015. 大辞海 [M]. 上海：上海辞书出版社.

萧浩辉，1995. 决策科学辞典 [M]. 北京：人民出版社.

肖美春，2013. 如何理解、认识与评价历史人物——初中历史人物教学方法探索之一 [J]. 中学时代，2：53-55.

新华社，2016. 习近平主持召开中央全面深化改革领导小组第二十次会议 [EB/OL]. (2016-01-11) [2020-06-28]. http://www. xinhuanet. com/politics/2016-01/11/c_ 1117739282. htm.

新华社，2016. 习近平主持召开中央全面深化改革领导小组第二十三次会议 [EB/OL]. (2016-04-18) [2020-07-08]. http://www. xinhuanet. com/politics/2016-04/18/c_ 1118659626. htm.

央广网，2019. 诚信建设万里行：企业环境信用评价试点提速 违法失信将寸步难行 [EB/OL]. (2019-09-09) [2020-07-09]. https://baijiahao. baidu. com/s? id=1644164155199010881&wfr=spider&for=pc.

央视网，2016. 习近平在中共中央政治局第三十七次集体学习时强调坚持依法治国和以德治国相结合 推进国家治理体系和治理能力现代化［EB/OL］.（2016-12-10）［2020-09-24］. http：//news. cctv. com/2016/12/10/ARTIH0QWSk20xgEsq4LXrVn1161210. shtml.

尹志超，余颖丰，2018. 重视金融科技在金融发展中的作用［N/OL］. 光明日报. 2018-11-20［2018-11-20］. http：//epaper. gmw. cn/gmrb/html/2018-11/20/nw. D110000gmrb_ 20181120_ 3-11. htm.

余丽霞，2016. 国外社会信用体系建设模式研究及对我国的启示［J］. 晋城职业技术学院学报，1：50-53，60.

袁猛，2020. 联合打击整治侵犯公民个人信息违法犯罪活动［EB/OL］.（2020-04-15）［2020-9-27］. http：//news. cpd. com. cn/n3559/202004/t20200415_ 902878. html.

张汉青，2019. 网络安全等级保护制度2. 0标准正式发布［N/OL］. 经济参考报. 2019-05-16. http：//dz. jjckb. cn/www/pages/webpage2009/html/2019-05/16/content_ 53487. htm.

张培合，2018. 离开中华优秀传统文化 去打造企业文化无异于舍本逐末［N］. 中国企业报. 2018-11-06（18）.

赵林如，2019. 中国市场经济学大辞典［M］. 北京：中国经济出版社.

赵小红，2020. 关于教育标准化改革中若干基础性问题的思考［J］. 教育理论与实践，1：23-26.

郑宝霞，2010. 我国传统社会诚信机制对当代的启示［J］. 新乡学院学报（社会科学版，3：25-28.

中国政府网，2016. 习近平主持召开中央全面深化改革领导小组第二十五次会议［EB/OL］.（2016-06-27）［2020-07-08）］. http：//www. gov. cn/xinwen/2016-06/27/content_ 5086105. htm.

中国政府网，2016. 习近平主持中共中央政治局第三十七次集体学习［EB/OL］.（2016-12-10）［2020-07-07］. http：//www. gov. cn/xinwen/2016-12/10/content_ 5146257. htm.

中国政府网，2018. 6月6日的国务院常务会定了这3件大事［EB/OL］.（2018-06-07）［2020-07-08］. http：//www. gov. cn/guowuyuan/2018-06/07/content_ 5296828. htm.

中国政府网，2018. 习近平主持召开中央全面依法治国委员会第一次会议［EB/OL］.（2018-08-24）［2020-07-04］. http：//www. gov. cn/xinwen/2018-08/24/content_ 5316286. htm.

中国政府网，2019. 李克强主持召开国务院常务会议 部署加快建设社会信用体系构建相适应的市场监管新机制等［EB/OL］.（2019-06-12）［2020-06-28］. http：//www. gov. cn/xinwen/2019-06/12/content_ 5399666. htm.

中国政府网. 国新办举行加快推进社会信用体系建设构建以信用为基础新型监管机制吹风会.

周强，2019. 2016年以来推进“基本解决执行难”情况［EB/OL］.（2019-03-12）［2020-07-30］. http：//www. xinhuanet. com/politics/2019lh/2019-03/12/c_ 1210079579. htm.

朱宁宁，2019. 全国人大财经委建议加快社会信用法立法进度［EB/OL］.（2019-11-05）［2020-07-03］. http：//www. npc. gov. cn/npc/c30834/201911/b4826cce51b5406788c26b2de2155e29. shtml.

邹瑜，1991. 法学大辞典［M］. 北京：中国政法大学出版社.

后　记

社会信用体系建设是一项史无前例的国家治理系统工程，需要全面归纳总结社会信用体系建设的实践经验，并在此基础上升华为系统阐述社会信用管理的理论体系。根据实际需要并结合自身工作，笔者主动投入到社会信用理论研究的队伍当中。

笔者撰写此书前后历经两年时间。在写作过程中，逐渐意识到撰写此书对于任何个人或者组织来说都会面临诸多难题，均是一项重大挑战，仅凭一己之力几乎不可能实现上述目标，需要理论界和实务界志同道合的朋友携手努力，才能在可预见的将来达成使命。

幸运的是，在本书写作的困难阶段和关键时刻，笔者及时得到了领导、同事和朋友的鼓励、支持和帮助，一些部门和地方的同志提供了一手资料、经典事例和宝贵经验。值此《社会信用管理——中国社会信用体系建设理论与实践》付梓之际，由衷感谢匡乐成、李伟、陈静、周莉、张志飞、杜建军、张宇航、马占飞、沈伟、燕纪煌、王军、于颖、张军、潘建珊、曹威、刘凡华、董蕙亚、曾光辉等同志的鼎力相助，十分感谢已经标注以及可能因疏漏未适时标注的参考文献的作者给本书笔者带来的思想启迪，特别感谢中国市场出版社的领导和编辑为本书的出版面世所付出的辛勤努力。

我国社会信用体系建设仍然处于探索创新、发展完善的初级阶段，《社会信用法》《公共信用信息管理条例》还未颁布实施，对相关基本理论问题的研究、探讨、商榷、争论仍将继续。笔者深知，自身研究能力和研究水平尚需提升，囿于实践阶段和认知局限，书中错漏之处在所难免，敬请读者朋友批评指正。

2020 年 11 月 5 日